中国方言民俗图典系列·第一辑

编委会

国家出版基金项目
NATIONAL PUBLICATION FOUNDATION

“十二五”国家重点图书出版规划项目

中国方言民俗图典系列·第一辑

主编 侯精一 李守业 曹志耘

广州方言民俗图典

庄初升 黄小娅 杨逸 冯雅琳 著

语文出版社
·北京·

图书在版编目（CIP）数据

广州方言民俗图典 / 庄初升等著. -- 北京 : 语文出版社, 2014.12
（中国方言民俗图典系列. 第1辑）
ISBN 978-7-80241-936-0

Ⅰ. ①广… Ⅱ. ①庄… Ⅲ. ①粤语－介绍－广州市②风俗习惯－介绍－广州市 Ⅳ. ①H178②K892.465.1

中国版本图书馆CIP数据核字(2014)第286109号

策划编辑 慈 舒 傅雪梅
责任编辑 章承董
装帧设计 奇文云海・设计顾问
出　　版 语文出版社
地　　址 北京市东城区朝阳门内南小街51号 100010
电子信箱 ywcbsywp@163.com
排　　版 奇文云海・设计顾问
印刷装订 北京顺诚彩色印刷有限公司
发　　行 语文出版社 新华书店经销
规　　格 787mm×1092mm
开　　本 1/16
印　　张 23
字　　数 434千字
版　　次 2014年12月第1版
印　　次 2014年12月第1次印刷
印　　数 1－1,500
定　　价 98.00元

010-65253954(咨询) 010-65251033(购书) 010-65250075(印装质量)

〔总 序〕

现代方言民俗文化是中华民族文化的延续、依托。它作为传统文化渗透、蔓延于当今社会生活的多个层面。现代方言民俗文化又是重要的非物质文化遗产资源。随着社会的快速发展，不少方言民俗已经消失或面临消失。因此，调查和挖掘这些非物质文化遗产资源，意义重大，时不我待。

“中国方言民俗图典系列”（第一辑）是2010年度国家出版基金资助项目，2011年列入“十二五”国家重点图书出版规划。第一辑共计十卷，涉及官话、晋语、吴语、徽语、粤语、平话、闽语、客家话等八个方言区。各卷内容主要包括房舍建筑、日常用具、服饰穿戴、饮食起居、农工百艺、婚育丧葬、岁时节令、游戏娱乐、宗教信仰等。

“百里不同风，千里不同俗，户异政，人殊服。”（《汉书 · 王吉传》）方言民俗是地域文化的重要内容，具有明显的地方性。以民居文化为例，各地多有不同，如北京的四合院，平遥的窑儿、四合头院、二（三）进院，汤溪的屋、老屋，梅州的围龙屋、碉楼，揭阳的四点金、下山虎。“中国方言民俗图典系列”融合现代方言与各地民俗文化，采用方言词语加注国际音标并配以图片的方法，反映和保存现代方言与其所承载的地方民风与民俗，是方言研究与民俗文化研究相结合的有益尝试。

城镇化的发展，势必带来传统村落的消亡，以及与此伴随的民俗文化的消失。“中国方言民俗图典系列”（第一辑）的出版，正是对濒临消失的“一种传统”“一种民族符号”以至“一种语音”的有效保存，无疑具有重要的历史意义与人文价值。以下略举数例：

在《平遥方言民俗图典》中收有“墙围子”“炕围子”两个条目及相关的文字说明和图片。

墙围子 [tɕyə^{13}uei^{31}tsʌʔ^{13}]　房间内墙壁上用油漆制作的装饰性彩色围墙。制作方法是，先以麻纸贴墙，绘画打底，再刷以油漆。其位置在第十八层墙砖之上，高约50厘米。（当地称作“十八层缠腰”）边框多以回纹组成，寓意“富贵不断头”。所绘内容多为山川景致、花卉人物及神话传说，如二十四孝图等。内涵丰富，寓意深厚。

炕围子 [kʰuə^{35}uei^{53}tsʌʔ^{31}]　沿炕用油漆制作的彩色围墙图画，既美观且实用，极具装饰性。制作方法及所绘内容与“墙围子”同。

“墙围子”“炕围子”又称作“民间墙围画”。墙围画始于宋代，发展于明清之交，至今流传于山西、陕西、内蒙古等地区。晋北原平县的墙围画素负盛名，中国美术馆曾予以收藏、展出。

从《平遥方言民俗图典》收录的条目与图片中还可看到平遥保存的以“卍”为标识的吉祥文化。如正月初八祭星蜡烛摆成的“卍”字、出殡时曾孙包头上的“卍”字等。“卍”，音wàn，梵文，意为吉祥万德之所集。（见《辞源》《辞海》）“卍”崇拜现象作为传统地域文化的缩影在今平遥随处可见。（冯良珍、陈晨《平遥民俗中的卍崇拜现象探析》，《中原文化研究》2014–2）

《汤溪方言民俗图典》有关于“五道太婆”的记载：“在笔者的家族中，也流传着一个‘五道太婆’[ŋ^{11}də^{11}tʰɑ^{24}bɤ^{0}]的传说，相传她是蛇精所化的神，擅搬运之术。”山西平遥方言有“五道爷”[uʌʔ^{53}tɔ^{35}iɛ^{13}]、“五道娘”[uʌʔ^{53}tɔ^{35}ȵiɑ^{13}]（传说中的神灵）。北京有五道庙，在西城区铁树斜街与樱桃斜街之间的路口处。五道神早在汉魏典籍中就有记载，唐宋以后对该神的信仰已深入民间，到明清时则更为普遍。（薛文礼、郭永平《晋北部落村的五道神：民间信仰的“冷热”反思》，《民族文学研究》2011–3）各地方言民俗有关五道神的不同说法，是宗教文化的历史积淀在不同地域文化中的显现。

“中国方言民俗图典系列”（第一辑）各卷的作者对当地方言文化素有研究，为做好本项目，于紧张的教学之余，多次下去进行调查、拍摄图片，几易其稿，备尝辛苦。限于篇幅，每卷只能选用一定数量的条目及相应的照片，其余只好割爱。我们期待这套书的出版，能引起社会对保存方言及方言民俗文化的关注，尽可能为后人留下一些珍贵的历史文化资料。

侯精一　李守业　曹志耘

于 2014 年初春

目录

〔引 言〕

广州是广东省的省会，从秦始皇统一岭南、设置南海郡至今已有2200多年的建制历史，是国务院颁布的全国第一批历史文化名城之一。相传周夷王八年（公元前862年），楚人就在此建造了“楚庭”，清代时在越秀山上立有“古之楚庭”的石牌坊（见图0–3）。又相传古代广州地区因为连年灾害而田园荒芜，粮食失收，民不聊生，五位仙人身穿彩衣，分别骑着五只仙羊降临。仙羊口衔一株一茎六穗的稻子惠赠当地百姓，传播谷种，使这片土地成为岭南最富庶的地方，因此这里别称“羊城”[jœŋ^{21}ʃɛŋ^{21}]、“五羊城”[ŋ̍^{23}jœŋ^{21}ʃɛŋ^{21}]和“穗城”[ʃøy^{22}ʃɛŋ^{21}]，简称“穗”[ʃøy^{22}]。后人建造的五仙观就是祭祀五仙的谷神庙，供奉五位神仙（见图0–2）。广州一年四季草木常青，花卉常开，市民种花、插花、赏花相沿成习，一年一度的迎春花市更是闻名遐迩，因此这里又美称“花城”[fa^{53}ʃɛŋ^{21}]。今天的广州市是我国三大综合性门户城市之一，也是五大国家中心城市之一，还是华南地区经济、文化、科技、教育中心和交通枢纽。

图0－1 越秀山上的五羊雕像是广州标志性的景观

图0－2 五仙观供奉的五位神仙

图0－3 越秀山上的“古之楚庭”石牌坊

一　地理

广州市位于广东省中部偏南，珠江三角洲的中北部，北接南岭余脉，南临南海，珠江的三大支流西江、北江和东江在此汇入南海。北回归线在市境中部偏北穿过，全市约三分之二的地区处于北回归线以南，暖热少寒，夏长冬短，属于南亚热带海洋性季风气候。广州市的地理位置优越，因此被称为中国的“南大门”。

2005年广州市的行政区划调整为“十区二市”，即越秀区（原东山区并入）、荔湾区（原芳村区并入）、海珠区、天河区、白云区、黄埔区、番禺区、花都区、萝岗区、南沙区、增城市、从化市，全市总面积7434.4平方千米，其中市区面积3843.43平方千米，市区建成面积785.44平方千米。2014年2月12日，国务院同意撤销黄埔区、萝岗区，设立新的黄埔区；撤销县级从化市、增城市，设立从化区、增城区，至此广州市一共管辖11个区，其中越秀、荔湾、海珠是传统老城区（广州市的老四区包括2005年并入越秀区的东山区）。越秀区是广州市的发源地，有南越王墓、南越国宫署遗迹、镇海楼、中山纪念堂、东山洋房等古迹名胜，还有五仙观、光孝寺、六榕寺、光塔、圣心大教堂等宗教文化圣地；荔湾区是广州市著名的传统商业区，是中国著名的外贸商埠十三行的所在地，既有西关大屋、骑楼、陈家祠等民间传统建筑，又有沙面的近代欧式建筑；海珠区是珠江航道所环抱的一个全岛，民间俗称“河南”[hɔ^{21}nam^{21}]，有纯阳观、海幢寺、黄埔古港遗迹、大元帅府遗址等古迹名胜，闻名于世的琶洲国际会展中心和广州塔（俗称“小蛮腰”）也坐落在海珠区。

广州市东北部为中低山地，中部为丘陵台地，南部为沿海冲积平原，整体地势呈现北高南低、由北向南逐渐倾斜的趋势，全市平均海拔高度只有11米。广州市属于南方丰水地区，雨量充沛。广州市大小河流归属珠江水系，而珠江是中国境内第三长的河流，按流量则是第二大的河流（见图0–4）。广州市东北部以流溪河、增江等山区河流为主，南部为珠江三角洲河网地区，主要为珠江三大支流西江、北江、东江下游水道和珠江前、后航道交织而成的河网，到处河涌纵横，俨然水乡泽国。明末清初广东著名诗人陈恭尹《九日登镇海楼》诗云“五岭北来峰在地，九州南尽水浮天”，形象地写出了广州山水交融的地理特征。

两宋之前，珠江三角洲的许多地方还没有成为陆地，广州城江海一色，难怪直到今天广州人还把珠江称为“海”[hɔi^{35}]，把江边称为“海皮”[hɔi^{35}p^{h}ei^{21}]，把渡江称为“过海”[kwɔ^{33}hɔi^{35}]。在今天广州市的地名中，还有不少地名通名跟河流、沟渠有关，如“滘”“涌”“濠”“沥”等，在珠江三角洲以外的其他地区则甚为罕见。下面略作解释。

“滘”[kau^{33}]：也写作“漖”，指河道的分支。如：原属芳村区、今属荔湾区的“茶漖”[ʧʰa^{21}kau^{33}]、“东漖”[toŋ^{55}kau^{33}]、“南滘”[nam^{21}kau^{33}]，海珠区的“新滘”[ʃɐn^{55}kau^{33}]、“沥滘”[lɛk^{2}kau^{33}]，番禺区的“上滘”[ʃœŋ^{22}kau^{33}]、“龙滘”[loŋ^{21}kau^{33}]、“清流滘”[ʧʰeŋ^{55}lɐu^{21}kau^{33}]。

“涌”[ʧʰoŋ^{55}]：指小河、河沟。如：原属芳村区、今属荔湾区的“大涌口”[tai^{22}ʧʰoŋ^{55}hɐu^{35}]，海珠区的“马涌”[ma^{23}ʧʰoŋ^{55}]（见图0–5），番禺区的“猛涌”[maŋ^{23}ʧʰoŋ^{55}]、“急流涌”[kɐp^{5}lɐu^{21}ʧʰoŋ^{55}]、“西涌”[ʃɐi^{55}ʧʰoŋ^{55}]、“细沥涌”[ʃɐi^{33}lɛk^{2}ʧʰoŋ^{55}]，花都区的“南涌”[nam^{21}ʧʰoŋ^{55}]。

图0－4 珠江下游水道蜿蜒穿过广州城区

图0－5 流过海珠区西部的马涌

“濠”[hou^{21}]：本义是护城河。根据史料记载，清代嘉庆年间广州城内有东濠、西濠、南濠和清水濠四大濠，至今留下了“南濠街”[nam^{21}hou^{21}kai^{53}]、“清水濠”[ʧʰeŋ^{55}ʃøy^{35}hou^{21}]的街名。

“沥”[lɛk^{2}]：指小河流。如：南沙区的“横沥”[waŋ^{21}lɛk^{2}]。

可以说，从古至今在密布的河涌、纵横的沟渠上流淌着的水是广州自然地理的一个最为突出的特征，广州人从居家生活到日常生计都与水密切相关（见图0–6）。正因为如此，广州话中保留了大量带有“水”的词语，这些词语有的与商业贸易，特别是对外贸易有关，如“水客”[ʃøy^{35}hak^{3}]（来往海内外替人带钱物以赚取酬金为生者，也指在河道上贩运货物、做买卖的流动商人）、“水脚”[ʃøy^{35}kœk^{3}]（运货的费用或坐船的船费）、“水货”[ʃøy^{35}fɔ^{33}]（来路不正的货物，走私货）、“水牌”[ʃøy^{35}pʰai^{35}]（商店临时记事的小牌子，旧时也指茶楼、酒店的菜牌）、“缩水”[ʃok^{5}ʃøy^{35}]（经济受损导致资产减少）。这更多地体现了广州人“水为财”[ʃøy^{35}wɐi^{21}ʧʰøy^{21}]的观念，如“一嚿水”[jɐt^{5}kɐu^{22}ʃøy^{35}]（一百块钱）、“水头”[ʃøy^{35}tʰɐu^{21}]（指钱钞）、“咸水”[ham^{21}ʃøy^{35}]（指港币、侨汇）、“过水”[kwɔ^{33}ʃøy^{35}]（交钱，付款）、“抽水”[ʧʰɐu^{55}ʃøy^{35}]（赌博抽头儿）、“水紧”[ʃøy^{35}kɐn^{35}]（缺钱，手头紧）。另外，也有一些带“水”的词语引申出了其他的义项，如“水皮”[ʃøy^{35}pʰei^{21}]（没学问、没本事，或者质量差）、“水汪”[ʃøy^{35}wɔŋ^{53}]（人不可靠，不成器，不负责任）、“水色”[ʃøy^{35}ʃek^{5}]（风声）、“睇水”[tʰɐi^{35}ʃøy^{35}]（望风）、“放水”[fɔŋ^{33}ʃøy^{35}]（私下通融）、“吹水”[ʧʰøy^{55}ʃøy^{35}]（侃大山）。

图0－6 早期广州市民在河涌边洗衣的情景（资料图片）

二　历史

广州地区古称“番禺”“南海”，所以俗话说：“先有番禺，后有广州。”从秦代设置南海郡开始一直到晚清，今天的广州在绝大部分的历史时期乃是郡治、州治、府治的所在地，也是岭南地区的政治、经济和文化中心，还是中国对外商业贸易和文化交流的重要港口城市。

广州地区春秋战国时为越地。秦始皇三十三年（公元前214年）统一岭南，设置南海郡、桂林郡和象郡，岭南纳入秦朝中央集权制国家的版图。南海郡下辖番禺、博罗、龙川、四会和揭阳等县，郡治在番禺。汉高帝四年（公元前203年）南海郡尉赵佗兼并了桂林郡和象郡，在岭南地区建立了“东西万余里”的南越国，自称“南越武王”，定国都于番禺。汉武帝于元鼎五年（公元前112年）命令十万汉军分五路进攻南越，次年攻破番禺，南越国灭亡。汉武帝将南越之地的岭南划分为南海、苍梧、郁林、合浦、交趾、九真、日南、儋耳、珠崖九郡，并于元封五年（公元前106年）将统辖整个岭南九郡的交趾刺史部设在苍梧郡治的广信（今广西梧州、贺州与广东封开一带）。汉成帝绥和元年（公元前8年）改部置州，交趾刺史部遂改为交州，南海郡属之。汉献帝建安六年（201年），从番禺县分出增城县，同样隶属于南海郡。建安二十二年（217年），交州刺史步骘将治所从广信东迁至番禺，修建赵佗旧城作为州城。三国吴黄武五年(226年)，孙权将交州分为交州和广州，“广州”由此而得名。晋武帝泰始元年（265年）司马炎建立西晋，但直至太康元年（280年）东吴灭亡时广州才纳入西晋的版图。两晋时期番禺仍然作为广州和南海郡的治所，南北朝因之。刘宋时期，广州共管辖18个郡，其中南海郡就管辖10个县。

图0－7 西汉南越王博物馆

隋朝开皇九年（589年）平陈，广州设总管府。仁寿元年（601年）改为番州，大业三年（607年）改为南海郡。此时的南海郡管辖南海、曲江等15县，其中南海县由番禺县改置。唐高祖改郡为州，武德四年（621年）废南海郡而复置广州。武德五年（622年）广州设总管府，武德七年（624年）改为大都督府（相传“广府”即广州都督府的简

图0－8 南汉国宫殿和池苑遗址中的砖井

称）。贞观元年（627年），唐太宗分天下为十道，两广地区称岭南道，道治广州改为中都督府，所以这里既是岭南道的治所又是都督府的治所。武后长安三年（703年），由南海县分出番禺县，县治在江南洲（今天的海珠区)。而后，置岭南五府经略使，总管岭南的五个都督府，即广州、桂州、容州、邕州和交州（安南都护府），治所在南海县（今广州）。唐肃宗至德元年（756年）改置岭南节度使，由广州都督充任，治所在广州。唐懿宗咸通三年（862年）分岭南道为东、西两道，岭南西道驻邕州（今南宁），岭南东道驻广州，这是两广分为东、西的开始。唐末刘龑凭借父兄在岭南开创的基业，于后梁贞明三年（917年）在广州称帝，并以广州为兴王府，国号初名“大越”。次年，刘龑以汉室宗亲刘氏的身份改国号为“大汉”，并在广州地区设置了咸宁、常康两县，以模仿帝都长安，史称南汉。南汉历五世，共67年，宋太祖开宝四年（971年）为北宋所灭。

两宋三百多年，行政区划改唐代的“道”为“路”，广州属于广南东路（广东之名即由此而来），管辖南海、番禺、清远、增城、怀集、东莞、新会、信安八县。今之广州地区，属于宋代的南海、番禺、增城县地。从宋代开始，广州城的城西属南海县，城东属番禺县。到了元代，行政区划改为省、道、路、县四级，广州路属江西行中书省广东道，管辖七县一录事司：南海、番禺、东莞、增城、清远、新会、香山和广州录事司。明代废除道一级的行政建制，采用省、府、县三级制。广州府属于广东行中书省（后来改为广东承宣布政使司），管辖一州十五县，今之广州地区属于南海、番禺、从化、三水、增城等县县地。清代也是采用省、府、县三级制，广东省广州府管辖番禺、南海、增城、东莞、新会、清远、香山、新安、顺德、新宁、从化、三水、龙门和花县共十四个县（见图0–10）。广州城西属南海县，东属番禺县，既是广东省的省会，又是广州府的府城。

图0－9 越秀山上的镇海楼和明代古城墙（资料图片）

图0－10 清代广州府舆图（资料图片）

1911年4月27日，同盟会的黄兴在广州领导了以推翻清代封建统治、建立资产阶级共和国为目的的“黄花岗起义”，以失败告终（见图 0–11）。10月10日武昌起义胜利，11月9日广东省宣布脱离清廷而独立。1912年1月1日中华民国成立，广东省隶属于中华民国，广州仍为广东省省会。1917年孙中山发动了“护法运动”，11月10日成立了中华民国军政府，这是孙中山第一次在广州建立的政权。孙中山当选海陆军大元帅，在原广东士敏土厂设立大元帅府（见图0–12）。1918年广州设立市政公所，1921年成立市政厅，为广州建市之始，孙科为第一任市长。1925年中华民国国民政府在广州成立，7月改广州市政厅为广州市政府。1927年12月11日，中国共产党人发动的反抗国民党右派的广州起义爆发（见图 0–13）。1929年至1936年，有“南天王”之称的陈济棠主政广东，广州在市政建设方面成绩显著。1930年广州改设特别市，同年改省辖市。1938年10月21日日本侵略军占领广州，广州开始了长达7年的沦陷时期。1945年9月16日，广州宣告光复。1947年广州改为国民政府行政院院辖市（相当于直辖市），仍为广东省省会。1949年中国人民解放军解放南京后，南京国民政府南迁广州。

图0－11 黄花岗七十二烈士墓

图0－12 位于珠江边的大元帅府（资料图片）

图0－13 广州起义烈士陵园

1949年10月14日，广州解放。1952年11月，广州市成为由中南区行政委员会领导的中央辖市。1954年中央决定撤销华北、东北、西北、华东、中南和西南六大行政区，广州市归广东省领导。1984年10月，广州市被纳入国家计划单列城市，成为改革开放的前沿阵地。今天的广州已经成为国家中心城市之一，与北京、上海并称“北上广”。

上世纪50年代，番禺县的大片地区和增城县、南海县的小部分地区划归广州市管辖。1960年9月20日，国务院批准原由佛山专区管辖的花县、从化两县划归广州市管辖，广州市从此实行“市管县”的行政体制。70年代中期以来，原属佛山地区的番禺县，原属惠阳地区的增城县、龙门县，原属韶关地区的新丰县、清远县、佛冈县先后划归广州市管辖。到了1988年，广州市行政区域范围包括东山、越秀、荔湾、海珠、天河、黄埔、芳村、白云8区和花县、从化、增城、番禺4县。到了2014年，广州市一共管辖11个区。

三　人口

秦始皇灭楚国之后，相传派五十万大军平定南越，当时的岭南地区还是一片地广人稀的景象。根据《汉书 · 地理志》的记载，到了西汉时广东省境内约4.9万户，25.6万人。到了东汉时人口有了显著增长，南海郡七县有71 477户，人口250 283人。汉末三国以来经历两晋的“八王之乱”和“五胡乱华”，北方战乱频仍，民不聊生，岭南地区背山面海而相对太平，因此从北方迁入的人口不断增加。明嘉靖黄佐修的《广东通志》，说汉末建安至于西晋永嘉“中国之人，避地者多入岭表，子孙往往家焉，其流风遗韵，衣冠气习，熏陶渐染，故习渐变而俗庶几中州”。另外，许多南亚、西亚的商人、宗教人士也在这个时期乘船前来广州，开展海上贸易活动和宗教文化活动。

隋代时南海郡有15县，37 482户。到了唐太宗贞观十三年（639年），广州都督府辖10县，有12 463户，59 114人。天宝至元和年间，广州都督府的户数由4.2万户增至7.4万户。除了自然增长，大量的外来人口是导致人口剧增的重要原因。值得一提的是，唐代的广州是对外贸易和文化交流的重要窗口，政府设立市舶司专门管理对外贸易，城内还设有蕃坊专供外国侨民居住，这些外国侨民以来自大食、波斯等伊斯兰国家的居多。

宋元时期，珠江三角洲得到迅速的开发，农业的发展使之成为重要的产粮区，这跟珠玑巷移民的迁入密切相关。

到了明朝，手工业已从农业中脱离出来，珠江三角洲制糖业、铸铁业等已相当发达。洪武初年，广州府有户21.1万，人口60.8万。到了洪武二十四年（1391年），人口增至62.1万，居全国各府之首位。明末清初，由于战乱兵燹，广州的人口大减。顺治七

图0－14 粤海关旧址

年（1650年），尚可喜引清军攻破广州城，进行惨绝人寰的屠城，斩“兵民万余”，又“追剿余众至海滨，溺死者无算”，罹难者几十万人。康熙五十年（1711年）清政府下令“滋生人丁，永不加赋”，从而有效地促进了人口的增长。值得一提的是，康熙二十三年（1684年）清政府开放海禁，在广州设立粤海关，这是我国最早设立的海关之一（见图 0–14）。乾隆二十二年（1757年）清政府实行“一口通商”，广州成为全国唯一的对外通商口岸。1842年鸦片战争中清政府战败，广州被迫开通为港口，大量的欧洲人涌到广州进行商业贸易和开展传教活动等，同时许多广州市民因为贫困破产而被贩运到东南亚殖民地和美洲去开矿、修铁路等。

1912年中华民国成立，广州的行政区域发生很大变化。1918年市政公所成立时宣布的人口数为70.49万，1921年广州建市时区域扩大，人口相应增加为79万。1928年，广州市人口已发展到81.2万，位居全国各大城市的第五位和世界四十大城市的第三十六位。1938年广州沦陷，1940年人口锐减至54.5万。1945年日军投降，战时大量外迁的人口开始回迁。至1947

图0－15 始建于1863年的圣心大教堂

年，全市人口数为132.7万人，在全国各大城市中位居第四，仅次于上海、北平和天津。

建国后，随着经济社会的发展，广州人口增长迅速，至1957年市区人口突破200万。此后的 30 多年中，人口增速减缓，至1990年市区人口为358万。最近20年来，广州市的人口增长非常快速。根据2010年第六次全国人口普查主要数据公报，广州市“十区二市”的常住人口为1270.08万人。另外，广州是中国改革开放的前沿阵地，外来人口的数量也非常庞大。还有，广州作为对外贸易的窗口，外国人士也数量众多，特别是近年来自非洲和中东的外籍人士急剧增加。

四　方言民俗文化

在独特的地理、历史背景之下，岭南地区孕育出了丰富多彩的方言土语和地域文化，无疑是全国汉语方言最为复杂和乡土文化气息最为浓厚的区域之一。就广东省而言，全省粤、闽、客三大方言区恰好就是三种区域性的文化类型，也就是通常所说的地域文化：广府文化、福佬文化和客家文化。广州俗话说：“一处乡村一处例。”这三种区域性的文化类型尽管都是岭南文化的亚文化，在文化特征上有许多共通之处，但它们毕竟都是在各自的地理环境中形成和发展起来的，都毫无例外地以各自的方言作为文化认同的标志，所以彼此之间还是有着明显的界线。

粤语又称为粤方言，主要分布在岭南地区的两广、港澳以及海外不少的华人社区。广东省的粤语集中分布在珠江三角洲，与其他方言穿插分布在一起的则有粤西、粤北地区。近代以来，以粤语为载体的民间曲艺形式丰富多彩，如“粤剧”[jyt^{2}kʰɛk^{2}]（又称“大戏”[tai^{22}hei^{33}]，是广东最大的地方戏曲剧种）、“粤讴”[jyt^{2}ɐu^{53}]（一种已经失传的民间曲艺形式）、“龙舟”[loŋ^{21}ʧɐu^{53}]（一种民间曲艺说唱形式）、“木鱼歌”[mok^{2}jy^{21}kɔ^{55}]（一种民间曲艺说唱形式）、“咸水歌”[ham^{21}ʃøy^{35}kɔ^{55}]（珠江三角洲水上居民的情歌）、“讲古”[kɔŋ^{35}kwu^{35}]（说书）。

粤语以广州话为代表，而狭义的广州话专指广州老城区通用的方言。最近几十年来广州话广播、电视节目迅速普及，加之广州作为省会城市在各方面的辐射作用，广东省内各地都自觉地以广州话作为粤语的标准语。广州话早期称为“省城话”[ʃaŋ^{35}ʃɛŋ^{21}wa^{35}]，又称为“广府话”[kwɔŋ^{35}fu^{35}wa^{35}]，现在也有很多人直接称之为“粤语”[jyt^{2}jy^{23}]。另外，早期英国人称广州为“Canton”（广东），因此称广州话为“Cantonese”（广东话）。自从英国传教士马礼逊于1828年出版了《广东省土话字汇》（见图0–16）之后，在广州工作和生活的欧美传教士、汉学家编写和出版了大量的广州话文献，如英国人波乃耶编写的《简明粤语》等。

广州人极其热爱自己的方言母语，高度认同自己的方言文化。广州人的小孩在上学前一般先学会说广州话，上学后再学会说普通话。可以说，今天广州的年轻人不但广州话说得很流利，普通话水平也已远远超过他们的父辈。早年间，广州人鲜有普通话说得好的，谐音的缘故他们把普通话谑称为“煲冬瓜”[pou^{55}toŋ^{55}kwa^{55}]。另外，早期广州人提起其他方言或语言时都会带有一定的贬义，如“捞话”[lau^{55}wa^{35}]（北方话，源于把北方人称为“捞松”——对北方话“老兄”的模仿）、“呤话”[naŋ^{55}wa^{35}]（潮汕话，源于潮汕人把人称为“naŋ^{55}”）、“挨话”[ŋai^{55}wa^{35}]（客家话，源于客家人把我称为“ŋai^{21}”或“ŋai^{24}”）、“鬼佬话”[kwɐi^{35}lou^{35}wa^{35}]（外国语）。还有，尽管不纯正的广州话被谑称为“咸水话”[ham^{21}ʃøy^{35}wa^{35}]，但许多在广州工作的外地人学会了说“咸水话”，当地人往往很乐意用纯正的广州话与之交谈。

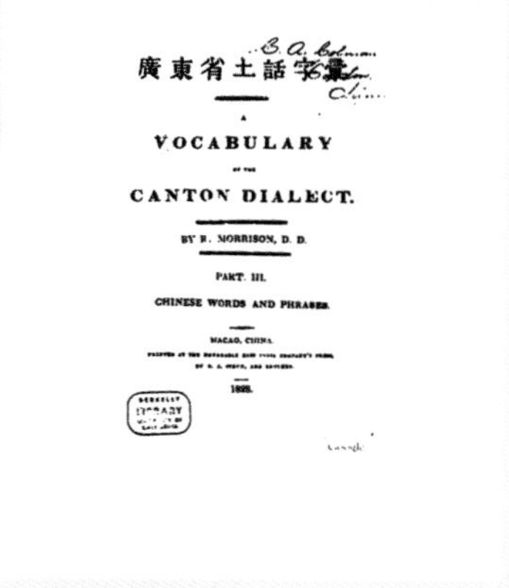

图0－16 1828年出版的《广东省土话字汇》（资料图片）

值得注意的是，由于香港经济繁荣及流行文化发达，内地实行改革开放政策以来，香港作为内地对外交往的重要桥梁，其文化影响力在很大程度上已经超越并取代广州，成为粤语区的主流文化阵地，因此广州话也在一定程度上受到香港话的影响。从历史和现状来看，广州话与香港话都极为接近。广州话与香港话之间，与其说是地域方言的差异，不如说是社会方言的差异。今天，广州普通市民阶层，特别是中老年人的口音和用语更接近广州话原貌，而中产阶层与青少年的口音和用语则有向香港话靠拢的趋势。

广州及其南海、顺德等地处于珠三角的中心，方言较为接近，文化气质也大同小异，成为广府文化的核心区。广府文化也可以称为粤语文化，其形成就如粤语的形成一样，包含了早期南越文化、中期中原文化和晚期西方文化三种文化因子，古今荟萃，中西交融，因此具有既保守又开放，既排外又包容，既古老又时尚这样一种对立统一的文化特质。这特质也体现在粤语的成分和特点之中，即粤语中有较多的百越语成分和较多的西方外来词，前者称为“底层词”，如（有音无字者用“□”表示）“蛤蚧”[kɐp^{3}kwai^{35}]（蟾蜍、青蛙类的总称）、“䏶”[nin^{55}]（乳房）、“墟”[høy^{55}]（农村集市）、“冚”[k^{h}ɐm^{35}]（盖）、“搣”[mit^{5}]（捏，掐）、“揼”[tɐp^{2}]（砸）、“□”[lim^{35}]（舔）、“□”[tɐm^{22}]（跺）、“熝”[lok^{2}]（用液体烫，焯）、“焫”[nat^{3}]（烫）、“谂”[nɐm^{35}]（思考）、“戆”[ŋɔŋ^{22}]（傻）；后者也称为“借词”，如“咕哩”[kwu^{55}lei^{55}]（对搬运工的蔑称，英语coolie）、“叻㗎”[lek^{5}ka^{35}]（清漆，英语lacquer）、“士巴拿”[ʃi^{22}pa^{53}na^{35}]（扳手，英语spanner）、“𨋢”[lip^{5}]（电梯，升降机，英语lift）、“菲林”[fei^{53}lɐm^{35}]（胶卷，英语film）、“士挞胆”[ʃi^{22}tʰat^{5}tam^{35}]（日光灯起辉器，英语starter）、“色时风”[ʃek^{5}ʃi^{21}foŋ^{55}]（萨克斯管，英语saxophone）、“波”[pɔ^{55}]（球，英语ball）、“飞”[fei^{55}]（票券，英语fare）、“朱古力”[ʧy^{55}kwu^{55}lek^{5}]（巧克力，英语chocolate）、“冧把”[lɐm^{55}pa^{35}]（编号，英语number）、“唛”[mɐk^{5}]（商标，英语mark）。当然，从中原输入的汉语成分和特点乃是粤语词汇的主体，这与中华民族的传统民俗文化构成广州民俗文化的主体是同一个道理。

说起广州话，就不能不提到广州话的用字问题。南方的汉语方言，像广州话这样具有完整的书写系统的方言可谓绝无仅有。广州话的书写传统历史悠久，口头中说得出来的，书面上基本上都写得出来（见图0–18、0–19）。除了使用正字，长期以来广州人还

图0－17 鸦片战争后曾沦为英、法租界的广州沙面（资料图片）

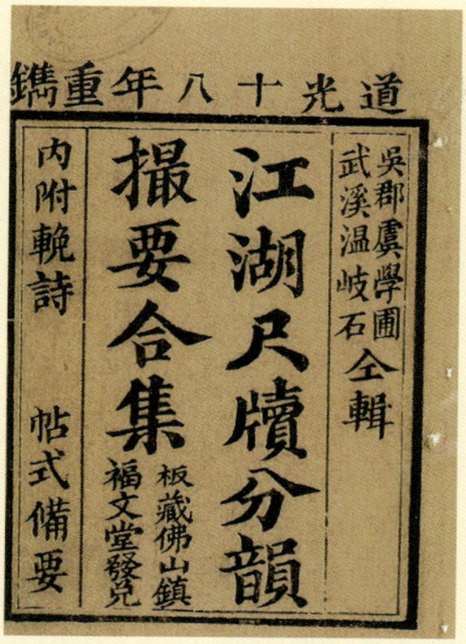

图0－18 广州话韵书《分韵撮要》（道光重刻本）

图0－19 谭季强《广州话》（1925年第1版）

造了许许多多方言俗字用以记写富有方言特色的词语，这些俗字蕴含着丰富的民俗文化信息，既有实用性又有地域性，如“乸”[na³⁵]、“奀”[ŋɐn⁵³]、“嘜”[mɐk⁵]、“戙”[toŋ²²]、“脷”[lei²²]、“撽”[ŋou²¹]、“𠝹”[kai³³]、“踎”[mɐu⁵³]、“衭”[fu³³]。早期番禺等地把鸡蛋称为“鸡春”，当地人写为“鸡⿱林春”，“⿱林春”就是一个通过会意的方法生造的俗字。时至今天，番禺沙湾镇还有一条叫“鸡⿱林春巷”[kɐi⁵³ʧʰøn⁵⁵hɔŋ³⁵]的小巷子（见图0–20），相传早期就是专卖鸡蛋的地方。

图0－20 番禺区沙湾镇鸡⿱林春巷

壹·房舍建筑

图1－1 海珠区黄埔村的古建筑

广州的古建筑基本上限于寺庙、宫观，与其他地区大同小异。广州的近代建筑最富地方特色，大致包括如下三类：第一类是基本上按照中国传统建筑的样式建造的，而且具有鲜明岭南风格的平房建筑，如荔湾区的西关大屋、陈家祠，番禺区的“镬耳屋”“蚝壳屋”“姑婆屋”及园林式建筑余荫山房等；第二类是在中国传统建筑样式的基础上，部分采用西方建筑的材料和方式建造的楼房建筑，如荔湾区的蒋光鼐故居以及“竹筒屋”、骑楼，中山大学内原岭南大学建筑群，华南理工大学内原中山大学建筑群等；第三类是“中西合璧”的建筑，如越秀区的“东山洋房”。这三类中传统民居占了很大的比例，但近半个世纪以来受到不同程度的破坏，前些年当地政府采取一些保护措施，一些旧街道、社区和民居才得以保留下来。广州话中与建筑相关的民俗语汇比较丰富，下面先介绍民居，再介绍其他建筑，最后简单谈谈民间的建筑活动及建筑民俗。

一　民居

西关大屋 [ʃɐi^53^kwan^53^tai^22^ok^5^]

西关就是旧西城墙（今人民路）以西的地区，即如今荔湾区宝华路、多宝路、逢源路、华贵坊一带，这里在明朝时已成为广州城区的商业中心。西关大屋俗称“古老大屋”[kwu^35^lou^23^tai^22^ok^5^]，是清朝同治、光绪年间一直到民国初期广州的一些名门望族、富商巨贾在西关一带修建的高檐深宅，被称为“岭南民居建筑文化的瑰宝”，鼎盛时有800多间，至今只剩下数十间，如位于荔湾区恩宁路的詹天佑故居（见图1–2）。

图1－2 詹天佑故居

图1－3 青砖石脚

图1－4 人字山墙上的卷草纹

典型的西关大屋保持了我国传统合院式建筑的格局，一般坐北朝南，而且是砖木结构坡屋顶的平房建筑（也有二至三层的楼房）。西关大屋的外墙全部是“青砖石脚”[ʧʰɛŋ^{53}ʧyn^{55}ʃɛk^{2}kœk^{3}]（见图 1–3），也就是墙面用水磨青砖砌成，墙脚是规则、平整的花岗岩石条。根据民间传说，贴砌青砖墙不用水泥，而用糯米饭拌灰浆，因此没有留下一丝缝隙，非常坚固。典型的西关大屋的屋顶属于硬山式，是中国传统建筑双坡屋顶形式之一。房屋两侧的山墙是人字形，博风处有中国传统图案卷草纹（见图 1–4）。

广州传统民居建筑特别重视宅门的装饰。西关大屋的正门有三道，叫“三件头”[ʃam^{53}kin^{22}tʰɐu^{21}]（见图 1–5），由外到里包括“矮门”[ɐi^{35}mun^{35}]、“趟栊”[tʰɔŋ^{33}loŋ^{35}]和大门。矮门是临街的四扇对开小折门（屏风门），又叫“脚门”[kœk^{3}mun^{35}]或“花门”[fa^{55}mun^{35}]，一般用木雕雕花做装饰，有吉祥如意的花鸟图案，也有平安花瓶图案等（见图 1–6）。矮门之后就是最具地方特色的趟栊，用横的圆木杠加框做成，可以拖拉开或关，此圆木杠叫“门栊子”[mun^{21}loŋ^{21}ʧi^{35}]，也叫“趟

图1－5 正门的“三件头”

图1－6 矮门上木雕的平安花瓶图案

图1－7 趟栊竖板顶部的如意云纹

图1－8 大门上的门髻

栊横”[t^hɔŋ[33]loŋ[35]waŋ[21]]。圆木杠半径5~6厘米，通常为13、15或17根，因为民间习俗以单数为阳数，所以圆木杠的数目取单不取双（广州话“双”与“丧”音近，也有可能为了避讳）。趟栊的后面有小铜铃，一旦有人拉动趟栊，屋主就知道有人到来。广州大半年天气炎热，平日里屋主一般是打开大门而关闭趟栊，这样既可以通风纳凉，又不影响防盗。趟栊几乎都无装饰，有的只在竖板的顶部雕成如意云纹（见图1–7）。第三道门就是趟栊之后的双扇大门，为了防潮湿和防虫蚁，一般采用坤甸木或樟木，非常厚重。大门的外表面有铺首，因为形状像发髻，所以叫“门髻”[mun[21]kɐi[35]]，也叫“门拧拧”[mun[21]neŋ[22]neŋ[35]]（见图1–8），作为大门的拉手或用于敲击大门，同时也具有避祸求福的作用。侧门、旁门叫“横门”[waŋ[21]mun[35]]（见图1–9），背后的门闩叫“门戌”[mun[21]ʃøt[5]]。民间旧俗认为大门不能正对街口，否则会有煞气。

图1－9 通往神楼的横门

西关大屋对风水格局非常讲究，其平面结构一般为三间两廊，叫“三便过”[ʃam^{53}pin^{22}kwɔ^{33}]（也有的扩展为“五便过”），左右对称，主次分明，适应广州人聚族而居的生活习惯和长幼尊卑的传统观念。中间为主要厅堂，称为“正间”[ʧɛŋ^{33}kan^{53}]，从进门起分别为“门厅”[mun^{21}t^{h}ɛŋ^{55}]、“轿厅”[kiu^{22} t^{h}ɛŋ^{55}]、“正厅”[ʧeŋ^{33}t^{h}ɛŋ^{55}]、“头房”[t^{h}ɐu^{21}fɔŋ^{35}]、“二厅”[ji^{22}t^{h}ɛŋ^{55}]、“二房”[ji^{22}fɔŋ^{35}]，形成一条纵深的中轴线，每一厅为一进，厅和厅之间用小天井隔开，一方面起间隔作用，一方面起采光和通风作用。门厅又叫“门官厅”[mun^{21}kwun^{55}t^{h}ɛŋ^{55}]，青砖墙上设有“神龛”[ʃɐn^{21}hɐm^{55}]，对联是“门从积德大，官自读书高”，供奉门官的“神位”[ʃɐn^{21}wɐi^{35}]，神位上一般写“门口土地福神”或“门官土地福德正神”（见图 1–10），祈求保佑家人出入平安。有的大屋子门厅与轿厅之间有四扇中门，平时关闭，只有乘轿子的贵客来访才开，以示隆重迎接。轿厅又叫“茶厅”[ʧ^{h}a^{21}t^{h}ɛŋ^{55}]，是供乘轿的主人或客人停放轿子的厅堂（见图 1–11）；正厅又叫“神厅”[ʃɐn^{21}t^{h}ɛŋ^{55}]或“大厅”[t^{h}ai^{22}t^{h}ɛŋ^{55}]，是整座建筑物中最富丽堂皇的厅堂，“神枱”[ʃɐn^{21}t^{h}ɔi^{21}] 上供奉神祇（见图 1–12），高高在上的“神楼”[ʃɐn^{21}lɐu^{35}]则供奉祖宗的灵位（见图 1–13）。正厅也是喜庆聚会和商议大事之处，家具摆设具有明显的轴线对称。“头房”是正厅之后的第一间房，供长辈居住（见图 1–14）。二厅一般是饭厅，而二房也叫“尾房”[mei^{23}fɔŋ^{35}]，供儿子成家后夫妇居住。

图1－10 神龛和门官神位

图1－11 轿厅和轿子

图1－12 正厅

图1－13 正厅的“神楼”和祖宗神位

图1－14 长辈居住的头房

西关大屋的正厅是大屋的主体建筑，“屋脊”[ok^{5}ʧɛk^{3}]也叫“瓦脊”[ŋa^{23}ʧɛk^{3}]，离地面高达 6～8 米，为全大屋最高处。位于屋脊的栋梁（脊檩）一般是木质坚硬的圆木，涂上红漆。上梁时需要选择吉日，并进行祭拜。另外，栋梁正下方忌讳摆设床铺。椽子称为“桁桷”[haŋ^{35}kɔk^{33}]，与檩木都油上黑漆，而覆盖其上的衬瓦涂成白色。大屋的栋梁、椽子和瓦片俗称“红栋黑桷白瓦”[hoŋ^{21}toŋ^{33}hek^{5}kɔk^{3}pak^{2}ŋa^{23}]（见图1–15）。

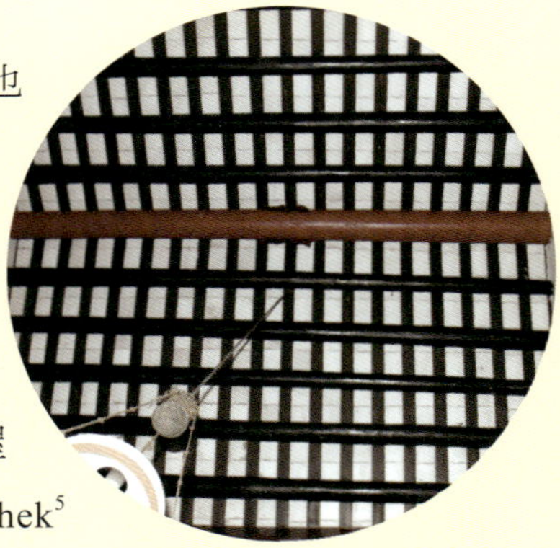

图1－15 红栋黑桷白瓦

中轴线两侧的开间叫“书偏”[ʃy^{53}p^{h}in^{55}]，意为书房和偏厅所在之意，左侧的地方称为“大便”[tai^{22}pin^{22}]，主要有连成一体的小院（见图 1–16）和“书房”[ʃy^{53}fɔŋ^{35}]（见图 1–17），属于上位；右侧的地方称为“细便”[ʃɐi^{33}pin^{22}]，主要有偏厅（见图 1–18）和“倒朝房”[tou^{35}ʧ^{h}iu^{21}fɔŋ^{35}]（即宾客的临时用房。见图 1–19），属于次位。两侧的房门要尽量错开，避免正正相对。“倒朝房”顶上是“天棚”[t^{h}in^{53}p^{h}aŋ^{35}]，或叫“晒棚”[ʃai^{33}p^{h}aŋ^{35}]、“天台”[t^{h}in^{53}t^{h}ɔi^{35}]（见图 1–20），是乘凉、赏月和西关小姐七夕“拜七姐”[pai^{33}ʧ^{h}ɐt^{5}ʧɛ^{35}]的地方。西关小姐的闺房位于夹层楼阁（见图 1–21、1–22），是一处私密性较好的空间。夹层楼阁（一圈走廊）称为“走马楼”[ʧɐu^{35}ma^{23}lɐu^{35}]（见图 1–23），栏杆称为“栏河”[lan^{21}hɔ^{21}]。走马楼通过楼梯与地面连接，楼梯的台阶叫“梯级”[t^{h}ɐi^{53}k^{h}ɐp^{5}]，级数一般是奇数（见图 1–24）。厨房旧称“下间”[ha^{22}kan^{53}]（见图 1–25），旧俗忌讳开门见灶，因此厨房位于中轴线两侧的最后，有“包尾厨”[pau^{53}mei^{55}ʧ^{h}øy^{21}]之说。厨房一般会供奉“灶君”[ʧou^{33}kwɐn^{53}]（即灶王爷，又称为“灶神”[ʧou^{33}ʃɐn^{21}]），每逢岁末都要虔诚祭拜，祈求纳祥避祸。

图1－17 书房

图1－16 小院

图1－18 偏厅

图1－19 倒朝房（左边是房门）

图1－20 倒朝房上的天棚

图1－21 西关小姐闺房外部

图1－22 西关小姐闺房内部

图1－23 走马楼

图1－24 楼梯

图1－25 下间

图1－26 冷巷

“书偏”的外侧都有“冷巷”[laŋ^{23}hɔŋ^{35}]，又叫作“青云巷”[ʧ^{h}ɛŋ^{55}wɐn^{21}hɔŋ^{35}]（见图1–26），取“平步青云”之意。冷巷与邻居间隔开来，也用于排水、采光和通风，还供女眷、仆人、厨工等出入。关于冷巷的歇后语有：“冷巷担竹竿——直出直入。”因为冷巷都很狭小，扛竹竿只能直着扛，直来直往，比喻人老实，说话不会拐弯抹角。冷巷里一般还有水井（见图1–27），水井上方青砖墙上设有神龛，供奉龙神的神位（见图1–28）。旧时认为井水出大海，龙神即海之龙王，拜此神可保平安。

西关大屋的正厅前近天井处做有花楣挂落，叫作“花罩”[fa^{55}ʧɐu^{33}]（见图1–29），使正厅与天井相对分隔开来。花楣两边垂下，有的甚至悬垂至地，称为“地

图1－27 水井

图1－28 龙神

图1－29 花罩

图1－30 屏门

罩”[tei^{22}tʃɐu^{33}]，有洒金通雕、木刻钉凸等多种表现手法，图案则有人物、花卉、鸟兽等，典雅美观，寓意深刻。西关大屋用作主要厅房活动间隔的是“屏门”[p^{h}eŋ^{21}mun^{35}]（见图 1–30），门扇上一般都有木雕通花或安装彩色玻璃窗，既可以起到间隔作用，又具有美化功能，显得富丽明快。按照旧俗，室内要有挡中，避免一眼望穿，起到“挡煞”[tɔŋ^{35}ʃat^{3}]的作用，同时防止财气流失。

西关大屋的室内厅房之间还用“满洲窗”[mun^{23}tʃɐu^{53}tʃ^{h}œŋ^{55}]分隔（见图 1–31），有人认为满洲窗是清代满族人南下岭南带来的窗扇形式。满洲窗传统造型为正方形花窗，木棂镶嵌蚀刻有国画图案的单面彩色玻璃，既有间隔和采光的功能，又有美化、装饰的作用，极富地方特色。西关大屋的各开间之间通过横门相通，有些横门上做成半圆形带蝴蝶图案窗棂的彩色玻璃窗，俗称“蝴蝶窗”[wu^{21}tip^{35}tʃ^{h}œŋ^{55}]（见图 1–32），也很有特色。西关大屋窗户的主要形式还有“槛窗”[k^{h}am^{23}tʃ^{h}œŋ^{55}]（见图 1–33），窗扇为长方形，木棂镶嵌彩色玻璃，既透光又有间隔功能。槛窗下面为固定的木墙裙板，上面常刻有花卉、钟鼎等图案或诗词语句，整体上显得美观大方。

图1－31 满洲窗

图1－32 蝴蝶窗

图1－33 槛窗

西关大屋的进深较大，而且因为讲究风水，怕漏财，所以北向不开窗(见图 1–34)，需要靠天井、天窗和侧窗等来通风和采光。“天井”[t^{h}in^{53}ʧɛŋ^{35}]多为方形，特别是门官厅、轿厅和正厅之间的天井更是方方正正，站在地面便能望到天。天井用花岗岩铺筑，下水道的去水孔（类似现在的地漏）常雕成铜钱形状（见图 1–35），这与广州人“水为财”的观念有关。一般街巷上下水道的去水孔，也常用石头雕成铜钱形状。“天窗”[t^{h}in^{53}ʧ^{h}œŋ^{53}](见图 1–36 ）是设在坡屋顶上朝天的窗户，靠木滑轮、木轨道和垂吊下来的绳子来开合。天窗采用杉木直窗棂，镶嵌上半透明的云母片作明瓦。广州俗话说：“拉埋天窗。”字面上的意思是把天窗关闭起来，实指为儿子完婚，也泛指结婚。除了天窗之外，也常用大面积的侧窗来采光（见图 1–37）。

图1－34 北向不开窗

图1－35 天井中雕成铜钱形状的去水口

图1－36 天窗

图1－37 侧窗

图1－38 阶砖

西关大屋的地面都是用黏土大阶砖铺就（见图 1–38），这种黏土大阶砖具有吸水强的特点，适合广州湿热的天气。广州话把地板砖称为“阶砖”[kai^{53}ʧyn^{55}]，把有图案花纹的彩釉地板砖称为“花阶砖”[fa^{55}kai^{53}ʧyn^{55}]。广州话口语中有好几个与“阶砖”有关的歇后语，如“厨房阶砖——咸湿”，一语双关，表面上说厨房的地板砖又咸又湿，实际上借指有的男性好色。

广义的西关大屋不限于坡屋顶的平房建筑，还包括一些二至三层的楼房建筑，如位于荔湾区龙津西路逢源北街 87 号的蒋光鼐故居（见图 1–39）。蒋光鼐故居建于民国初

图1－39 蒋光鼐故居

图1－40 具有西洋风格的阳台和罗马柱

图1－41 海珠区黄埔村大屋样式的建筑

图1－42 巨石门框和“三件头”

年，是三层砖木结构的建筑，建筑风格兼有西关大屋和西式楼房的特点，是近代典型的岭南大宅民居。这类大宅民居仍保留西关大屋的“青砖石脚”和“三件头”，但是采用了一些西方建筑的材料和方式，如阳台和罗马柱等（见图 1–40）。

除了西关地区，在广州的一些古村落中，也能见到大屋样式的建筑（见图 1–41），“青砖石脚”的外立面，巨石打造的门框，连大门也是传统的“三件头”（见图 1–42）。

竹筒屋 [tʃok^{5}t^{h}oŋ^{21}ok^{5}]

西关大屋的平面面积一般达到 400 平方米，大的甚至超过 1000 平方米，占用了较多的土地资源。在清朝后期，因为“独口通商”的特殊地位以及由此带来的工商贸易的高度发展，广州的城市人口迅速增长，荔湾一带商业中心的土地资源越来越紧张，“简化版”的西关大屋应运而生，这就是商住两用的“竹筒屋”。

图1－43 竹筒屋（资料图片）

竹筒屋主要分布在霞飞坊、盐运西街、将军东街、将军西街等早期商业比较集中的旧城区。耀华大街的传统民居一般被认为是西关大屋，实际上更像竹筒屋（见图 1–44）。现存的竹筒屋一般是单间数进多层的建筑，开间小，进深大，两者之比由 1∶4 至 1∶8 不等，宽不过 4 米左右，最长者则可以达到二三十米，一间挨着一间，具有容积率高、密度大的特点。顾名思义，竹筒屋因门面狭小、进深修长，所以民间就以“竹筒”来打比方（各进之间的天井就像竹筒的竹节），非常形象。竹筒屋因为临商业街而修建，适合商业和居住两种需要，因此也叫“商铺屋”[ʃœŋ^{53}p^{h}ou^{33}ok^{5}]。

图1－44 耀华大街的竹筒屋

竹筒屋一般分为前、中、后三部分，各部分之间以天井隔开，以廊道连接。前部是大门和门头厅，大门与西关大屋一样有“三件头”，外面为矮门（脚门），中间是趟栊，里面是双扇的厚硬木门。时至今天有的矮门已经破损拆去，只剩下趟栊和木门。竹筒屋的中部为单层的大厅，显得特别高，正面设有神楼，厅后是住房。后部是住房和厨房、厕所。竹筒屋很少开窗，主要靠阳台、天井、天窗等来通风和采光。

图1－45 狭窄、陡直的木梯

图1－46 露台

现存的竹筒屋一般是二至三层的平顶楼房，楼上、楼下通过狭窄、陡直的“木梯”[mok^{2}t^{h}ɐi^{53}]相通（见图1–45）。有一些木梯的入口就在大门旁边，白天主要靠天窗采光。另外，很多竹筒屋楼上临街一面设置内阳台，称为“露台”[lou^{22}t^{h}ɔi^{21}]（见图1–46），既可通风和采光，又可以晾晒衣物以及作为休闲、观光的处所，是吸收西方建筑元素的产物。

骑楼 [k^{h}ɛ^{21}lɐu^{35}]

竹筒屋之外，骑楼是20世纪初在广州旧城区出现的另一类商住两用的建筑物。也可以说，骑楼是竹筒屋的一种特殊形式。

时至今天，得以保存下来的骑楼较为集中地分布在第十甫路、上下九路、中山路、解放路、人民南路、一德路等商业街道，而西濠口一带的骑楼最为壮观。骑楼的前部跨在人行道上而修建，也就是沿街部分的二层以上悬挑至街道边沿，用立柱支撑，形成廊道，这个廊道称为“骑楼底”[k^{h}ɛ^{21}lɐu^{35}tɐi^{35}]（见图1–48），显然是西方建筑中古典柱式外廊的翻版。“骑楼底”一边向街道敞开，另一边是门面或“铺头”[p^{h}ou^{33}t^{h}ɐu^{35}]。在一条街道的同一侧，几户甚至几十户的“骑楼底”连贯成长长的人行道，蔚为壮观（见图1–49），上面充分利用建筑空间，扩大居住面积；下面方便行人或顾客避风雨，防日晒。在东南沿海炎热多雨的城镇，类似骑楼的这类建筑并不罕见，如厦门、漳州一带的“五骹忌”。

早期的骑楼主要是木结构组成的建筑，这很容易让人联想起我国古代南方普遍存在的干栏式建筑。这种木结构的建筑防潮和防火的功能较差，后来逐渐被现代的混合结构和钢筋砼

图1－47 20世纪40年代的金铺一条街——中华南路的骑楼（资料图片）

图1－48 20世纪40年代“骑楼底”下的行人（资料图片）

图1－49 蔚为壮观的骑楼街景

图1－50 骑楼外立面的窗户和女儿墙

结构所取代，层数一般为 2 ~ 4 层，少数达到 5 ~ 6 层，这显然跟西方建筑技术和材料的引进直接相关。骑楼具有“中西合璧”的特点，这从外立面的一些建筑构件上最容易看出来。下面是某骑楼的外立面，二楼和三楼的窗户都不大，窗棂上镶嵌着色彩斑斓的彩色玻璃，具有广州传统建筑的特色；三楼顶上的女儿墙则具有非常显著的西洋建筑风格（见图 1–50）。

图1－51 东山一带洋房林立

东山洋房 [toŋ^{53}ʃan^{53}jœŋ^{21}fɔŋ^{35}]

广州俗谚所说的“东山少爷，西关小姐”，是近代广州权贵文化的两个符号，正所谓“一东一西，一贵一富”。西关小姐住的是“西关大屋”，而东山少爷住的是“东山洋房”（见图 1–51），构成两种风格迥异的奢华居住模式，难怪广州人旧有“有钱住西关，有权住东山”之说。

“东山”指旧城区的东部近郊，即今天的新河浦路、恤孤院路、培正路、烟墩路、达道路一带（新中国成立以后的东山区，后并入越秀区）。20 世纪初基督教美国南方浸信会的传教士已在这一带购买大片土地，修建了福音堂、神道学堂、恤孤院和医院等西式建筑。

20 世纪 20 年代前后，受第一次世界大战和世界资本主义经济危机的影响，欧美的华侨富商纷纷归来，先后在这里建造了几百座的西式豪宅，最著名的有所谓的“五大侨园”——“隅园”[jy^{21}jyn^{35}]（见图 1–52）、“春园”[ʧ^{h}øn^{53}jyn^{35}]（见图 1–53）、“简园”[kan^{35}jyn^{35}]、“逵园”[mok^{2}jyn^{35}]（见图 1–54）、“明园”[meŋ^{21}jyn^{35}]。隅园位于今天的越秀区寺贝通津 42 号，20 世纪 30 年代初由广州早期留英、美学生伍景英自行设计和建造，绿琉璃瓦硬山式屋顶保留中国传统建筑的样式，卷形门和红砖清水墙等则具有西洋的风格；春园位于新河浦路22号、24号和26号，是20世纪初美国纽约华侨所建的一式三栋并列的三层洋楼，中间那栋（新河浦路24号）是中共“三大”期间中共中央机关所在地和代表居住地；逵园位于恤孤院路9号，是砖混结构的仿西洋式的三层洋楼，由美国华侨马灼文建于1922年（正立面山花上有灰塑“1922”的字样）。

图1－52 隅园

图1－53 春园

图1－54 逵园

图1－55 陈济棠公馆

到了“南天王”陈济棠（1890 ～ 1954）主政广东的 20 世纪 30 年代初期，东山一带更是被规划为高档的模范住宅区，国民政府的许多达官贵人纷纷到此建置房产，其中最具规模和气势的要数梅花村中的“陈济棠公馆”[ʧʰɐn^{21}ʧɐi^{33}tʰɔŋ^{21}koŋ^{53}kwun^{35}]（见图 1–55），该建筑是由当时的工务局技师罗明燏设计，具有鲜明的西洋建筑风格。在陈济棠公馆的周围，东有林直勉公馆，南有徐景堂公馆，西有林时清公馆、陈维周公馆，西南有李扬敬公馆，都是清一色的西式建筑，相连成片，比肩而立。此外，林森、胡汉民、余汉谋、李汉魂、孙科、林翼中、林逸民、陈庆云等国民党高官名将在东山也有住宅。

东山洋房与西关大屋恰好处在一东一西，其建筑风格形成强烈的对比，大大丰富了广州城市建设的风貌。整体而言，东山洋房大多按照西洋建筑的样式进行建造，如红砖外墙、柱式门廊、罗马式圆柱、阳台、铁制花窗等，但在某些方面也体现广州传统建筑的特点(最典型的如隅园的绿琉璃瓦硬山式屋顶)，因此其建筑风格被人称为“西曲中词”。

镬耳屋 [wɔk^{2}ji^{23}ok^{5}]

“镬耳屋”是岭南农村的一种传统民居，并非广州所特有，至今在珠江三角洲的一些古村落还偶尔能看到。“镬耳屋”跟西关大屋一样，也是由“石脚青砖”砌成的砖木结构坡屋顶的平房建筑，多层的“镬耳屋”多是最近几年仿造的。

图1－56 镬耳屋

广州话把锅称为“镬”[wɔk^{2}]。“镬耳屋”的屋顶属于两坡出水的硬山式，青砖砌就的两面山墙均高出屋顶，窗户高高在上而且比较狭小。因为山墙高出部分的轮廓有些像“镬耳”，所以民间称之为“镬耳墙”[wɔk^{2}ji^{23}ʧ^{h}œŋ^{21}]（见图 1–57）。“镬耳”实际上是封火山墙，房子一旦失火可以阻止火势的蔓延，同时也起到部分遮阴的作用。另外，“镬耳”从檐口至顶端用两排瓦筒压顶并用灰塑封固，沿着流线型的轮廓绘着黑色的卷草纹，显示出很高的工艺水平。据说，“镬耳”的形状像官帽，寓意前程远大，只有获得功名的乡人才能采用这种建筑形制。除了民居，广州的一些祠堂、庙宇和会馆的山墙也会建造成“镬耳墙”，如番禺区沙湾古镇的“三稔厅”（见图 1–58）。“三稔厅”早年是沙

图1 – 57 镬耳墙

图1 – 58 沙湾古镇的三稔厅

图1 – 59 三稔厅的木雕屏风

图1 – 60 三稔厅的彩色玻璃窗

图1－61 人字山墙

湾何氏宗祠文化、外事活动的中心，清末民初成为广东音乐的发祥地，“何氏三杰”何柳堂、何少霞、何与年在此创作了《雨打芭蕉》《赛龙夺锦》等著名的广东音乐曲目。除了“镬耳墙”，“三稔厅”的一些建筑构件也具有广府特色，如趟栊、木雕屏风（见图 1–59）、彩色玻璃窗（见图 1–60）等。

如上所述，“镬耳屋”因“镬耳墙”而得名，而人字形山墙在沙湾古镇和其他广府地区也非常常见（见图 1–61），这类传统建筑就不能称为“镬耳屋”。不管是“镬耳屋”还是其他的房屋，双扇正门上“贴门神”[tʰip^{3}mun^{21}ʃɐn^{21}]是一个很重要的习俗，有的门神是秦叔宝和尉迟恭（见图 1–62），有的门神是关羽和张飞，形象威武凶猛，其功用就是驱邪避灾，护宅祈福。广州俗语“贴错门神”，字面上指反贴门神（门神像本应该是左右相向），而使之背对背，实际上是比喻两人不和，以背相向。另外，有的人家为了“挡煞”[tɔŋ^{35}ʃat^{3}]（挡住煞气），则在大门的上方悬挂一个类似照妖镜的小镜子（见图 1–63）。

图1－62 门神秦叔宝和尉迟恭

图1－63 “挡煞”用的小镜子

图1－64 横街窄巷

图1－65 蚝壳屋

在沙湾古镇，房屋之间纵横交错的“横街窄巷”[waŋ^{21}kai^{53}ʧak^{3}hɔŋ^{35}]（见图 1–64）都用平整的石板铺筑，别有韵味。另外，死胡同被称为“掘头巷”[kwɐt^{2}tʰɐu^{21}hɔŋ^{35}]，在古镇中也经常可以碰见。

蚝壳屋 [hou^{21}hɔk^{3}ok^{5}]

在珠江三角洲的水乡泽国，还有一种极富特色的民居，这就是“蚝壳屋”。唐朝刘恂《岭表录异》说：“卢亭……，惟食蚝蛎，垒壳为墙壁。”可见岭南地区建造蚝壳屋的历史由来已久。广州话把牡蛎称为“蚝”[hou^{21}]（也写为“蠔”），蚝壳就是牡蛎的贝壳。实际上，蚝壳屋并非全部用蚝壳垒砌而成，而一般只是在山墙上砌筑，称为“蚝壳墙”[hou^{21}hɔk^{3}ʧʰœŋ^{21}]（见图 1–66）。

建造“蚝壳屋”可以就地取材，而且据说有冬暖夏凉的特点。在海珠区小洲村，过去曾经有多达百余间的“蚝壳屋”，如今大部分已被拆毁，仅剩下 4 间。总的来说，“蚝壳屋”的山墙既有人字形的，也有镬耳形的。后者实际上兼有“镬耳屋”和“蚝壳屋”的特点，比较罕见。

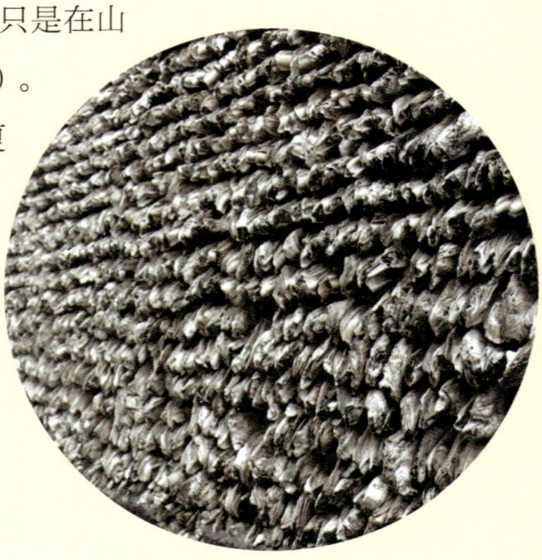

图1－66 蚝壳墙

图1－67 姑婆屋

姑婆屋 [kwu^{53}p^{h}ɔ^{21}ok^{5}]

说到“姑婆屋”，就得先说说珠三角的“自梳女”[ʧi^{22}ʃɔ^{53}nøy^{35}]风俗。在旧社会，珠江三角洲一些农村的女子均蓄有辫子，出嫁之后则把辫子梳起为发髻。有些女子想摆脱封建婚姻的束缚而不想出嫁，就通过一个特殊的仪式把辫子自行盘起，以表明终身不嫁、自食其力的决心，这些女子就被称为“自梳女”。自梳女自食其力之后，就有权把娘家看作自己的家，把娘家的事看作自己的事，可以替娘家管家，因此又被称为“把家姑婆”[pa^{35}ka^{53}kwu^{53}p^{h}ɔ^{21}]。另外，旧俗认为女子不嫁而长住娘家会带来不详，因此，一些自梳女便合资建造一座房子共同居住，互相照应，这类房子就被称为“姑婆屋”。自梳女搬入姑婆屋之后，生老病死都由姐妹照料，与娘家无关。

艇屋 [t^{h}ɛŋ^{23}ok^{5}]

长期以来，水上居民因为以艇为家、以渔为业、浮家泛宅，是旧中国所谓的“贱民”中最主要的一个群体。在早期，珠江的水上居民数量非常之多，主要从事捕捞、摆渡和运输行业。1932 年广州的人口调查显示，当时全市人口 104 万左右，水上居民人

图1－68 艇屋（资料图片）

图1－69 水栏

口数量的 10 ~ 15 万之间，占据了广州市总人口的十分之一，仅仅是水上居民的船艇就超过 2 万艘。这些船艇对于水上居民来说既是谋生工具又是居住处所，因此被称为“艇屋”[$t^{h}ɛŋ^{23}ok^{5}$]。广州话中有一些关于水上居民的俗语，如歇后语：“疍家（“水上居民”的旧称）鸡——见水唔得饮。”字面上指水上居民所养的鸡也在船上，整天看到水但喝不了，实际上是比喻有的东西可望而不可即。在早期，广州人的生活实在离不开水上居民。

水栏 [$ʃøy^{35}lan^{55}$]

除了以船艇为宅，广州的水上居民也选择一些可以避台风，离陆居村民较远，又可以停泊船艇的岸边为其居地，这就是“水栏”，也称为“水棚”[$ʃøy^{35}p^{h}aŋ^{21}$]。明代田汝成《炎徼纪闻》卷四“蛮夷”说：“疍人濒海而居，以舟为宅，或编篷水浒，谓之水栏。”由此可见，水上居民修建“水栏”这类建筑已经由来已久。

水上居民编篷搭“水栏”，先在水边以杉木竖起桩子，在桩上搭起棚架，以木板为地板，墙壁以木板为之，上盖有些以茅草结成，有些以杉树的树皮盖成。临水那一面，有的一个门口，架设一把简易的梯，可由此下到水面，船艇便停泊在梯前。一般几座合成一组，水棚与水棚之间有木板栈桥作为通道。为防火灾，每组水棚间保持相当距离。

进入“水栏”内首先要脱鞋，赤足行走。门的一个角落作厨房，中间是小厅，厅后是睡房。厅的旁边下方贴有“土地神位”，上面有神龛，用红纸写上历代祖先、观音菩萨等。

从20世纪60年代起，政府在广州河南（今海珠区）滨江路为水上居民建造了大批房屋，水上居民弃水上陆，迁入新居，逐渐结束了浮家泛宅的生活。今天，珠江岸边已经见不到“水栏”的踪影了。

寮仔 [liu^{35}ʧɐi^{35}]

在珠江三角洲的池塘岸边或田间地头，还常常可以见到各种简易的小棚子，既可用以住人，又可用以堆放杂物，这类小棚子统称为“寮仔”或“寮屋”[liu^{21}ok^{5}]。过去“寮仔”常用茅草搭建而成，因此也称为“茅寮”[mau^{21}liu^{35}]。在农业社会时代，一些作坊称为“某某寮”，如“糖寮”[t^{h}ɔŋ^{21}liu^{55}]（又称“榨寮”[ʧa^{33}liu^{55}]，土法榨蔗制糖的作坊）、“番薯寮”[fan^{53}ʃy^{35}liu^{35}]（制作红薯干的小作坊）、“榄寮”[lam^{35}liu^{35}]（加工榄豉的小作坊）。另外，旧时市井中一些简陋的特殊场所也称为“某某寮”，如“茶寮”[ʧ^{h}a^{21}liu^{35}]（简易茶馆）、“讲古寮”[kɔŋ^{35}kwu^{35}liu^{35}]（供说书的简陋场所）、“老举寮”[lou^{23}køy^{35}liu^{35}]（比“老举寨”[lou^{23}køy^{35}ʧai^{35}]更低等的妓院）。

图1－70 寮仔

二 其他建筑

庙 [miu^{35}]

广州人把供奉神佛或历史上有名人物的处所都统称为“庙”，有时也称为“寺门”[ʧi^{22}mun^{21}]、“庵堂”[ɐm^{55}t^{h}ɔŋ^{21}]。广州最著名的寺庙有南海神庙、光孝寺、六榕寺、海幢寺、华林寺、仁威庙等。

坐落在黄埔区庙头村的南海神庙又称“波罗庙”[pɔ^{55}lɔ^{21}miu^{35}]（见图 1–71），其修建于隋开皇十四年（594 年），原供奉南海水神洪圣广利大王和南来兼司水职的火神祝融，是我国古代东南西北四大海神庙中唯一留存下来的建筑实体。庙前有“海不扬波”的石牌坊（见图 1–72），见证了广州作为海上丝绸之路的起点在中外交流中的辉煌历史。每年农历二月十三日的“波罗诞”[pɔ^{55}lɔ^{21}tan^{22}]是广州最大的民间传统庙会，广州俗话说：“第一游波罗，第二娶老婆。”意思是人生第一乐事是游波罗庙会，第二乐事才是娶老

图1－71 南海神庙

图1－72 “海不扬波”石牌坊

图1－73 光孝寺

婆，另外一个说法是游完波罗庙会就可以娶到老婆。由此可见南海神庙在广州人心目中的地位非常崇高。

广州市年代最古、规模最大的佛教名刹是位于光孝路的“光孝寺”[kwɔŋ^{55}hau^{33}ʧi^{35}]（见图 1–73），这里原是西汉南越王赵佗的玄孙赵建德的故居，后来又成了被贬岭南的三国吴国的贵族虞翻的住所。虞翻死后，其家人把此地改为寺庙，取名制止寺，也称虞翻庙，这就是光孝寺的前身。光孝寺是岭南地区第一家佛寺，广州谚语云：“未有羊城，先有光孝。”其在中国佛教史上的地位十分重要。

图1－74 六榕寺内的花塔

图1－75 华林寺

图1－76 海幢寺

图1－77 仁威庙

图1－78 仁威庙的雕刻工艺精湛

与光孝寺并称为广州佛教四大丛林的还有六榕寺（见图 1–74）、华林寺（见图 1–75）和海幢寺（见图 1–76），它们都是历史悠久、环境清幽、建筑古朴、香火鼎盛的名刹。

广州还有许多道教的古建筑，称为“庙”或“观”“宫”“祠”，如仁威庙、五仙观、纯阳观、三元宫、黄大仙祠等。坐落于越秀区龙津西路仁威庙前街的“仁威庙”[jɐn^{21}wɐi^{55}miu^{35}]（见图 1–77），是一座专门供奉道教真武帝的神庙。根据史籍记载，仁威庙始建于宋代皇祐四年（1052 年），因真武帝司水，故初建时称为北帝庙。其建筑坐北朝南，广三路深五进，五级叠阶梯形的封火山墙，庙内的木雕、石雕、砖雕各有特色，工艺精湛（见图 1–78）；陶塑、灰塑精致细腻，独具匠心，具有浓郁的岭南地方特色和鲜明的建筑风格。

五仙观是一座祭祀五仙的谷神庙，历史上屡建屡废。现在位于惠福西路的“五仙观”[ŋ̍^{23}ʃin^{55}kwun^{33}]建于明洪武七年（1337 年），绿琉璃瓦硬山顶，青砖石脚，现存有头门、后殿、东斋与西斋等部分建筑，木构架保存完好（见图 1–79）。五仙观大殿之后禁钟楼被称为“岭南第一楼”，是明代城楼式建筑。

图1－79 五仙观

图1－80 三元宫

图1－81 番禺学宫

广州市最大的一座道教古建筑是位于越秀山南麓的“三元宫”[$\int am^{53}jyn^{21}ko\eta^{55}$]（见图1–80）。因为三元宫地处城北，因此俗称“北庙”。据史书记载，三元宫为东晋时南海太守鲍靓所建，明代万历年间重修时始称今名。三元宫的土地神是用锡铸造的，广州话“锡”与“惜”的白读音同音，因此有歇后语云：“三元宫土地——锡（惜）身。”用来讽刺那些过分爱惜身体而不愿卖力干活的人。

位于中山四路的“番禺学宫”[$p^hun^{53}jy^{21}h\mathrm{ɔ}k^2ko\eta^{53}$]，现称广州农民运动讲习所旧址（见图1–81）。第一次国内革命战争时期毛泽东曾在此主办第六期农民运动讲习所。番禺学宫始建于明洪武三年（1370年），重建于清乾隆十二年(1747年)、道光十五年（1835年），明清时期是番禺县的县学和祭祀孔子的文庙，每年农历二月、八月在此举行祭孔典礼。

早期番禺学宫的建筑格局为广三路深五路，规模相当宏大。现在尚存的中路建筑由南至北依次为棂星门、泮池拱桥、大成门、大成殿、崇圣殿及东西廊庑，右路建筑则有明伦堂（见图1–83）、光霁堂等。原立于棂星门外两旁的下马碑民国时因扩建马路而移走，今仅存一块，上刻“文武官员至此下马”（见图1–82），由此可见孔子所受到的尊崇。

图1－82 仅存的一块下马碑

图1－83 明伦堂供奉着孔子像

萬世師表
讀聖賢書

祠堂 [ʧʰi^{21}tʰɔŋ^{35}]

广州的祠堂数量众多，旧时同姓宗族的人们每年两季在祠堂里祭祀祖宗，称为“拜祠堂”[pai^{33}ʧʰi^{21}tʰɔŋ^{35}]或“拜太公”[pai^{33}tʰai^{33}koŋ^{53}]。“拜祠堂”时把烧猪肉分给男性族人，称为“分胙肉”[fɐn^{53}ʧou^{22}jok^{35}]或“分烧肉”[fɐn^{53}ʃiu^{53}jok^{35}]。可以说，祠堂首要的功能就是祭祀祖宗。祭祀祖宗和传宗接代联系在一起，因此广州话的“祠堂”还被比喻和谑称作男性生殖器官（即传宗接代的器官）。另外，祠堂还是宗族处理婚、丧、寿、喜等公共事务的场所，还可以作为宗族内部的学校供子弟在里面求学读书。从这个意义上说，祠堂还具有书院的功能。

广州的祠堂最负盛名者莫如“陈家祠”[ʧʰɐn^{21}ka^{55}ʧʰi^{35}]（见图 1–84）。陈家祠又名陈氏书院，位于荔湾区中山七路，始建于清光绪十四年（1888 年），是当时广东省 72 县陈姓宗亲合资兴建的合族祠。陈家祠的建筑格局为坐北朝南的三路三进、九堂六院式，建筑平面呈正方形，以头门、聚贤堂和祖堂为中轴线，以青云巷、廊庑与两侧厅堂互相连通，建筑面积达 6400 平方米。祖堂及其两侧厅堂共设有 11 座 8 米多高的木雕神龛，供奉着广东陈姓祖宗的“神主牌”[ʃɐn^{21}ʧy^{35}pʰai^{35}]（见图 1–85）。人们一般都认为神主牌依附先人的灵魂，因此在心目中的地位非常神圣。

陈家祠的建筑装饰典雅华丽，石雕、砖雕、木雕精雕细刻，巧夺天工，陶塑、灰塑、铜铁铸生动逼真，色彩斑斓，充分体现了清代岭南民间建筑的工艺水平和独特风

图1－84 陈家祠

图1－85 神龛中供奉着神主牌

图1－86 屋檐上的灰塑狮子及其他装饰

图1－87 屋脊上两条高耸的陶塑鳌鱼

图1－88 留耕堂

图1－89 何府灯笼

格。特别引人注目是的山墙垂脊靠近屋檐的 12 对灰塑狮子，体型巨大，浑身朱红，神态逼真，代表了清代岭南灰塑工艺的最高水平（见图 1–86）。广州俗语说：“瓦檐狮子——叻到璺。”比喻人聪明透顶，精明到家，往往含有贬义。

从建筑民俗的角度来看，陈家祠的许多建筑构件寄寓着主人的良好愿望，具有深刻的象征意义，如屋脊上两条高耸的陶塑鳌鱼，寓意独占鳌头，同时因为相传鳌鱼性好吞火，寄托着主人防火辟邪的愿望（见图 1–87）；又如灰塑装饰中的蝙蝠，因为“蝠”与“福”[fok^{5}]谐音，被视为一种吉祥动物，象征着福气、幸福。

番禺区沙湾镇的何氏大宗祠又称“留耕堂”[lɐu^{21}kaŋ^{55}t^{h}ɔŋ^{21}]，初建于南宋德祐元年（1275 年），重建于清康熙三十九年（1700 年），为当地名门望族何姓的宗祠（见图 1–88）。何氏大宗祠坐北朝南，分左右三路，主要建筑有头门、仪门、拜廊、象贤堂、留耕堂。

广州歇后语：“沙湾灯笼——何府（苦）。”说的就是旧时番禺沙湾何姓每逢节庆或红白之事都在家门口悬挂灯笼，上书“何府”[hɔ^{21}fu^{35}]（见图 1–89）。广州话“何府”与“何苦”谐音，人们就造出了这个戏谑的歇后语。由此可见，历史上的名门望族沙湾何氏在广府地区具有深远的影响。

图1－90 留耕堂外的旗杆夹石

图1－91 留耕堂外的旗杆

历史上沙湾何氏不少人通过科举考取功名，时至今天何氏大宗祠前立着的 8 对旗杆夹石就是一个明证（见图 1–90）。古人考取功名后族人就用旗杆竖旗以示褒扬（见图 1–91），至今广州话中还有一些跟“旗杆”[$k^hei^{21}kɔn^{53}$]有关的俗语，如歇后语：“田螺爬上旗杆顶——唯我独尊。”田螺爬上最高的旗杆顶，自以为是最高的，比喻有些人自以为最了不起。

位于花都区新华镇三华村西面的资政大夫祠（见图 1–92），始建于清同治二年（1863 年），是当地徐氏为了炫耀皇恩而修建的集祠堂、书院于一体的古建筑群，目前在广州地区的祠堂建筑中规模最大。资政大夫祠的封火山墙是“镬耳墙”[$wɔk^2ji^{23}ʧ^hœŋ^{21}$]，极富岭南建筑特色。

图1－92 资政大夫祠

会馆 $[wui^{22}kwun^{35}]$

会馆一般是同乡会的组织机构所在地，供同乡聚会或寄寓，如位于越秀南路的惠州会馆、位于长堤大马路真光中学内的潮州会馆。广州还有一些行业组织的所在地称为“会馆”（也有的称为“公所”），如八和会馆、锦纶会馆，颇能体现近代广州的粤剧文化和商业文化。

清光绪十八年(1889年)在广州黄沙旧地海旁街落成的“八和会馆”$[pat^{3}wɔ^{21}wui^{22}kwun^{35}]$，是粤剧同人的行会组织，1937年被侵华日军的军机炸毁。八和会馆共分兆和堂、庆和堂、福和堂、新和堂、永和堂、德和堂、慎和堂、普和堂八堂，作为粤剧艺人住宿之用。早期许多著名的粤剧艺人如薛觉先、马师曾、桂名扬、任剑辉、白雪仙、罗品超、陈笑风、林小群等都曾先后加入八和会馆，成为“八和子弟”。后来，随着粤剧的发展，八和会馆在港澳及海外成立了不少分会馆，广州的八和会馆被海内外粤剧人士尊称为“母会”。抗战以后，重新落成的广东八和会馆位于恩宁路，是一座三层楼的骑楼建筑，与其他骑楼连为一体（见图1–93）。

图1－93 八和会馆

位于康王路的“锦纶会馆”$[kɐm^{35}løn^{21}wui^{22}kwun^{35}]$又称“锦纶堂”（见图1–94），始建于清雍正元年（1723年），重建于清道光二十四年（1844年），供奉丝织行业（即锦纶行）的祖师“汉博望张侯”（即汉代出使西域的张骞），并作为广州丝织行业的股东公会，见证了清代资本主义在中国的萌芽。2001年广州为了修建南北主干道康王路而创造性地对锦纶会馆进行整体平移，成为世界上首例连地基完整平移文物加顶升的工程。平移后的锦纶会馆坐北朝南，是一座祠堂式的三进深、砖木结构的岭南传统民间建筑。整座建筑最为显眼的是作为封火山墙的“镬耳墙”，以及屋脊上流光溢彩、栩栩如生的陶塑、灰塑工艺，两条陶塑鳌鱼同样有“避祸消灾、独占鳌头”之意（见图1–95）。此外，第三进的厅堂采用大贝壳磨制成的“海镜”$[hɔi^{35}kɛŋ^{33}]$作为窗户的明瓦（见图1–96），这在今天广州的传统建筑中已经不太常见。

图1－94 锦纶会馆

图1－95 锦纶会馆屋脊上的两条陶塑鳌鱼

图1－96 大贝壳磨制成的“海镜”作为窗户的明瓦

大押 [tai^{22}at^{35}]

专门以收取抵押品而放款的传统金融行业称为“当铺”[tɔŋ^{33}p^{h}ou^{35}]。“大押”是旧时广州的一种当铺，当期为一年，与当期为半年的“小押”[ʃiu^{35}at^{35}]相对。在今天广州的中山路，还保留着两座民国初年“大押”的“当楼”[tɔŋ^{33}lɐu^{35}]，一座是位于中山四路的东平大押，一座是位于中山七路的宝生大押。

东平大押已有百年的历史，当年紧邻明代东城门的城门楼，俗称“大东门当铺”[tai^{22}toŋ^{53}mun^{21}tɔŋ^{33}p^{h}ou^{35}]，是广州第二大规模的当铺（见图 1–97）。今天保留下来的当楼建筑平面呈方形，外立面呈炮楼状，北侧高五层，南侧高四层，为了采光四面的青砖墙都开高窗，但为了防盗窗口都是内大外小，并用花岗岩作为窗套（见图 1–98）。在大门的入口处设有大块的屏风，可遮住路人的视线，照顾那些一时急着钱用而拿物品前来典当的主儿的情面，因此被称为“遮丑板”[ʧɛ^{55}ʧ^{h}ɐu^{35}pan^{35}]（见图 1–99）。当楼的“柜面”[kwɐi^{22}min^{35}]（柜台）很高（见图 1–100），当东西时要高举过头才够得着，据说一是为了防止贼人打劫，二是为了避免当主与掌柜直接照面而生尴尬，三是便于掌柜在里面评议物品价值而不为当主所知。

图1－97 东平大押当楼

图1－98 东平大押当楼的窗户

图1－99 遮丑板

图1－100 柜面

宝生大押建于民国初年，当时是广州第三大规模的当铺。今天保留下来的当楼为四层的炮楼式建筑，方形平面、青砖外墙、石框窗户与东平大押的当楼大同小异（见图1–101）。

图1－101 宝生大押当楼

三　建筑活动

旧时把“搭棚佬”[tap^{3}p^{h}aŋ^{21}lou^{35}]（架子工）、“斗木佬”[tɐu^{33}mok^{2}lou^{35}]（木工）、“泥水佬”[nɐi^{21}ʃøy^{35}lou^{35}]（泥瓦工）视为建筑三行当，因此广州话把传统建筑行业称为“三行”[ʃam^{53}hɔŋ^{35}]，把建筑工人称为“三行佬”[ʃam^{53}hɔŋ^{35}lou^{35}]（见图 1–102），其中“泥水佬”[nɐi^{21}ʃøy^{35}lou^{35}]（泥瓦工）从业人员最多（见图 1–103）。建楼房需要搭脚手架，不仅方便房子的修建，而且可防止灰沙溅出伤人。当年搭脚手架全用竹篾，极讲究扎捆技艺。“斗木佬”负责做门框、窗框、木门和木窗等，但最重要的工作是上梁、铺木禀。“泥水佬”过去以西关的最出名。因为西关大屋的建造要求极其严格，自然也练就西关泥瓦工的手艺。广州俗话说：“泥水佬，三件宝。”所谓“三件宝”是“墨斗”[mɐk^{2}tɐu^{35}]、“砖刀”[ʧyn^{53}tou^{53}]、“搨板”[t^{h}ɔŋ^{33}pan^{35}]。广州还有另一俗话说：“泥水佬开门口——过得自己过得人。”比喻做什么事都要让自己过得去也要让别人过得去。

图1－102 早期的建筑工人在锯木板（资料图片）

图1－103 早期建筑工地上的“泥水佬”（资料图片）

广州“三行佬”拜鲁班为始祖。过去每逢农历六月十六“鲁班节”，“三行”都要把鲁班像抬出来祭拜。据说清咸丰初年，西关黄沙建有鲁班庙，后毁于太平天国时期。泥瓦行每个工程开建都重视选择吉日吉时，开工前要烧香拜神，工地上一定要贴上写有“开工大吉”[hɔi^{53}koŋ^{53}tai^{22}kɐt^{5}]的红纸，据说这样可避祸害，此俗至今仍还保留。

广州话把盖房子叫“起屋”[hei^{35}ok^{5}]，从选址、定向、择日、动土、上梁、封顶、装修到乔迁，民间都有一套的规程，也就是传统的建筑民俗。

房子属于阳宅，选址、定向一般都很讲究堪舆，因此要请“风水佬”[foŋ^{53}ʃøy^{35}lou^{35}]（风水先生）来“睇风水”[t^{h}ɐi^{35}foŋ^{53}ʃøy^{35}]（看风水）。广州话中有一个与“风水”有关的惯用语叫“风水尾”[foŋ^{53}ʃøy^{35}mei^{23}]，指败家子、不成器的人，由此可见在广州人的观念中风水与家庭兴衰具有直接的关系。“罗经”[lɔ^{21}kaŋ^{55}]（罗盘）是“风水佬”的必备之物，“风水佬”根据“罗经”指针的方向以及阴阳五行之说来选择吉地和勘定方位。一般来说，房子都要坐北朝南，地势则后高前低，依山傍水。另外就是要避开“冲射”，若是避不开则应该在“冲射”之处立一块“泰山石敢当”之类的碣石（见图 1–104）。还有，如果条件许可，则要在房屋之前建造“风水塘”[foŋ^{53}ʃøy^{35}t^{h}ɔŋ^{21}]，以水蓄“龙”（见图 1–105）。

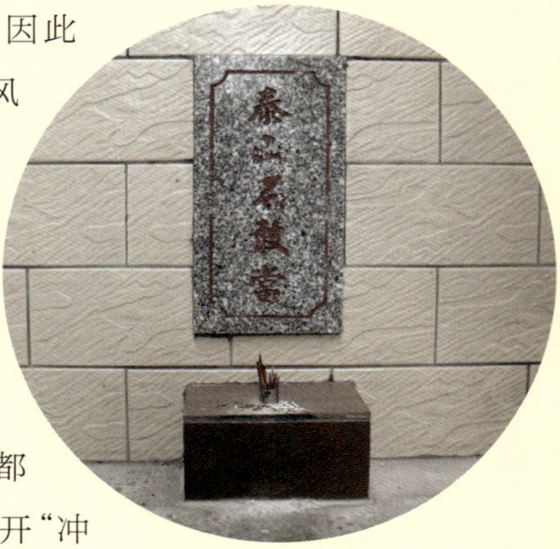

图1－104 泰山石敢当

图1－105 留耕堂前的“风水塘”

图1－106 兴工大吉

选址、定向之后就要择日动土。“择日”[tʃak^{2}jɐt^{2}]就是请“风水佬”根据吉地的方位、龙脉以及主人的生辰八字而挑选黄道吉日。广州俗语说：“择日不如撞日。”意思是选择日子倒不如随便定的日子好。话虽这么说，广州人在对待包括建造房子在内的重大事项时都还是要经过“择日”。农历三月有清明节，九月有重阳节，而民间相传清明节、重阳节属于鬼节，因此这两个月都不宜动土。另外，动土还有一个大忌，就是不要犯太岁。选好吉日，等到这一天到来就可以开工。开工时建筑工人要在工地中间插两枝小青竹，另加一枝横架其中，贴上“兴工大吉”之类的红纸（见图 1–106），燃放鞭炮拜祭天神地主，然后开挖地基，俗称“破土”。

建造房子的主要材料有砖瓦、木材、白灰和“红毛泥”[hoŋ^{21}mou^{21}nɐi^{21}]（水泥）等，主要工序包括“打硪”[ta^{35}ŋɔ^{21}]（打地基）、“砌墙”[tʃ^{h}ɐi^{33}tʃ^{h}œŋ^{21}]、“上梁”[ʃœŋ^{23}lœŋ^{21}]、“盖瓦”[k^{h}ɔi^{33}ŋa^{23}]（上瓦，又称“铺瓦”[p^{h}ou^{53}ŋa^{23}]）、“批荡”[p^{h}ɐi^{53}tɔŋ^{22}]（以白灰抹墙）等。广州话把屋顶上最高的那根横梁称作“屋梁”[ok^{5}lœŋ^{21}]，它一般都是涂上朱红色油漆的大圆木（见图 1–107）。上梁就是把“屋梁”架上屋顶，这是房子初具规模的标志。广州民间对上梁十分重视，要请族中德高望重的长辈来主持仪式，并由“斗木佬”[tɐu^{33}mok^{2}lou^{35}]（木工师傅）念念有词进行浇酒祭梁并在一众帮工的协助下用红布条把“屋梁”抬上屋脊，摆正固定。

图1－107 红色的屋梁

广州俗语说：“上屋搬下屋，唔见一箩谷。”指搬家必定会有损失，哪怕是从上一间屋子搬到下一间屋子也要损失一箩筐稻谷。尽管如此，新房子落成之后必定要乔迁新居，广州话称为“进伙”[tʃøn^{33}fɔ^{35}]或“入伙”[jɐp^{2}fɔ^{35}]。广州旧俗，“入伙”时用红纸写“入伙大吉”，“伙”字要倒着写。根据《广东民俗大典》，“以前，广州人乔迁新居入伙，要选择吉日良辰，搬入时要燃放鞭炮，驱邪辟禳。搬家时有六样东西是必备先行的：一是米，用桶装至八成满；二是一个红包，放在米桶上面，示意有钱有粮；三是水；四是碗筷，放在水桶之中；五是火炉；六是畚箕一对，扫把一把，还有人带上一把老屋的泥土，说是可治水土不服。搬完后拜宅基神，宴请亲友及邻居等，图个平安吉祥”。

图2－1 旧时的日常用具

按照通常的理解，社会文化包含三个层面，即物质文化、制度文化和精神文化。物质文化是社会生活的模式，也是人们改造自然的成果，是文化中不断变化的表层。日常用具广州话统称为“架生”[$ka^{33}ʃaŋ^{53}$]，属于物质文化的范畴，近几十年来随着科学技术的进步和物质生活的提高而不断推陈出新，更新换代。时至今天，很多日常用具已经趋于全球化、一体化，没有多少地方色彩，更谈不上民俗文化特征。因此，本节所介绍的日常用具，更多的是早期的形态，它们都承载了广州人许许多多集体记忆。

一　炊具

广州的饮食文化极为发达，因此炊事用具、食品贮藏用具以及饮食用具特别多样。广州话用“沙煲罂罉”[ʃa^{55}pou^{55}aŋ^{55}ʧ^{h}aŋ^{55}]泛指一切跟饮食相关的用具（大体相当于普通话的“锅碗瓢盆”），因为“沙煲”“罂”“罉”这三种器物不但非常常用，而且非常具有代表性。本节主要介绍富有地方特色的炊事用具，最后简单介绍一些食品贮藏用具以及饮食用具。

镬[wɔk^{2}]

即炒锅，一般圆底无壁或平底浅壁，有耳无脚，用铁、铜、铝等金属制成，多用作煎、炒、炸食物。铁镬较为常见，有生铁镬和熟铁镬两种，饮食店中烹调菜肴一般使用熟铁镬。

广州人炒菜讲究“镬气”[wɔk^{2}hei^{33}]，故常用猛火炒菜，以便增加肉菜所散发出来的油香气味。“抛镬”[p^{h}au^{53}wɔk^{2}]（翻镬）是烹调基本功之一，分为“趟镬”[t^{h}ɔŋ^{33}wɔk^{2}]与“大翻”两种，“趟镬”即小翻，使菜肴松动移位，避免粘镬或烧焦；“大翻”即将镬内原料全部翻个身。“起镬”[hei^{35}wɔk^{2}]指用油、姜葱等“荡镬”[t^{h}ɔŋ^{23}wɔk^{2}]（炝锅），又指把炒好的菜出锅上碟。烹调行业按烧油或烧水，有“油镬”[jɐu^{21}wɔk^{2}]与“水镬”[ʃøy^{35}wɔk^{2}]之分。不用油，仅煎、炒、烘材料以“飞水”[f ei^{55}ʃøy^{35}]去味者，称为“白镬”[pak^{2}wɔk^{2}]。

破锅称为“烂镬”[lan^{22}wɔk^{2}]。广州俗语说：“熟人买烂镬。”比喻跟熟人做生意反而最容易受骗，原因是过分相信熟人。旧时广州常有走街串巷的“补镬佬”[pou^{35}wɔk^{2}lou^{35}]替人“补镬”[pou^{35}wɔk^{2}]（修补铁锅），修补时先将“枳”[ʧɛk^{3}]（用布做成的布塞）放在破洞下面，把铁浆烧熔后倒在洞口，用另一块“枳”把铁浆抹平压紧，冷却即成（见图2–2）。“补镬”比喻受到损失以后想办法去补救，“补镬唔见枳”比喻

图2－2 补镬（资料图片）

临事手足无措、尴尬或狼狈。

“镬”的引申义比较简单，多指负面事态，这或许是由于“镬”常用于急火快炒，因而带出一种凌乱感。另外，“镬”底是黑色的，也常用以形容倒霉的事态，如：“大镬”[tai^{22}wɔk^{2}]、“爆大镬”[pau^{33}tai^{22}wɔk^{2}]，即捅了大娄子。“爆大镬”与“爆煲”都有秘密暴露的意思，但通常前者比后者事态更严重：前者更多是蓄意被动的，而后者则是主观不慎所致。这或许是由于镬以武火，而煲以文火，故“爆大镬”出现问题时更为严重。“孭镬”[mɛ^{55}wɔk^{2}]，即“背黑锅”，镬底有乌黑的锅底灰，指替人蒙受罪名。“一镬泡”[jɐt^{5}wɔk^{2}p^{h}ou^{23}]、“一镬粥”[jɐt^{5}wɔk^{2}ʧok^{5}]，指一团糟、一塌糊涂，形容事情糟糕透顶、不可收拾。“一镬熟”[jɐt^{5}wɔk^{2}ʃok^{2}]、“一镬撬起”[jɐt^{5}wɔk^{2}kiu^{22}hei^{35}]，即“一锅端”，形容全盘失败或无一幸免。“镬镬新鲜镬镬甘”，此俗语褒义贬用，形容事故发生频繁，内容各不相同但后果同样严重。“有油唔甩得镬”，煎油少的食物容易粘锅，没有油水食物自然就出不了锅，形容求人办事不花钱或没有油水很难成事。

煲 [pou^{55}]

旧时也写为“缹”，指深壁的锅，一般平底、壁陡而深，陶制的称为“沙煲”[ʃa^{55}pou^{55}]或“瓦煲”[ŋa^{23}pou^{55}]（与普通话的“沙锅”相近。见图2–3），铝制的称为“锑煲”[t^{h}ɐi^{55}pou^{55}]，铜制的称为“铜煲”[t^{h}oŋ^{21}pou^{55}]。“煲”的用途广泛，常用以煮饭、煮水、煮粥、熬汤和熬药等，广州话根据其功用的差异而称之为“饭煲”[fan^{22}pou^{55}]、“水煲”[ʃøy^{35}pou^{55}]、“粥煲”[ʧok^{5}pou^{55}]、“汤煲”[t^{h}ɔŋ^{55}pou^{55}]、“茶煲”[ʧ^{h}a^{21}pou^{55}]或“药煲”[jœk^{2}pou^{55}]（见图2–4），其中“粥煲”和“汤煲”又称为“徛身煲”[k^{h}ei^{23}ʃɐn^{55}pou^{55}]（见图2–5）。近几十年来才出现的一些电器也称为“煲”，如“电饭煲”[tin^{22}fan^{22}pou^{55}]（电饭锅）、“高压煲”[kou^{53}at^{3}pou^{55}]（压力锅）。“茶煲”跟英文trouble（麻烦）谐音，因此广州话“呢个人好‘茶煲’”意为这个人很麻烦。

图2－3 沙煲

图2－4 药煲

图2－5 徛身煲

“煲”是用途最广的炊具，一家人日常生活中许多吃的、喝的食品都可以用“煲”来熬制，因此“煲”常常用以借喻衣食生计或亲密关系等，如：“倒吊沙煲”[tou^{33}tiu^{33}ʃa^{55}pou^{55}]，意为连沙煲也派不上用场，要束之高阁，比喻已经穷得没米下锅。“尽地一煲”[ʧøn^{22}tei^{22}jɐt^{5}pou^{55}]，意为倾其所有，孤注一掷。“掟煲”[tɛŋ^{33}pou^{55}]、“箍煲”[kʰwu^{55}pou^{55}]，“煲”在此比喻夫妻或情侣共同生活的亲密关系，“掟煲”字面义为扔掉“饭煲”，比喻婚姻或恋爱关系破裂，不能再共同生活；“箍煲”字面义为补救煲面上的破损，比喻婚姻或恋爱虽出现裂痕，双方或第三方仍采取措施加以弥补维护。广州俗话说：“掟煲唔掟盖，得闲打下友谊赛。”意为婚姻或恋爱关系破裂之后男女双方仍藕断丝连，非常诙谐。“沙煲兄弟”[ʃa^{55}pou^{55}heŋ^{55}tɐi^{22}]、“同煲同捞”[tʰuŋ^{21}pou^{55}tʰuŋ^{21}lou^{55}]，“煲”不仅用以借代夫妻或情侣的关系，也可以用于一起生活和赚钱的哥儿们之间，这类哥儿们称为“沙煲兄弟”，而“同煲同捞”则比喻彼此间紧密合作、患难与共，如同在一个锅里吃饭。

“煲”由器具引申为久煮，也比喻长时间地做某件事，如:“煲粥”[pou^{55}ʧok^{5}]、“煲电话粥”[pou^{55}tin^{22}wa^{35}ʧok^{5}]，广州人煲粥的时间一般很长，直到将米煮烂为止，因此长时间的闲谈，尤其是打很长时间的电话，称为“煲粥”或“煲电话粥”。“煲燶粥”[pou^{55}noŋ^{55}ʧok^{5}]，煲粥的时间虽长，却不能过火。此俗语字面义为“把粥给煮糊了”，比喻事情功亏一篑。“煲冇米粥”[pou^{55}mou^{23}mɐi^{23}ʧok^{5}]，广州人吃的粥比较稀，但再稀也不可能没有米。“冇米粥”指毫无把握或不可能有成果的事物，形容白费气力，近乎“巧妇难为无米之炊”。“煲老藕”[pou^{55}lou^{23}ŋɐu^{23}]，比喻娶老妇为妻，又指老两口相亲相爱或老年人黄昏恋。

“煲”是不透明的，也比较密实，因此有时引申为秘密，如“穿煲”[ʧʰyn^{55}pou^{55}]、“爆

图2－6 单料铜煲

煲”[pau^{33}pou^{55}]，形容不慎露馅，露出破绽。“十个沙煲九个盖”，九个盖儿总是盖不住十个“沙煲”，比喻掩饰错误或毛病而终究无济于事。

“煲”也常常用来比拟某种形态，如“沙胆”[ʃa^{55}tam^{35}]，“沙”是“沙煲”的简称，而沙煲一般容积都很大，“沙胆”即“胆大如沙煲”之意。“煲水新闻”[pou^{55}ʃøy^{35}ʃɐn^{55}mɐn^{35}]，指纯粹炒作、捕风捉影的新闻，如同烧水产生的雾气一样。“单料铜煲——一滚就熟”，从前广州人喜用铜器，“单料铜煲”指薄的铜火锅（见图2–6），其传热快，煮东西容易熟，比喻性格开朗、容易交友之人，其与人相处一下子就混熟了。有些人为人处世与众不同，别具一格，便被比喻为“四方茶煲”[ʃɐi^{33}fɔŋ^{53}ʧ^{h}a^{21}pou^{55}]，因为“茶煲”一般是圆的，四方的“茶煲”当然是找不到一个盖儿可与其合得来。

广州还有一个与“沙煲”有关的俗语非常有特色，即“贼佬试沙煲——试下先”。原来旧时小偷夜里准备到别人家里偷盗，凿开墙后会先用棍子顶一个旧“沙煲”从洞口伸进去，试探屋里有否反应，再决定是否入屋。此歇后语形容做事先做试验或调研，以免造成失误或不必要的损失。

罉 [ʧ^{h}aŋ^{55}]

即平底盖锅，多以陶制，比“沙煲”略扁，用以煮饭、煮菜或熬汤，也称为“瓦罉”[ŋa^{23}ʧ^{h}aŋ^{55}]。用“瓦罉”做的饭，上面有肉菜，称为“瓦罉饭”[ŋa^{23}ʧ^{h}aŋ^{55}fan^{22}]或“罉仔饭”[ʧ^{h}aŋ^{55}ʧɐi^{35}fan^{22}]，也称为“煲仔饭”[pou^{55}ʧɐi^{35}fan^{22}]。另外，金属直身大锅也称为“罉”，如“铜罉”[t^{h}oŋ^{21}ʧ^{h}aŋ^{55}]、“锑罉”[t^{h}ɐi^{55}ʧ^{h}aŋ^{55}]。还有，前些年出现了一种家电产品“电子瓦罉”[tin^{22}ʧi^{35}ŋa^{23}ʧ^{h}aŋ^{55}]。

图2－7 罉

炖盅 [tɐn^{22}ʧoŋ^{55}]

“炖盅”是隔水蒸东西用的双层盖陶瓷容器，似杯而大。

图2－8 炖盅

钵 [put^{3}]

又称为“钵头”[put^{3}tʰɐu^{21}]或“瓦钵”[ŋa^{23}put^{3}]，一种较浅的圆的陶质器皿，多用于蒸饭菜，还可以用于蒸“钵仔糕”[put^{3}ʧɐi^{35}kou^{55}]（见图2–9）。另外，广州话以“盆满钵满”[pʰun^{21}mun^{23}put^{2}mun^{23}]形容收获丰厚或发财。

图2－9 五颜六色的钵仔糕（资料图片）

砂盆 [ʃa^{53}pʰun^{21}]

一种陶制的用于研磨薯类、芋头、萝卜等食材的盆，盆中刻满深深的条痕。

饭桶 [fan^{22}tʰoŋ^{35}]

送饭到田间地头的用具。旧时农忙之时，人们往往顾不上回家做饭、吃饭。一般是家里老人用饭桶把饭挑送到田间。为了节约劳力和时间，有时候是几家人合起来做饭。村子如果不大，还会全村一起煮大锅饭，广州话说“大镬饭”[tai^{22}wɔk^{2}fan^{22}]。然后再挑着饭桶把饭菜送到农田上。过去家里也用饭桶，但比较小。过去也用于盛放隔夜菜。

图2－10 砂盆

图2－11 饭桶

壳 [hɔk^{3}]

广州方言称勺或瓢为“壳”，而称勺子为“羹”[kɐŋ^{55}]或“匙羹”[tʃ^{h}i^{21}kɐŋ^{55}]，有时也会称“羹”为“壳”。“水壳”[ʃøy^{35}hɔk^{3}]即舀水的勺子，椰壳或金属、塑料等制成的壳形用具；“饭壳”[fan^{22}hɔk^{3}]即盛饭的勺子；“铁壳”[t^{h}it^{3}hɔk^{3}]即铁勺，用于搅拌锅中的菜肴，并加入调味料，以及将制好的菜肴出锅上碟，圆形，有长柄；“疏壳”[ʃɔ^{53}hɔk^{3}]即漏勺，用于原料经初步加工后滤干水分，铜制或铁制，有长柄，布满小圆孔，故又称为“通窿壳”[t^{h}oŋ^{53}loŋ^{53}hɔk^{3}]。

铲 [tʃ^{h}an^{35}]

长柄和箕形头的工具，有不锈钢制和铁制两种，烹制菜肴与煮饭时用于搅拌。烹制菜肴的较小，煮饭的较大，前者称为“镬铲”[wɔk^{2}tʃ^{h}an^{35}]（见图2–12），而后者称为“饭铲”[fan^{22}tʃ^{h}an^{35}]。眼镜蛇因头形似“饭铲”而被称为“饭铲头”[fan^{22}tʃ^{h}an^{35}t^{h}ɐu^{21}]。

饭隔 [fan^{22}kak^{35}]

竹子或铁丝制的架子，放在饭锅内的饭面上用以蒸菜，也叫“餸隔”[soŋ^{33}kak^{35}]。

笊篱 [tʃau^{33}lei^{55}]

炊事用具，用金属丝或竹篾编织而成，有长柄，用于在汤水中捞取食物。

图2－13 笊篱

图2－12 镬和镬铲

饼模 [pɛŋ^{35}mou^{35}]

做饼食用的模子，用木头雕刻而成，又称“饼印”[pɛŋ^{35}jɐn^{33}]。

图2－14 各种饼模

蒸笼 [tʃeŋ^{53}loŋ^{21}]

用于蒸制菜肴，旧时用竹子及木头做成，现在有用金属做的，规格大小不一，有浅笼、中笼、瓜盅笼等各种规格，其中浅笼用于蒸鱼，中笼用于炖品，瓜盅笼用于炖“冬瓜盅”。

番禺等乡村用于蒸“糯米糍”的竹编器具，称为“篮隔”[lam^{21}kak^{35}]（见图2–17），早期也非常常见。

图2－15 蒸笼

图2－16 蒸凤爪的竹制小蒸笼

图2－17 篮隔

图2－18 锑瓩

瓩 [p^{h}aŋ^{55}]

“瓩”有时也写作“鏰”，指较大的、有提梁的金属容器，多带盖，最常用的是称“饭盒”为“饭瓩”[fan^{22}p^{h}aŋ^{55}]。水桶也称为“水瓩”[ʃøy^{35}p^{h}aŋ^{55}]，烧水用的大金属锅称为“铜瓩”[t^{h}oŋ^{21}p^{h}aŋ^{55}]、“锑瓩”[t^{h}ɐi^{55}p^{h}aŋ^{55}]（见图2–18）。

罂 [aŋ^{55}]

即罐子或瓷瓶子，口小而腹大，多以陶制或玻璃制，用以贮藏酒或酱料等，如“酒罂”[ʧɐu^{35}aŋ^{55}]、“盐罂”[jim^{21}aŋ^{55}]、“油罂”[jɐu^{21}aŋ^{55}]。广州俗语说：“臭罂出臭醋。”比喻恶劣环境下培养不出优秀人才。

埕[ʧ^{h}eŋ^{21}] / 鍣[t^{h}ap^{3}]

“埕”指陶制的小口坛子，略近圆形，如“酒埕”[ʧɐu^{35}ʧ^{h}eŋ^{21}]（酒坛子）、“油埕”[jɐu^{21}ʧ^{h}eŋ^{21}]（装油的坛子）、“水埕”[ʃøy^{35}ʧ^{h}eŋ^{21}]（古老的打水用具）、“桂林埕”[kwɐi^{33}lɐm^{21}ʧ^{h}eŋ^{21}]（一种上大下小的坛子，较高，产于桂林。见图2–20）。“鍣”指陶制的一种大口的坛子，最常见的是“米鍣”[mɐi^{23}t^{h}ap^{3}]（米坛子）。此外还有“尿鍣”[niu^{22}t^{h}ap^{3}]（盛尿的大口瓦罐）、“金鍣”[kɐm^{55}t^{h}ap^{3}]（二次葬装祖先骨殖的瓦罐），不过不是炊具。广州话有一个俗语叫“埕埕鍣鍣”[ʧ^{h}eŋ^{21}ʧ^{h}eŋ^{21}t^{h}ap^{3}t^{h}ap^{3}]，意为坛坛罐罐，泛指各种陶瓷器皿，还可以指男女间感情很浓烈。

图2－19 埕

图2－20 桂林埕

图2－21 鍣

图2－22 大瓮缸

樽 [ʧøn^{55}]

即瓶子，如“酒樽”[ʧɐu^{35}ʧøn^{55}]（酒瓶子）、“奶樽”[nai^{23}ʧøn^{55}]（奶瓶）、“药樽”[jœk^{2}ʧøn^{55}]（药瓶子）、“花樽”[fa^{53}ʧøn^{55}]（花瓶）。

大瓮缸 [tai^{22}oŋ^{33}kɔŋ^{55}]

最大号的缸，北方话叫“皮缸”。

兜 [tɐu^{55}]

金属的或搪瓷的碗，一般较大。但广州人多避免称碗为“兜”，因“兜”常指乞丐或猫、狗、鸡所用者，如“鸡兜”[kɐi^{53}tɐu^{55}]就是喂鸡用的饲料盆，而“霸兜鸡”[pa^{33}tɐu^{55}kɐi^{55}]就是霸占饲料盆的鸡，比喻霸道之人。广州话“揸兜”[ʧa^{55}tɐu^{55}]字面意义是拿着碗，特指讨饭行乞。

二　卧具

广州话统称卧具为“床铺被席”[ʧ^{h}ɔŋ^{21}p^{h}ou^{53}p^{h}ei^{23}ʧɛk^{2}]，具体地说就是包括床及床上用品。下面先介绍床，再介绍床上用品。

床 [ʧ^{h}ɔŋ^{21}]

按照大小可以把床分为“细床”[ʃɐi^{33}ʧ^{h}ɔŋ^{35}]（单人床）和“大床”[tai^{22}ʧ^{h}ɔŋ^{21}]（双人床）两类，“细床”又称“独睡”[tok^{2}ʃøy^{35}]，“大床”一般是三面有围栏，四根立柱支撑顶架的架子床（见图2–23）。按照制作材料则可以把床分为“板床”[pan^{35}ʧ^{h}ɔŋ^{35}]（木板搭的床）、“藤床”[t^{h}ɐŋ^{21}ʧ^{h}ɔŋ^{21}]、“竹床”[ʧok^{5}ʧ^{h}ɔŋ^{21}]、“弹弓床”[tan^{22}koŋ^{55}ʧ^{h}ɔŋ^{21}]（弹簧床）。另外还有“梳化床”[ʃɔ^{55}fa^{35}ʧ^{h}ɔŋ^{21}]（席梦思床）、“辘架床”[lok^{5}ka^{35}ʧ^{h}ɔŋ^{21}]（双层木床）。广州话中有好几个跟床有关的俗语，如：“床头打架床尾和。”指夫妻没有隔夜仇，吵架或打架很快就平息。“床下底破柴——包撞板。”在床底下劈柴一定碰着床板，比喻人一定会碰钉子。

图2－23 大床

炕床 [kʰɔŋ^{33}ʧʰɔŋ^{35}]

旧时吸鸦片烟时躺的两面有栏的大木床，也指宽大的长椅，可坐可躺。

罗汉床 [lɔ^{21}hɔn^{33}ʧʰɔŋ^{21}]

即三面有围栏的大炕床，最初因为是僧人常用而得名。罗汉床可以用于小睡，但主要功用不是睡卧而是待客，主客坐在这里“饮茶”[jɐm^{35}ʧʰa^{21}]、“食烟”[ʃek^{2}jin^{55}]和“倾偈”[kʰeŋ^{53}kɐi^{35}]（谈天）等。这类家具一般用名贵木材，如紫檀、鸡翅、黄梨、酸枝等精心制作而成，有的甚至在围栏等部位镶嵌入大理石片，工艺精湛，格调典雅。有的罗汉床的中间还放置小矮桌，广州话称其为“炕几”[kʰɔŋ^{33}kei^{55}]（见图2–25）。另外还有置于上面的“炕枕”[kʰɔŋ^{33}ʧɐm^{35}]，多为陶瓷所制的长形枕头。

图2－24 罗汉床

图2－25 罗汉床上的炕几

图2－26 民国实木贵妃床

贵妃床 [kwɐi^{33}fei^{55}ʧʰɔŋ^{21}]

旧式的小炕床，较窄，主要供坐用。一般也是用名贵的木材制作而成。

席 [ʧɛk^{2}]

有“草席”[ʧʰou^{35}ʧɛk^{2}]、“竹席”[ʧok^{5}ʧɛk^{2}]、“藤席”[tʰɐŋ^{21}ʧɛk^{2}]等。南洋进口的一种用细藤皮编成的席子称为“马臣席”[ma^{23}ʃɐn^{35}ʧɛk^{2}]（“马臣”是印尼语音译），而用厚竹片串成，光面朝上的一种竹席称为“光边竹席”[kwɔŋ^{53}pin^{53}ʧok^{5}ʧɛk^{2}]，又称为“竹板席”[ʧok^{5}pan^{35}ʧɛk^{2}]。

床褥 [ʧʰɔŋ^{21}jok^{35}]

即睡觉时垫在身子下面的褥子，也称为“荐褥”[ʧin^{33}jok^{35}]。荐，原有草垫之意，引申为垫，汉贾谊《吊屈原文》:“章甫荐履，渐不可久兮。”

被 [pʰei^{23}]

棉被里的棉胎称为“被胎”[pʰei^{23}tʰɔi^{55}]，而棉胎外的布套称为“被套”[pʰei^{23}tʰou^{33}]。

枕头 [ʧɐm^{35}tʰɐu^{21}]

有“瓷枕”[ʧʰi^{21}ʧɐm^{35}]、“藤枕”[tʰɐŋ^{21}ʧɐm^{35}]等。“枕头肉”[ʧɐm^{35}tʰɐu^{21}jok^{35}]（枕头芯子）若是棉花或羊毛等，则需要“枕头袋”[ʧɐm^{35}tʰɐu^{21}tɔi^{35}]（枕头套）。广州话中有一个跟枕头有关的惯用语叫“枕头状”[ʧɐm^{35}tʰɐu^{21}ʧɔŋ^{22}]，意为妻子在枕边向丈夫告别人的状。

暖婆 [nyn^{23}pʰɔ^{35}]

即烫婆子，铜制的取暖用具，冬天可放在“被窦”[pʰei^{23}tɐu^{33}]（被窝儿）里取暖。

三　桌椅板凳

广州话把家具称为“家私”[ka^{53}ʃi^{53}]（也写作“家俬”），把桌椅板凳等一般家具统称为“枱枱凳凳”[t^{h}ɔi^{21}t^{h}ɔi^{21}tɐŋ^{33}tɐŋ^{33}]。明末清初以来，在广州等地生产的家具既具有浓郁的岭南特色，又在用料、款式、装饰等方面深受西式家具的影响，被称为广式家具。特别是用“大红酸枝”[tai^{22}hoŋ^{21}ʃyn^{53}ʧi^{53}]（酸枝木中最好的一种，黑中透红）等制造的“红木家私”[hoŋ^{21}mok^{2}ka^{53}ʃi^{53}]，在国内外都颇负盛名，很有市场。下面按“枱”“椅”“凳”三类分别介绍。

枱 [t^{h}ɔi^{35}]

即桌子，本字是“台”，俗写为“枱”。广州桌子的款式非常多样，常见的有如下几种：“八仙枱”[pat^{3}ʃin^{55}t^{h}ɔi^{35}]，即八仙桌，可以围坐八人的大方桌（见图2–27）；“鸡翼枱”[kɐi^{53}jek^{2}t^{h}ɔi^{35}]又称“鬼子枱”[kwɐi^{35}ʧi^{35}t^{h}ɔi^{35}]、“合仙枱”[hɐp^{2}ʃin^{55}t^{h}ɔi^{35}]，指一种桌

图2－27 八仙枱

面可以折叠的桌子，支开是四方形，两边放下来则成长方形，两头有抽屉；“梳妆枱”[ʃɔ^{53}ʧɔŋ^{53}tʰɔi^{35}]（见图2–28）又称“镜枱”[kɛŋ^{33}tʰɔi^{35}]，是妇女梳妆打扮时用的带有镜子的桌子；“书枱”[ʃy^{53}tʰɔi^{35}]（见图2–29），也称为“写字枱”[ʃɛ^{35}ʧi^{22}tʰɔi^{35}]，即书桌；“西式枱”[ʃɐi^{53}sek^{5}tʰɔi^{35}]，即独腿小圆桌；“神枱”[ʃɐn^{21}tʰɔi^{21}]（见图2–30），是供奉神祇的桌子。广州歇后语说：“神枱猫屎——神憎鬼厌。”猫屎拉在神台上，神鬼都讨厌，比喻专做坏事，谁都讨厌。广州话把桌子掌儿称为“枱横”[tʰɔi^{35}waŋ^{35}]，把桌子腿称为“枱脚”[tʰɔi^{35}kœk^{3}]。广州俗语说“撑枱脚”[ʧʰaŋ^{55}tʰɔi^{21}kœk^{3}]，指两个人尤其指夫妻或恋人面对面坐着亲昵地吃饭，既形象又诙谐。

图2－28 梳妆枱

图2－29 书枱

图2－30 神枱

椅 [ji^{35}]

图2－31 交椅（资料图片）

古代席地而坐，椅子是从床榻分化出来的。椅子多是有靠背的，所以称为“挨凭椅”[ai^{53}p^{h}ɛŋ^{55}ji^{35}]。广州的椅子种类很多，常见的有如下几种：“交椅”[kau^{53}ji^{35}]，是可以折叠的、有靠背而无扶手的椅子（见图2–31）；“公座椅”[koŋ^{53}ʧɔ^{22}ji^{35}]，指有靠背的方椅，多是酸枝木做的（见图2–32）；“螺旋椅”[lɔ^{21}ʃyn^{21}ji^{35}]，即转椅；“梳化椅”[ʃɔ^{55}fa^{35}ji^{35}]，sofa的音译，旧称“弹弓椅”[tan^{22}koŋ^{55}ji^{35}]，指装有弹簧或厚泡沫塑料等的靠背椅，较矮，两边有扶手（见图2–33）；“木梳化”[mok^{2}ʃɔ^{55}fa^{35}]，一种木质的座椅，因其形制、用途与沙发接近，故名；“马闸”[ma^{23}ʧap^{2}]，也称为“睡椅”[ʃøy^{22}ji^{35}]，俗称为“懒佬椅”[lan^{23}lou^{35}ji^{35}]，是一种颇有特色的躺椅（见图2–34、2–35）；

图2－32 公座椅

图2－33 梳化椅

图2－34 木制的懒佬椅

图2－35 竹制的懒佬椅

图2－36 太师椅

图2－37 新款的椅笼

“太师椅”[tʰai^{33}ʃi^{53}ji^{35}]，是一种旧式木椅，靠背及扶手呈圆弧形（见图2–36）；“醉翁椅”[ʧøy^{33}joŋ^{55}ji^{35}]，是旧时一种宽大的椅子，可坐可躺；“挂灯椅”[kwa^{33}tɐŋ^{55}ji^{35}]，是一种高背椅子。另外，旧时还有一种特殊的椅子叫“椅笼”[ji^{35}loŋ^{35}]，是一种小孩坐的有围栏的木椅，防止小孩跌倒，用以坐着吃饭（见图2–37）。还有，椅子上的坐垫或靠垫称为“箍臣”[kʰwu^{55}ʃɐn^{21}]，是英语cushion的音译。

凳 [tɐŋ^{33}]

即没有靠背的、供人坐的家具。在传统观念中，凳的等级要比椅子低，一般来说它较少出现在档次较高的场合。广州有几种常见的木凳，如：“凳仔”[tɐŋ^{33}ʧɐi^{35}]，也称为“矮凳仔”[ɐi^{35}tɐŋ^{33}ʧɐi^{35}]，指小板凳（见图2–38）；“日字凳”[jɐt^{2}ʧi^{22}tɐŋ^{33}]，是一种凳面为长方形的单人木凳，因长方形凳面似日字形而得名；“马杌”[ma^{23}wu^{35}]，指较大的四方木凳（见图2–39）；“条凳”[tʰiu^{21}tɐŋ^{33}]也可以称为“桥凳”[kʰiu^{35}tɐŋ^{33}]，指长条板凳，多用于架床板。广州话惯用语“三脚凳”[ʃam^{53}kœk^{3}tɐŋ^{33}]比喻和谑称做事不牢靠的人。

图2－38 早期的凳仔（资料图片）

图2－39 马杌及八仙枱

四　其他生活用具

图2－40 偶尔还能见到出售传统用具的流动商贩

其他的生活用具很多，本节主要列举早期一些较有特色的传统用具，目前在市区已经很难看到（见图2–40）。近几十年出现了很多新的家庭用具，基本上都是工业品，因为各地大同小异，本节一概不涉及。

柜 [kwɐi^{22}]

即柜子，大衣橱或立柜称为“大柜”[tai^{22}kwɐi^{22}]或“高柜”[kou^{55}kwɐi^{22}]、“徛身柜”[kʰei^{23}ʃɐn^{53}kwɐi^{22}]（见图2–41）。“柜桶”[kwɐi^{22}tʰoŋ^{35}]，就是指抽屉。有四个抽屉的柜子称为“四桶柜”[ʃei^{33}tʰoŋ^{35}kwɐi^{22}]（见图2–42），有五个抽屉的柜子称为“五桶柜”[ŋ̍^{23}tʰoŋ^{35}kwɐi^{22}]。

图2－41 大柜

图2－42 四桶柜（左边是梳妆枱）

图2－43 木栊

图2－44 樟木栊

栊 [loŋ^{23}]

即大衣箱，“栊”是俗写，有“木栊”[mok^{2}loŋ^{23}]（见图2–43）、“皮栊”[p^{h}ei^{21}loŋ^{23}]、“铁栊”[t^{h}it^{3}loŋ^{23}]等。樟木做的“樟木栊”[ʧœŋ^{53}mok^{2}loŋ^{23}]可以防虫，放置衣物最好（见图2–44）。

图2－45 藤笈

笈 [kip^{5}]

旧称小箱子，有“藤笈”[t^{h}ɐŋ^{21}kip^{5}]（见图2–45）、“皮笈”[p^{h}ei^{21}kip^{5}]、“书笈”[ʃy^{53}kip^{5}]（藤条编的小书箱）等。广州歇后语说：“冇耳藤笈——靠托。”没有提手的箱子只好用肩托着走，“托”即“托大脚”[t^{h}ɔk^{3}tai^{22}kœk^{3}]，比喻拍马。

木盆 [mok^{2}p^{h}un^{21}]

用于盛物或洗物的器具，一般多用木板箍成，有“脚盆”[kœk^{3}p^{h}un^{21}]、“洗身盆”[ʃɐi^{35}ʃɐn^{53}p^{h}un^{21}]、“洗衫盆”[ʃɐi^{35}ʃam^{55}p^{h}un^{21}]等。

图2－46 木盆

研船 [ŋan^{21}ʃyn^{35}]

船形，中间有一凹槽，置一圆铁饼形、两边有柄的轮状物于其中，来回轧滚，把中药等研成粉末的铁器。中药铺里常用。

图2－47 研船

罗斗 [lɔ^{21}tɐu^{35}]

用来罗面粉或米粉的器具，有铜丝的、纱绢的，外装木框。

图2－48 罗斗

筲箕 [ʃau^{55}kei^{55}]

竹编的洗菜、淘米用具，番禺用以晒鱼干、晒蚬干。广州歇后语说："筲箕兜水——漏洞百出。"比喻说话或写文章漏洞很多。

筛 [ʃɐi^{55}]

用于筛米的称为"米筛"[mɐi^{23}ʃɐi^{55}]。因多用竹篾编织，也称为"竹筛"[tʃok^{5}ʃɐi^{55}]。

篸 [tʃʰam^{35}]

即北方所说的簸箕，早期用于铲谷物、垃圾等。

图2－49 筲箕

图2－50 筛

图2－51 篸

图2－52 簸箕

簸箕 [pɔ^{33}kei^{55}]

主要用于簸粮食的器具。广州俗话说 :“一文钱大过簸箕。” 把一块铜钱看得比簸箕还要大，形容人吝啬，把钱看得太重。

筐箩 [pɔ^{55}lɔ^{55}]

竹子或藤条编的圆形器具，帮较深，用以盛物。

菜箩 [ʧ^{h}ɔi^{33}lɔ^{55}]

竹子编的小箩筐，无盖，无提梁，盛杂物用具。

篱 [lei^{55}]

竹编的器具，有“疏篱”[ʃɔ^{53}lei^{55}]、“篱仔”[lei^{55}ʧɐi^{35}]、“竹篱”[ʧok^{5}lei^{55}]等多种，洗好的菜放入其中可把水漏去。

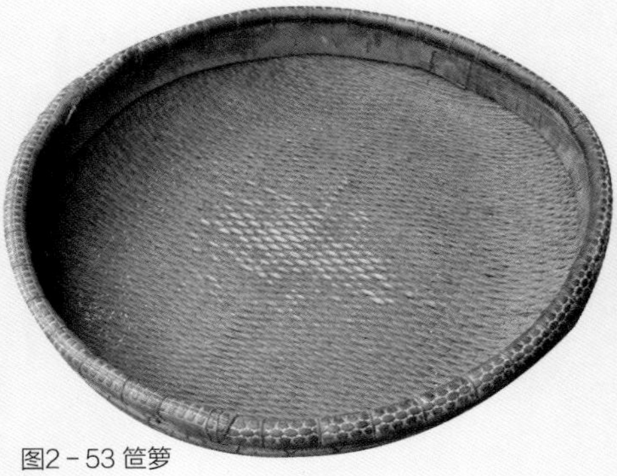

图2－53 筐箩

图2－54 菜箩

图2－55 篱

图2－56 短提梁的菜篱

图2－57 菜篱

菜篱 [tʃʰɔi^{33}lei^{55}]

竹子编的器具，小的买菜用，有短提梁（见图2–57）；大的卖菜用，有长提梁，也叫“竹篱”[tʃok^{5}lei^{55}]（见图2–58）。

手抽 [ʃɐu^{35}tʃʰɐu^{55}]

一种窄而深的手提篮，早期用藤条编织的多，故又称为“藤抽”[tʰɐŋ^{21}tʃʰɐu^{55}]。

图2－58 手抽

篮 [lam^{35}]

竹篾编织的器具，也称为“竹篮”[tʃok^{5}lam^{35}]、“餸篮”[ʃoŋ^{33}lam^{35}]，有“篮耳”[lam^{35}ji^{23}]（提梁），过去用以盛放隔夜菜，悬挂吊起以防蟑螂、老鼠等。

窝篮 [wɔ^{53}lam^{35}]

一种圆而浅的小手提篮，因其形如窝，故名。

茶箩 [tʃʰa^{21}lɔ^{55}]

旧时套在茶壶外面以保暖的用具，箩形，里面有棉衬。

图2－59 篮

图2－60 窝篮（挂在墙上的篮子）

攒盒 [$tʃ^hyn^{21}hɐp^{2}$]

大的盒子，过年时放糖果饼食，嫁娶时也用来装放莲子等“好意头”的东西。

图2－61 攒盒

火篮 [$fɔ^{35}lam^{35}$]

旧式的取暖用具，外形如花篮，内有泥胎以盛炭火，也叫“火通”[$fɔ^{35}t^hoŋ^{55}$]。

火镰 [$fɔ^{35}lim^{21}$]

旧时的铁制取火用具，用它敲打火石，溅出火花以点火，也叫“火镰刀”[$fɔ^{35}lim^{21}tou^{55}$]。

风炉 [$foŋ^{53}lou^{35}$]

即黏土烧制的炭炉或紫炉。广州俗话说：“落雨卖风炉——越担越重。”这种炉子淋雨会吸水，比喻人的负担越来越重。“风炉”是一个古语词，如唐岑参《晚过磐石寺礼郑和尚》诗云：“岸花藏水碓，溪竹映风炉。”

图2－62 风炉

火钳 [$fɔ^{35}k^him^{21}$]

旧式厨房用具，用来夹取烧着的柴炭。

大碌竹 [$tai^{22}lok^{5}tsok^{5}$]

谑指一种用粗竹制成的“水烟筒”[$ʃøy^{35}jin^{55}t^hoŋ^{35}$]，也俗称“水鸡”[$ʃøy^{35}kɐi^{55}$]。今天在粤西地区还非常常见，在广州偶尔也能见到。值得一提的是，旧时“水鸡”也指船上的妓女。

说到“大碌竹”就会令人想起“棺材钉”。广州话把那种手工卷的、一头粗一头细的喇叭状卷烟称为“棺材钉”[$kwun^{55}tʃ^hɔi^{21}tɛŋ^{55}$]，非常形象诙谐。

图2－63 吸食大碌竹

火水灯 [fɔ³⁵ʃøy³⁵tɐŋ⁵⁵]

即煤油灯，今已罕见。

图2－64 大的火水灯

大葵扇 [tai²²kʰwɐi²¹ʃin³³]

即葵树叶做的扇子。因为粤剧舞台上媒人的形象总是手里拿着大葵扇，所以以“大葵扇”借代媒人，以“揸大葵扇”[ʧa⁵⁵tai²²kʰwɐi²¹ʃin³³]借代做媒。

五　交通工具

广州位于珠江流域下游地区，河涌密布，水乡泽国，旧时人们出行主要靠各种大小船艇，所以广州话中有关船艇的词语特别多。陆上交通方面，清末民初以来轿子、黄包车、三轮车是主要的交通工具。自行车、汽车、摩托车从国外引进之后，传统交通工具逐渐为现代交通工具所取代。时至2007年，广州市区全面“禁摩”，现在只有到郊区才见得到摩托车了。

艇 [$t^{h}ɛŋ^{23}$]

即小船，也叫“艇仔”[$t^{h}ɛŋ^{23}ʧɐi^{35}$]，以竹篙驾驶小船称为“撑艇”[$ʧ^{h}aŋ^{53}t^{h}ɛŋ^{23}$]。广州谚语说：“七月红云盖天顶，收好禾苗湾好艇。”农历七月天上要是有红云，意味着要刮台风，就要把田里的禾苗保护好，把小船停泊好。

广州“艇”的种类很多，下面略举几类：“紫洞艇”[$ʧi^{35}toŋ^{22}t^{h}ɛŋ^{23}$]，旧时珠江上的一种华丽的游船，外省人称之为酒船，而广州人则普遍认为是妓船，可在其中宴客，有

图2－65 早期珠江上的艇（资料图片）

图2－66 紫洞艇（资料图片）

图2－67 20世纪40年代沙面河边的舢板（资料图片）

女人陪酒，据传是南海紫洞人麦耀千所发明，故名（见图2–66）；“沙艇”[ʃa^{53}tʰɛŋ^{23}]，旧时珠江上的一种游艇，两头钝，有篷，供食宿游乐；“蚂螂艇”[ma^{55}lɐŋ^{55}tʰɛŋ^{23}]，一种尖头小艇，有篷，坐四五个人，上面可设酒宴；“塘尾艇”[tʰɔŋ^{21}mei^{55}tʰɛŋ^{23}]，是一人划的双桨小船，两头是尖的，也叫“塘尾仔”[tʰɔŋ^{21}mei^{55}ʧɐi^{35}]；“驳艇”[pɔk^{3}tʰɛŋ^{23}]，乘客由大船上岸时乘坐的小船；“瓜皮艇”[kwa^{55}pʰei^{21}tʰɛŋ^{23}]，形状如西瓜皮的小船，两端是齐头的，无篷，用于运输；“舢板”[ʃan^{53}pan^{35}]，旧时指一种尖头尖底的小艇，也叫“快艇”[fai^{33}tʰɛŋ^{23}]（见图2–67）。

艔 [tou^{35}]

指客船，主要有如下几类：“横水艔”[waŋ^{21}ʃøy^{35}tou^{35}]，指载客过河的渡船，有篷，划桨，船尾安家，头舱有数条木板，可坐十人，是过去珠江水域的主要交通工具；“高尾艔”[kou^{53}mei^{23}tou^{35}]，一种用小火轮拖行的、内河航行载客的木船，船尾高耸，故名；“花尾艔”[fa^{53}mei^{23}tou^{35}]又叫“拖艔”[tʰɔ^{53}tou^{35}]（见图2–68），一种无动力内河客船，由拖轮拖带，船尾漆有艳丽夺目的海棠、牡丹、龙凤、麒麟等奇花异兽，故名。“花尾艔”的舱位分为三等，上等叫餐楼，二等是公舱，三等是大舱。“花尾艔”每次靠岸、离岸时及在狭窄或来往船只特别繁忙的河道上，都要靠拖轮在旁边拖带，亦即“拍拖”（见图2–69）。广州话“拍”有并排之意，“拖”有拉手之意，“拍拖”[pʰak^{3}tʰɔ^{55}]后来比喻为谈恋爱，而“拖友”[tʰɔ^{53}jɐu^{35}]指情人、恋人，“甩拖”[lɐt^{5}tʰɔ^{55}]指脱离恋爱关系。

图2－68 花尾艔（资料图片）

图2－69 花尾艔的驳船与拖轮拍拖的情景（资料图片）

除了各类“艇”“艔”之外，旧时广州水面上还有一些利用风帆航行的大船，如：“大眼鸡”[tai^{22}ŋan^{23}kɐi^{55}]，是一种运货的大木船，船身刻有两只大眼睛，故名；“三枝桅”[ʃam^{53}ʧi^{53}wɐi^{35}]，是一种三根桅杆的大帆船。因外国帆船有三根桅杆，“番头”（外国人的俗称）与“翻头”（再嫁）同音，“三枝桅”也比喻再嫁的女人。另外，还有一些机动船，如“火船”[fɔ^{35}ʃyn^{21}]（见图2–70）、“电船”[tin^{22}ʃyn^{21}]、“汽船”[hei^{33}ʃyn^{21}]（也称为“火船仔”[fɔ^{35}ʃyn^{21}ʧɐi^{35}]）。

图2－70 早期的火船（资料图片）

图2－71 大红花轿

轿 [kiu^{35}]

即轿子。八个人抬的轿子叫“八人大轿”[pat^{3}jɐn^{21}tai^{22}kiu^{35}]，新娘坐的轿子叫“大红花轿”[tai^{22}hoŋ^{21}fa^{53}kiu^{35}]或“彩轿”[ʧ^{h}ɔi^{35}kiu^{35}]（见图2–71）。旧时雇用轿子的地方称为“轿馆”[kiu^{35}kwun^{35}]，轿夫称为“轿佬”[kiu^{35}lou^{35}]或“抬轿佬”[t^{h}ɔi^{21}kiu^{35}lou^{35}]。还有，旧时富贵人家私有的轿子、轿夫称为“长班轿”[ʧ^{h}œŋ^{21}pan^{53}kiu^{35}]。

车仔 [ʧ^{h}ɛ^{55}ʧɐi^{35}]

即由日本引进的手拉人力车、黄包车，最早的叫法是“手车”[ʃɐu^{35}ʧ^{h}ɛ^{55}]。1921年，广州人力手拉车组建营运公司，有利源、协安、大益、安乐等十多家，拥有车辆200辆。在今天还偶尔可以见到“车仔”，不过多是用于游乐。脚踩的三轮人力车较晚才出现（见图2–72），现在一些小县城还可以看到。另外，旧时还有一些人力的货车，如：“猪笼车”[ʧy^{53}loŋ^{21}ʧ^{h}ɛ^{55}]，指运货小板车，四周围以木板（见图2–73）；“木头车”[mok^{2}t^{h}ɐu^{21}ʧ^{h}ɛ^{55}]，指装载货物，以便沿街叫卖的手推车；“鸡公车”[kɐi^{55}koŋ^{55}ʧ^{h}ɛ^{55}]，指独轮车（见图2–74）。

图2－72 20世纪40年代的人力三轮车（资料图片）

图2－73 猪笼车（资料图片）

图2－74 鸡公车

三脚鸡 [ʃam^{53}kœk^{3}kɐi^{55}]

指机动三轮车，以前也叫“甴甲仔”[kat^{2}ʧat^{2}ʧɐi^{35}]，现在一些乡镇、县城还是非常常见的一种交通工具。“甴甲”指蟑螂，用小蟑螂来比喻机动三轮车，甚为形象。

汽车 [hei^{33}ʧʰɛ^{55}]

在广州，从国外引进的汽车用于公共交通始于20世纪20年代（见图2–75），那时的汽车质量较差，车祸频繁，因此市民十分畏惧，称之为“市虎”[ʃi^{23}fu^{35}]。1922年，加拿大华侨蒋寿石筹集侨胞资金在广州创办了第一家公共汽车公司，当时的广告是“搭上加拿大，快趣好世界”，因此市民直呼其为“加拿大”[ka^{55}na^{23}tai^{22}]。到了1946年，广州街头出现了俗称“火柴盒”[fɔ^{35}ʧʰai^{21}hɐp^{2}]的公共汽车，这种公共汽车的车厢是用木头制作的，车身较短，故名（见图2–76）。广州有一个惯用语叫“扳车边”[man^{55}ʧʰɛ^{55}pin^{55}]，字面意思是抓扶着车的旁边，脚踏车外的踏板乘车，引申为搭便车，又引申为沾光。

这里顺便说说消防车。清朝时期广州就已经有了“救火车”[kɐu^{33}fɔ^{35}ʧ^{h}ɛ^{53}]，这是一种手动的消防设备（见图2–77）。据记载，当时民间的消防组织称为“水车馆”[ʃøy^{35}ʧ^{h}ɛ^{55}kwun^{35}]。到了民国时期，广州则出现了以汽车装备的“救火车”，也称为“火烛车”[fɔ^{35}ʧok^{5}ʧ^{h}ɛ^{53}]（见图2–78、2–79）。

图2－75 20世纪20年代末广州的公共汽车（资料图片）

图2－76 俗称“火柴盒”的公共汽车（资料图片）

图2－77 清代的救火车

广州话常常将“衣食”并举，认为此两者都是各人命里带来的禀受，是修行得来的，亦用以比喻“福分”。所谓“冇衣食”，乃指人背信弃义、行歪道、损公德，往往折损福寿、招致报应；而“好衣食”则形容对人负责、对事认真、乐善好施，故能积德积福。广州话俗语“衣食在碗底”和“一份衣食一份人”，皆是劝人珍惜福分，不要浪费来之不易的食物和衣物。此外，“先敬罗衣后敬人”一语，更是体现了广州人对衣着穿戴的重视。

今天广州人所穿戴的一般服饰，与全国各大中城市大同小异，但服饰的名称与普通话出入较多，一部分是沿用古语的称谓，另一部分则是采用英语的粤语音译。而在清末民初时，广州也流行一些有地方特色的服饰，引领一时风尚。本章将分为衣裤、鞋帽、首饰与发饰三部分予以详述。

一　衣裤

装身 [ʧɔŋ^{53}ʃɐn^{53}]

广州人把穿衣打扮称为“装身”。做衣服时量尺寸称为“度身”[tɔk^{2}ʃɐn^{53}]，做好后试穿称为“试身”[ʃi^{33}ʃɐn^{53}]，合身则称为“称身”[ʧ^{h}eŋ^{33}ʃɐn^{53}]。

衫 [ʃam^{55}]

也称为“衫裤”[ʃam^{55}fu^{33}]，是衣服的通称，也特指上衣。外衣称为“面衫”[min^{35}ʃam^{55}]，内衣称为“汗衫”[hɔn^{22}ʃam^{55}]或“底衫”[tɐi^{35}ʃam^{55}]，经常换洗的衣服称为“洗水衫”[ʃɐi^{35}ʃøy^{35}ʃam^{55}]，专用于睡觉的衣服称为“瞓衫”[fɐn^{33}ʃam^{55}]或“荐瞓衫”[ʧin^{33}fɐn^{33}ʃam^{55}]，专用于赴宴的礼服谑称为“饮衫”[jɐm^{35}ʃam^{55}]，平时或干粗活时穿的衣服则称为“粗着”[ʧ^{h}ou^{53}ʧœk^{3}]，运动服装称为“体育衫”[t^{h}ɐi^{35}jok^{2}ʃam^{55}]。

图3－2 清末民初富家小姐的盛装（资料图片）

恤衫 [$\int$øt[5]$\int$am[55]]

即衬衫，又简称“恤”，英文shirt之音译。“T恤”[tʰi[53]ʃøt[5]]即套头衫，有领短袖，因形似英文字母T而得名；“波恤”[pɔ[53]ʃøt[5]]即球衣，“波”为英文ball之音译；“飞机恤”[fei[53]kei[53]ʃøt[5]]即夹克，因形似飞行服而得名，又称为“机恤”[kei[53]ʃøt[5]]；“毛巾恤”[mou[21]kɐn[53]ʃøt[5]]即毛巾布衬衫。

笠衫 [lɐp[5]ʃam[55]]

是各种不开襟针织套头上衣的泛称，“笠”即从上往下套。笠衫主要有长袖与短袖两种：长袖笠衫称为“过头笠”[kwɔ[33]tʰɐu[21]lɐp[5]]，香港谑称为“笠记”；短袖笠衫又称为“文化衫”[mɐn[21]fa[33]ʃam[55]]。

衲 [nap[2]]

即袄。“皮衲”[pʰei[21]nap[2]]即中式短皮袄；“棉衲”[min[21]nap[2]]即棉袄，旧式棉衣（见图3–3、3–4）；“夹衲”[kap[3]nap[35]]即夹袄，又称为“夹衫”[kap[3]ʃam[55]]。另外，穿在外衣里头的无领小棉袄也称为“棉紧身”[min[21]kɐn[35]ʃɐn[53]]。

图3－4 女式的棉衲

图3－3 早期的棉衲（资料图片）

褛 [lɐu^{53}]

即大衣，《说文》作“衽”解。从长短来分，“褛”分为“大褛”（见图3–5）、“中褛”和“短褛”。“褛”的样式不少，“皮褛”[p^{h}ei^{21}lɐu^{53}]即毛皮大衣；“雪褛”[ʃyt^{3}lɐu^{53}]即带帽子的大衣，北方称为“棉猴儿”；“太空褛”[t^{h}ai^{33}hoŋ^{53}lɐu^{53}]即羽绒服，因形似宇航服而得名；“干湿褛”[kɔn^{53}ʃɐp^{5}lɐu^{53}]与雪褛类似，面料用防水布，可起到雨衣的作用而得名；“晨褛”[ʃɐn^{21}lɐu^{53}]即早晨起床后暂穿的长衣；“毛巾褛”[mou^{21}kɐn^{53}lɐu^{53}]即游泳出水后披的毛巾布长外衣。

图3－5 20世纪40年代末男人穿的大褛（资料图片）

唐装 [t^{h}ɔŋ^{21}ʧɔŋ^{53}]

中式便服的统称，“唐”指代中国，如“唐装衫”[t^{h}ɔŋ^{21}ʧɔŋ^{53}ʃam^{55}]、“唐装裤”[t^{h}ɔŋ^{21}ʧɔŋ^{53}fu^{33}]。男式唐装上衣有高领、低领之分，中间开襟，布扣，也有角质、骨质或塑料纽扣，胸腹前有三至四个方形无盖口袋，上小下大，也有在衣内缝有暗袋，用料多为蓝、灰、黑等颜色，裤身、裤脚较宽松，裤裆深长，无袋无耳，正反不分，裤头左右相掩后紧束于腰，有时加一腰带。女式唐装也有高低领之分，胸腹前围布至右肘，于前后相接处用布扣扣紧，可结成各种花色，偏宽，镶边装饰，裤与男装相同。

广州人常以“长衫马褂”[ʧ^{h}œŋ^{21}ʃam^{55}ma^{23}k^{h}wa^{35}]作为唐装统称。男式大褂或女式旗袍，均可称为长衫。旗袍为满洲妇女服装，后来发展为高领，胸襟宽松，腰围微紧，下摆开叉。马褂则为满族男子上衣，衣长及脐，袖长及肘，套在长衫之外，初为营兵所服，后流行全国各地。

图3－6 20世纪40年代末穿唐装的中年男人（资料图片）

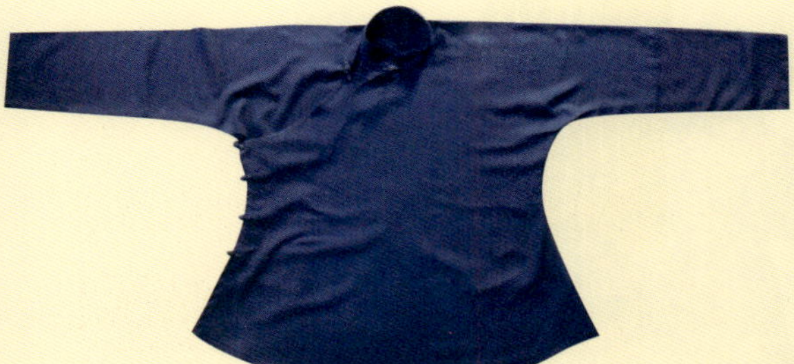

图3－7 大襟衫

图3－8 20世纪40年代末穿大襟衫的妇女（资料图片）

大襟衫 [tai^{22}k^{h}ɐm^{53}ʃam^{55}]

指右侧有纽扣的中式女大襟上衣。传统大襟衫的特点为圆领、衫宽、大袖，长衫衫长过膝，短袄长不过膝。前襟有椽饰，衫中间或绣四方图案，又扣有花边，右边斜下开襟，在右衽穿一带子，以结代扣，衫色多为素色或深蓝色。此外亦有男式大襟衫。大襟衫的衫长、色彩、领口、袖口等细节装饰随时代和地区的不同而有所不同。民初改革大襟衫，去掉中间的四方图案。20世纪二三十年代，“大襟衫、腊肠裤”（“腊肠裤”指一种裤管很窄的裤子）成为广州年轻人的时髦穿着。50年代以后，穿着“大襟衫”的习俗日渐消失。

毛冷 [mou^{21}laŋ^{53}]

又称“冷”[laŋ^{55}]或“冷线”[laŋ^{55}ʃin^{33}]，即毛线，法语laine的音译。用冷线织成的衣服称为“冷衫”[laŋ^{55}ʃam^{55}]或“毛衫”[mou^{21}ʃam^{55}]，即毛衣。“羊毛冷”[jœŋ^{21}mou^{21}laŋ^{55}]既指羊毛毛线，亦代指羊毛衫。

薯莨衫 [ʃy^{21}lœŋ^{21}ʃam^{55}]

为斜襟布钮大筒衫，衫用白棉纱布为料，用红薯莨胶汁染成褐色。《广东新语》载：“薯莨，产江北者良，其白者不中用，用必以红。”早在清代中期以前，薯莨衫就为岭南沿海渔民广泛使用。薯莨衫不渗水，能抵挡阳光辐射，又因是斜襟布钮，纽扣不易为网绳刮脱，适宜渔民下海捕捞。

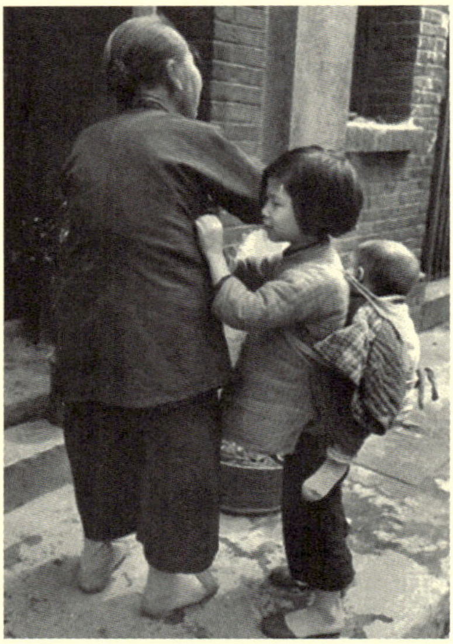

图3－9 早期的妈姐装（资料图片）

图3－10 改良为时装款式的香云纱

薯莨绸又称为“香云纱”，俗称云莎、莨纱、拷绸、黑胶绸。“香云纱”分为两种：一种绸坯用提花机织成，黄褐色，有云形花纹，并有均匀细密的孔眼；另一种绸坯用普通绸机织成。香云纱制作时，须将薯莨汁液涂于坯绸上，经几次涂上晒干后，再用含有铁质的泥土涂于织物表面，使织物变成黑色。

香云纱轻快凉爽、耐穿易洗，过去多为顺德妈姐（女佣）、水上居民喜用。妈姐穿着的浑身全黑的香云纱服饰，称为“妈姐装”[ma^{53}ʧɛ^{35}ʧɔŋ^{53}]。“妈姐装”上身为短大襟衣，无领，右衽布扣，前襟有缘饰；下身为大裤裆，裤脚稍宽（见图3–9），裤头配以银链裤缰。妈姐们头发光鲜，戴耳环与龙凤手镯，胸前则以梅花形银牌为饰，“工余饭后之时，盛服靓妆，漫游于洋场僻道之中”（胡朴安《中华全国风俗志》载）。“妈姐装”也一度成为大家闺秀模仿的装束。如今，“妈姐装”虽已日渐消亡，“香云纱”却改良成一种高档衣料，深受市民欢迎（见图3–10）。

新丝萝卜皮 [ʃɐn^{53}ʃi^{53}lɔ^{21}pak^{2}p^{h}ei^{21}]

“萝卜”是一种老羊皮皮革，毛长色白，形似细切的萝卜丝而得名，穿来极暖，但不贵气。按明清两代官制，有一定官阶的贵人才能穿貂裘、狸袄，社会地位不高的暴发户则可以穿新置的“新丝萝卜皮”以撑场面。此语用以讽刺暴发户或不自量力之人，现多用作反语，形容并非新鲜、高档之物。

中山装 [ʧoŋ^{53}ʃan^{53}ʧɔŋ^{53}]

是由孙中山设计、著名裁缝师黄隆生裁制的服装。中山装以广东便服为基样，吸收西装样式，对襟，而将直领改为小翻领；同时将便服或西装的三个暗袋改为四个明袋，有软盖，钉纽，上小下大；上衣纽扣五个，衣长及臀，袖长及腕。裤制参照西裤式样，前面开缝，用暗扣；左右侧各置暗袋，右臀部有一软盖暗袋，前右腰设一小暗袋，俗称“表袋”；裤带腰部打褶，裤管翻脚。因孙中山名为孙文，而且中山装为立领，故中山装又称为“文装”或“企领文装”[k^{h}ei^{23}lɛŋ^{23}mɐn^{21}ʧɔŋ^{53}]。歇后语“企领文装——包顶颈”，即凡事顶撞、执拗之意。中山装可用作礼服，亦可用作常服，充分体现其“适于卫生，便于动作，宜于经济，壮于观瞻”的理念。

图3－11 孙中山曾经穿过的中山装

老西 [lou^{23}ʃɐi^{53}]

广州人谑称西装为“老西”，通常指套装。单件西装，即只有上衣而不配裤子则称为“单吊”[tan^{53}tiu^{33}]或“单吊西”[tan^{53}tiu^{33}ʃɐi^{53}]。喜欢穿西服的人，则谑称之为“西装友”[ʃɐi^{53}ʧɔŋ^{53}jɐu^{35}]。

裤口 [fu^{33}nɔŋ^{22}]

即裤裆。《广东俗语考》称之为“袴之中幅”。儿童所穿无裆者称为“开襱裤”[hɔi^{53}nɔŋ^{35}fu^{33}]，反之则为“密襱裤”[mɐt^{2}nɔŋ^{35}fu^{33}]。另外，连裆裤称为“连襱裤”[lin^{21}nɔŋ^{22}fu^{33}]，比喻同伙。

牛头裤 [ŋɐu^{21}t^{h}ɐu^{21}fu^{33}]

是一种可穿在外的短裤，多为便于劳作，香港谑称为“牛记”。广州人还将一种裤腿稍长的短四角裤内裤称为“孖烟通”[ma^{53}jin^{53}t^{h}oŋ^{53}]，因形似两个并排的烟囱，故名。

图3－12 20世纪40年代末沙面穿衫裙的西方妇女（资料图片）

图3－13 20世纪40年代末穿直身裙的时髦女性（右一）（资料图片）

裙 [kʰwɐn^{21}]

即裙子，款式很多，如“衫裙”[ʃam^{55}kʰwɐn^{21}]，指的是连衣裙（见图3–12）；“褛裙”[lɐu^{53}kʰwɐn^{21}]，指一种大衣式连衣裙，适合秋冬穿着；“直身裙”[ʧek^{2}ʃɐn^{53}kʰwɐn^{21}]，指下摆较窄的西装连衣裙（见图3–13）；“裙褂”[kʰwɐn^{21}kwa^{33}]，指新娘在婚礼上穿的中式礼服。

衫度 [ʃam^{55}tou^{22}]

指布匹的长度、尺寸，而衣服尺寸大小失算、材料不足，称之为“失度”[ʃɐt^{5}tou^{35}]。

图3－14 正在度布的妇人（资料图片）

封 [foŋ^{53}]

指布匹的宽度、幅宽，与“度”相对。买布有“单封”或“双封”、“窄封”或“阔封”之分。

线步 [ʃin^{33}pou^{22}] / **骨** [kwɐt^{5}]

“线步”指衣物留下的缝线痕迹，又称为“针脚”[ʧɐm^{53}kœk^{3}]。而“骨”则指衣物的缝合处。裤子左右两侧的缝合处称为“裤骨”[fu^{33}kwɐt^{5}]，缝合处开线称为“爆骨”[pau^{33}kwɐt^{5}]，衣服缝合处做得不平整而起皱称为“吊骨”[tiu^{33}kwɐt^{5}]，缭缝则称为“挑骨”[t^{h}iu^{53}kwɐt^{5}]或“钩骨”[ŋɐu^{53}kwɐt^{5}]，反复缝两次的衣服接缝称为“包骨”[pau^{53}kwɐt^{5}]，将裁好的衣服周围的边用线锁好称为“鈒骨”[ʧap^{2}kwɐt^{5}]。

纽 [nɐu^{35}]

广州人简称“纽扣”为“纽”。广州人称子母扣、摁扣为“㩧纽”[pak^{5}nɐu^{35}]或“喼纽”[kip^{5}(kɛp^{5})nɐu^{35}]，称中式衣服的布纽扣为“结纽”[kit^{3}nɐu^{35}]。㩧纽凸出的一边、结纽带圆头的一边称为“纽公”[nɐu^{35}koŋ^{53}]，而㩧纽凹入的一边、结纽呈圈状的一边则称为“纽乸”[nɐu^{35}na^{35}]或“纽婆”[nɐu^{35}p^{h}ɔ^{21}]。

二　鞋帽

屐 [$k^hɛk^2$]

广州话“屐”一般特指木屐，即木板拖鞋，旧时又称作“裸壤”。木屐适应广东多雨潮湿的气候环境，而且可以避湿气，于平时走路、冲凉、乘凉、就寝前穿用。木屐夜行有声，可防歹人作案，而且价钱低廉，因而流行。“屐”亦可引申为一般的鞋，如“雪屐”[$ʃyt^3k^hɛk^2$]指溜冰鞋。

木屐多使用木质较轻而不易爆裂的苦楝木或松木制作，并且以原块木为宜。漆画屐或绣花屐则在木屐板上漆、绘花卉或绣花。古时木屐不分左右脚，称为“正脚屐”。“屐耳”呈网状，用棕绳编制。

清末民初，广州人称不正经的男子为“裙屐少年”，因其穿着多为长裙散屐。因木屐价格低贱、任人践踏，故卑微低下，广州人常以“一只屐”形容低贱或劳累。此外还有“冇鞋拉只屐”之说，意为赶紧逃跑，把木屐脱下提在手里。

千里马 [$tʃ^hin^{53}lei^{23}ma^{23}$]

草鞋的俗称，早期是远道行走所必需之物。制草鞋须先选用新鲜有韧性的稻草，放在水里浸软，晾干后编成拇指粗的绳子，再根据大小需要，用麻线穿织成鞋底，再加上前后左右萦环。这一操作过程需要用木片和木棒压打，故俗称“打草鞋”。草鞋有鞋底而没有鞋壁，价钱低廉，穿时用带子穿过鞋底前面的鞋鼻，套过两边的鞋耳和后跟的翘起处，束紧之后，就可行走，既保护足底，又容易散热。民俗认为草鞋能去邪气，因为鬼怪怕草鞋，故戏台上的靖棚、新屋的靖油火、画着花脸的净角也要穿草鞋驱妖。

图3－15 擜帽（资料图片）　图3－16 喼帽（资料图片）

擜帽[pɔk^{5}mou^{35}]

即瓜皮帽，起源于清代官吏的便帽，圆弧状，多为六片或八片帽料组合缝制而成，一种是平顶式，内衬棉花，不可摺；一种是软型尖顶式，可摺。擜帽因形似鸡罩，又俗称为“鸡罩帽”[kei^{53}ʧau^{33}mou^{35}]。

喼帽 [kip^{5}(kɛp^{5})mou^{35}]

即鸭舌帽，“喼”为英文cap的音译俗字，又称为“波帽”[pɔ^{53}mou^{35}]。

荷兰帽 [hɔ^{21}lan^{53}mou^{35}]

广州人对西式男礼帽的俗称。“荷兰帽”是旧时男子最庄重的服饰，呢子面料，顶部呈圆锥形，帽檐在面额处下瘪，而两侧向上微翘。

图3－17 荷兰帽（资料图片）

图3－18 今天的乡村仍能常常见到竹帽

图3－19 油光帽

竹帽 [tʃok^{5}mou^{35}]

一种用竹篾等编制的尖顶竹笠，乡下人劳作时起防晒和挡雨的作用。另外，涂过桐油的竹帽称为“油光帽”[jɐu^{21}kwɔŋ^{53}mou^{35}]（见图3–19）。还有一种没有边的竹帽称为“帽壳”[mou^{22}hɔk^{3}]，和“蓑衣”[ʃɔ^{53}ji^{53}]一起用，旧时农夫、车夫多用之。

虾姑帽 [ha^{53}kwu^{53}mou^{35}]

水上居民等基层百姓常用的一种竹制的圆头竹帽，富有水乡特色。

图3－20 虾姑帽

蓑衣 [ʃɔ^{53}ji^{53}]

用草或棕制作的雨衣，又称“雨披”[jy^{23}p^{h}ɐi^{53}]。

图3－21 竹帽和蓑衣

三　首饰及其他

头面 [tʰɐu21min22]

广州话将首饰统称为“头面”，常见的包括：耳环[ji23wan35]、耳环坠[ji23wan35ʧøy35]（耳坠子）、头簪[tʰɐu21ʧam53]（簪子）、戒指[kai33ʧi35]、手鈪[ʃɐu35ak35]、颈链[kɛŋ35lin35]（项链）、手链[ʃɐu35lin35]。

手鈪 [ʃɐu35ak35]

又称为“手髀鈪”[ʃɐu35pei33ak35]，即手镯，古代称为“扼臂”，“鈪”是民间俗字。手镯初时为男女同用，后来为女性专用。广府地区手镯多以金、银、玉制作。民间认为，玉镯有祛邪定惊的功效。清代妇女衣袖短，露出紧窄的衣袖，往往在手腕间戴一副甚至多副手镯，还有戴脚镯的习惯，旁边系上小铃。小孩则多戴锡镯，以图吉祥。

包头布 [pau53tʰɐu21pou33]

妇女裹在头上防晒或挡风的布块，早期在水上居民女性群体中很常见，现在已经很罕见了。

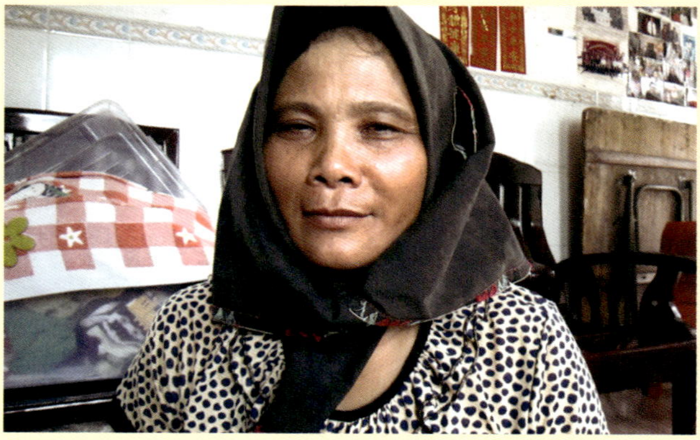

图3－22 包头布

抹额 [mut^{3}ŋak^{2}]

旧时老太婆围在额头上的布制的箍，有的镶嵌有玉石。

图3－23 抹额（女的所围）（资料图片）

朱义盛 [ʧy^{53}ji^{22}ʃeŋ^{35}]

“朱义盛”是南海人朱义盛开的一家金银首饰店号，后迁至广州状元坊。“朱义盛”的绝技是用紫铜制成首饰，然后镀金，产品工艺精美，永不褪色，几可以假乱真。由于价格便宜，“朱义盛”深受买不起真金的中下层消费者欢迎，可用以充阔。“朱义盛”后来就成为镀金首饰的代名词。广州歇后语“朱义盛戒指——冇变”比喻人或事很难改变；“朱义盛——假嘢”则指假冒伪劣商品。

孭带 [mɛ^{53}tai^{35}]

即背带，旧时用以背负婴幼儿的织物，今在广州本地人中已不常见。

图3－24 早期的孭带（资料图片）

口水肩 [hɐu^{35}ʃøy^{35}kim^{53}]

即围嘴儿，婴幼儿的围领，承接唾液或食物汁液，以免弄脏衣服。《广东俗语考》作“口水褛”[hɐu^{35}ʃøy^{35}lɐu^{53}]。

发笠 [fat^{3}lɐp^{5}]

也称为“发网”[fat^{3}mɔŋ^{23}]，旧时妇女罩在头上防止发乱。

领呔 [lɛŋ^{23}t^{h}ai^{53}]

即领带，“呔”是英文tie的音译俗字。

文胸 [mɐn^{21}hoŋ^{53}]

广州话雅称乳罩为“文胸”或“胸围”[hoŋ^{53}wɐi^{21}]，俗称“㞗罩”[nin^{53}ʧau^{33}]。早期妇女则私下称之为“衫仔”[ʃam^{55}ʧɐi^{35}]。

图3－25 蓄须（资料图片）

手袜 [ʃɐu^{35}mɐt^{2}]

广州话称手套为“手袜”。

蓄须 [ʧ^{h}ok^{5}ʃou^{53}]

旧俗36岁可留胡，50岁可蓄须。36岁留“二撇鸡”[ji^{22}p^{h}it^{3}kɐi^{53}]，即将上唇之须蓄成八字形，民间也谑称为“虾饺”[ha^{53}kau^{35}]或“猫须”[mau^{53}ʃou^{53}]；60岁可将上唇须卷曲成O形，再在下巴蓄长须，蓄至五六寸则称为“羊咩须”[jœŋ^{21}mɛ^{53}ʃou^{53}]，即山羊胡子（见图3–25）。稀疏的胡须，称为“师爷须”[ʃi^{53}jɛ^{21}ʃou^{53}]。连鬓胡须，称为“胡鬑须”[wu^{21}lin^{21}ʃou^{53}]。蓄须多择虎年或龙年开始，称为“虎须”或“龙须”，以示威严，忌鼠年蓄须。广州人以“甩须”[lɐt^{5}ʃou^{53}]或“老猫烧须”[lou^{23}mau^{53}ʃiu^{53}ʃou^{53}]，比喻老马失蹄。

髩[jɐm^{55}]

即额前之刘海，正字作“髧”。《广东俗语考》云：“额前所垂之旒海发也。”未婚女性多留髩，“留髩妹”[lɐu^{21}jɐm^{55}mui^{55}]或“留髩大姐”[lɐu^{21}jɐm^{55}tai^{22}ʧɛ^{35}]指未出嫁之女子。

髻 [kɐi^{33}]

旧时妇女多梳髻。辫子在脑后挽成的鬏儿称为“髻是丁”[kɐi^{33}ʃi^{22}teŋ^{53}]，俗语“揸住髻是丁”，意同揪住小辫子、抓住要害。十二三岁的少女梳“丫角髻”[a^{53}kɔk^{3}kɐi^{33}]，头两侧各有一圆形髻，亦有仅梳一侧者。年轻妇女梳“辫髻”[pin^{53}kɐi^{33}]。未婚女子梳歪在一旁的“乜髻”[mɛ^{35}kɐi^{33}]，直到结婚才改梳正式的髻。“螺髻”[lɔ^{35}kɐi^{33}]是旧时妇女梳的一种高髻。老年妇女梳的小髻则称为“阿婆髻”[a^{33}p^{h}ɔ^{21}kɐi^{33}]，又称“婆仔髻”[p^{h}ɔ^{21}ʧɐi^{35}kɐi^{33}]（见图3–26）。由于老人头发稀疏，阿婆髻多数都是假发髻，故有歇后语“阿婆髻——安嘅”，指人编造事实。时至今天，老年妇女梳髻者很少，多剪短发。

图3－26 早期老妇人的髻（图片资料）

飞发 [fei^{53}fat^{3}]

广州人称理发为“飞发”，理发店为“飞发铺”[fei^{53}fat^{3}pʰou^{35}]。不同的理发手法也有不同称谓：用理发剪推剪，称为“铲”[tʃʰan^{35}]；用推剪修理颈下的短发，称为“执发脚”[tʃɐp^{5}fat^{3}kœk^{3}]，“发脚”即鬓角，又称“滴水”[tek^{5}ʃøy^{35}]；用剪刀将头发均匀地剪疏、剪薄，称为“偷”[tʰɐu^{53}]；为头发造型，称为“恤发”[ʃøt^{5}fat^{3}]，“恤”是英文shape之音译。

开面 [hɔi^{53}min^{22}]

又称为勒面、搖面、绞面、挽面，是民间一种传统的美容术。旧时开面由“梳头嫲”[ʃɔ^{53}tʰɐu^{21}ma^{35}]手工操作，以一条坚韧的长线，用嘴咬住一头，再用两手将其扭成剪形，交叉绞动，绞去女客面上的汗毛，达到美容的目的。过去女子一般在十三四岁开始开面，平均每月做一两次，而出嫁前要特别认真地做一次。

图3－27 开面

肆·饮食起居

图4－1 广州的茶楼酒家常常座无虚席

粤菜是中国四大菜系之一，融会南北，贯通中西，自成一格。屈大均语：“计天下所有之食货，东粤几尽有之；东粤之所有食货，天下未必尽有之也。”广州古有“食在广州”之谓，清人《广州竹枝词》亦有云：“由来好食广州称，菜式家家别样矜。”粤菜包括广府菜、潮州菜、东江菜（客家菜）和海南菜。广府菜又称广州菜，包括南海、番禺、顺德、东莞、中山等地的风味，也吸收了东江菜与潮州菜的不少成分。

广州菜用料博杂，选料精细，技艺精良，善于模仿和创新，烹调方法有二三十种之多，讲究火候，菜肴注重色、香、味、形，讲究原汁原味。广州菜时令性强，讲究药食同源，注重饮食的营养保健功能。夏秋主清淡，冬春偏浓郁，因而有“五滋六味”之谓。

广州菜的特色与广州人“重食轻衣”的消费心理密不可分。这种心理有深厚的历史传统。唐人著《投荒杂录》记载：“岭南无问贫富之家，教女不以针缕织纺为功，但躬庖厨勤刀机而已。善醯醢菹者，得为大好女矣。”这种饮食态度也体现在广州话的俗语上。广州人将谋生称为“揾食”（找吃），而“辛苦揾来自在食”则意为勤劳工作，不过为求享受三餐。广州人常以此奉劝世人尽享饮食之乐趣。

广州话中与饮食相关的民俗语汇非常丰富。下面按照主食、副食、菜式、小食（含饮料）介绍广州话的各种食材或食物，以及相关俗语。再介绍广州话关于饮食活动的民俗词语，包括烹调方法、饮食场所和饮食礼俗。最后，对饮食之外的日常起居用语略作介绍。

一　主食

米 [mɐi^{23}]

广东米分为三类，至粗者称为“糙米”[tʃʰou^{33}mɐi^{23}]，而至黏者称为“糯米”[nɔ^{22}mɐi^{23}]，不黏者称为“占米”[tʃim^{53}mɐi^{23}]，即籼米。占米因米出占城（在今越南）而得名，有油占、鼠牙占、丝苗等种类，以丝苗最为广州人喜爱。占米饭质较硬，颗粒分明，形如小虾，又称为“虾仔饭”[ha^{53}tʃɐi^{35}fan^{22}]。产自北方的粳稻米，因颗粒肥短，广州人称之为“肥仔米”[fei^{21}tʃɐi^{35}mɐi^{23}]，不喜食。

米食占粤人饮食之重要的地位，故广州人吃饭最重视“米气”，也常以“米”作为“衣食”的代名词，如得益谓之“得米”，亏损谓之“倒米”，谋生则谓之“搵米路”。

煲仔饭 [pou^{55}tʃɐi^{35}fan^{22}]

又称“瓦罉饭”[ŋa^{23}tʃʰaŋ^{55}fan^{22}]，即用小沙煲或瓦罉炆熟的饭，是广州传统的煮饭方式。煲仔饭的做法如下：先将米洗净放在小砂锅内，二三两至半斤不等，水适量，煮至白饭半熟时，再加猪油煲成。如在饭面加上肉类（如田鸡、滑鸡、排骨、腊肠等），与味粉、猪油拌均匀，则称之为“味饭”[mei^{22}fan^{22}]。

广州旧称煲仔饭的饭面为“沙面”[ʃa^{53}min^{35}]，锅贴饭焦为“沙底”[ʃa^{53}tɐi^{35}]，吃煲仔饭称为“问沙”[mɐn^{22}ʃa^{53}]。从前“沙底”广受食客欢迎，以茶水泡之，称为“湿沙”[ʃɐp^{5}ʃa^{53}]；以小碟盛之，附以卤汁蘸食，称为“干沙”[kɔn^{53}ʃa^{53}]。通常汤泡“沙底”是免费的，加上牛肉或鱼片则须另付。此习今已罕见。

图4－2 腊味煲仔饭

粥 [tʃok^{5}]

广州人喜欢喝粥，认为喝粥有益健康，故有“朝朝一碗粥，饿死医生一屋”之说。广州粥品种类繁多。一般来说，冬春和午晚的粥偏稠，夏秋和早上的粥偏稀。煲粥必须使用瓦罉或专门的粥煲，比一般的煲要高，广州人称为“企身煲”[k^{h}ei^{23}ʃɐn^{55}pou^{55}]。

广州粥大致可分为“白粥”[pak^{2}tʃok^{5}]和“味粥”[mei^{22}tʃok^{5}]两种。白粥一般与白果（银杏）同煮，先用武火煲滚，再以文火煲烂，直至米水交融，白如牛奶，故又称为“牛奶白粥”。白粥柔腻香滑，有治疗脾虚的药效。白粥一般配上油器或炒粉同食。

味粥是鱼粥和肉粥的通称。味粥粥底以猪骨最常见。煲猪骨粥时，须先将骨头敲断，载于布包，并吊在煲中煲，再将米、腐竹、皮蛋一同下煲，煲烂后加入佐料，如姜葱、生抽、麻油、料酒、胡椒粉。此时如再放入各种肉类，则称为“生滚粥”[ʃaŋ^{53}kwɐn^{35}tʃok^{5}]，常见有鱼片粥（见图4–3）、猪红粥、牛肉粥、及第粥、艇仔粥等。皮蛋瘦肉粥、柴鱼花生粥、菜干猪骨粥等无须生滚的粥品，则称为“小料味粥”[ʃiu^{35}liu^{22}mei^{22}tʃok^{5}]。

图4－3 鱼片粥

广州人十分重视粥品的保健功效，有以扁豆、薏米、灯芯花、木棉花、土茯苓等煲成的“去湿粥”[høy^{33}ʃɐp^{5}tʃok^{5}]，以瘦肉、猪肚、皮蛋、蚝豉、白果、马蹄、竹蔗、红萝卜等煲成的“坠火粥”[tʃøy^{22}fɔ^{35}tʃok^{5}]。两者皆有清热降火、健脾开胃之效。

艇仔粥 [t^{h}ɛŋ^{23}tʃɐi^{35}tʃok^{5}]

艇仔粥起源于荔枝湾一带的艇家，以河鲜配制，随叫随煮，供游客食用（见图4–4）。后来供应范围扩展到珠江沿岸各码头和艇家，陆上茶楼酒家也纷纷仿制。艇仔粥以鲜虾、鱼片为主料，佐以海蜇丝、鱿鱼、鱼饼、浮皮、炒花生、炸粉丝、碎油条等，以生油、姜葱、香油作为调料，味道鲜美，口感清润。

图4－4 荔枝湾卖艇仔粥的艇仔

图4－5 艇仔粥

及第粥 [kʰɐp^{2}tɐi^{35}ʧok^{5}]

图4-6 及第粥

全称为“三元及第粥”。“三元”是科举殿试前三名，即状元、榜眼、探花。传说广东状元林召棠中状元之前，最喜欢吃肉丸、牛膀、猪粉肠做成的粥品，中举后便将其命名为“及第粥”：“肉丸”的“丸”与“状元”的“元”谐音；牛膀（现改为猪肝），即牛脾，广州话“膀”与“榜”音近，用以比喻榜眼；猪粉肠原应是腰花，故谐音“探花”。及第粥今以西关伍湛记为正宗。

潮州粥 [ʧʰiu^{21}ʧɐu^{53}ʧok^{5}]

潮州粥分为白饭泡粥和砂锅粥两类。与广州粥不同，潮州粥通常偏黏稠，而米粒较硬、不太烂，常以潮州咸菜、菜脯（即腌萝卜干）佐食。广州话有俗语：“潮州佬煲粥——呢镬‘杰’嘅。”广州话的“杰”[kit^{2}]指浓稠，也指事态严重，等于说“这回麻烦大了”。

沙河粉 [ʃa^{53}hɔ^{21}fɐn^{35}]

简称“河粉”或“河”[hɔ^{35}]，以米粉浆蒸制，呈条状，薄而透明，韧而爽滑，可拌、可炒、可汤。沙河粉因起源于广州白云山下的沙河镇而得名。传统沙河粉选用白云山山泉水和隔季优质米精制而成，新米起胶、有黏性，不宜制作沙河粉。

“干炒牛河”[kɔn^{53}ʧʰau^{35}ŋɐu^{21}hɔ^{35}]是沙河粉最常见的做法：先把嫩牛肉炒至半熟，然后下油炒芽菜、葱头，再下河粉快炒，加入酱油及熟油，最后放入牛肉炒匀（见图4–7）。食用时可佐以桂林辣椒酱。干炒沙河粉特别讲究火候，不能加水，否则就会将粉炒碎，油量也须加以控制。此外，炒牛河还可以加入茨汁，称为“湿炒”[ʃɐp^{5}ʧʰau^{35}]。沙河粉亦可以麻酱、白糖蘸食。近年还出现了不少加入各色菜汁而口味多变的新型河粉。

图4－7 干炒牛河

濑粉 [lai^{22}fɐn^{35}]

瀨粉呈圆条状，短粗如小指。早期是把稠米浆放在特别的壶里，在沸水上方慢慢地倾倒，米浆在空中成细线状，入水即热而成粉条，故名。因不易掌握，后来制作濑粉是先将水烧开，放进米粉煮熟，拌以生粉，用力搓匀，滚成圆柱状的粉团。待水煮沸后，将粉槽架于锅上，两头垫以长凳，把搓好的粉团置于槽孔，塞上木塞，然后将木杠一端穿入粉槽的榨孔中，另一端用力往下挤，粉条就从粉槽底部的小孔钻出，下至锅中，入水即煮熟。煮熟后，将濑粉捞起放入冷水中冲洗，再以开水烫后，兑入上汤，拌以各种调料食用。

图4－8 濑粉

猪肠粉 [tʃy^{53}tʃ^{h}œŋ^{21}fɐn^{35}]

简称“肠粉”[tʃ^{h}œŋ^{35}fɐn^{35}]或“卷粉”[kyn^{35}fɐn^{35}]，又称为“拉肠”[lai^{53}tʃ^{h}œŋ^{35}]或“布拉肠”[pou^{33}lai^{53}tʃ^{h}œŋ^{35}]。制作肠粉时，先将米浆置于特制的多层蒸笼中，用屉布垫在下面，逐张蒸成薄皮，再分别放上肉片或虾仁，加上少许韭黄，蒸熟后再将屉布拉掉，配以熟油、豉油、炒芝麻等食用。肠粉色泽美观，鲜滑可口，有牛肉肠、猪肉肠、鲜虾肠等品种。另有一种为食品厂所制，较厚，食用时先以剪刀斜剪上碟，再撒上炒香的芝麻，加入生抽、熟油食用（见图4–10）。猪肠粉搭配多样，可加入辣椒酱、芝麻酱、甜酱，成为“三酱猪肠粉”。

图4－9 肠粉

图4－10 较厚的肠粉

陈村粉 [tʃ^{h}ɐn^{21}tʃ^{h}yn^{53}fɐn^{35}]

产自顺德陈村，故名。陈村粉是一种宽条米粉，由竹笪蒸成。由于竹笪密度较疏，米浆倒在竹笪上，流出水分较多，故陈村粉的粉片较薄，口感嫩滑。陈村粉有多种吃法，以排骨、豉汁蒸陈村粉最为常见。

图4－11 陈村粉

云吞面 [wɐn^{21}t^{h}ɐn^{53}min^{22}]

“馄饨”系“云吞”的正字。因煮熟的云吞形似一朵盛开的芙蓉，故又称为“细蓉”[ʃɐi^{33}joŋ^{35}]（亦有云“细蓉”系“细用”的一音之转，与“大用”相对，即小号规格制作的云吞）。据《广东俗语考》称：“屑米面为末，空中裹肉，类弹丸形，笼蒸啖之，按今以汤煮之。”旧时，广州以挑担售卖的“池记”云吞面最为闻名（见图4–12）。

图4－12 旧时的池记云吞面担

传统规格的云吞，以猪后腿肉为馅料，肥瘦比例三七分。切肉时要将肥肉切成石榴仁状，经过腌制，再加上虾仁、蛋黄及调味料和匀，有时还加入鲜笋。云吞皮宜薄，使包起来的云吞略有皱纹（见图4–13），煮熟呈肉色，即煮即食，称为“玻璃云吞”。

广州人习惯云吞与面同食。云吞面所选用“全蛋银丝细面”，呈金黄色，细而带韧。云吞面汤须有虾子和“大地鱼”[tai^{22}tei^{22}jy^{35}]（比目鱼，见图4–15），其中大地鱼还须先用火焙去腥味。煲汤时要用慢火，不加盖，以去除杂质。面汤须清而滚，而且火候恰到好处，方使面条有弹性。食用云吞面时，可加少许韭黄在碗底，以加强汤面的清香。云吞还有“炸云吞”的做法。

图4－13 包好的云吞

图4－14 云吞面

图4－15 市场上的大地鱼

伊面 [ji^{53}min^{22}]

即伊府面，据说为清代惠州知府、书法家伊秉绶家厨所传，故名。伊面是一种油炸过的面条：先将面条放在滚水中加热，再滤干水分放在滚油中炸，至面身均匀变硬为止，再做成饼状（见图4–16）。煮食时多与其他作料同炆，也可炒食或煮成汤面。伊面往往作为“长寿面”出现在寿宴中。

图4－16 未经加工的伊面面饼

二　副食

三鸟 [ʃam^{53}niu^{23}]

即鸡、鸭、鹅的总称。广州人认为，“鹅掌鸭头鸡翼尖”是三鸟最好吃的部位：鹅掌的皮肉厚，鸭头骨薄而软，鸡翅尖端的部分皮嫩滑。广州人也将“鹅头鸭颈”并举，认为两者肉质最为丰厚。此外，广州人还有“生鸡熟鸭”之说，认为鸡肉在鸡骨还见血的时候吃为佳，过熟则不滑，而鸭肉则要熟透才好吃。

三鸟与水产的肉统称为“白肉”[pak^{2}jok^{2}]，与家畜、野味的“红肉”[hoŋ^{21}jok^{2}]相对。对于鸡而言，“白肉”特指鸡胸肉，较有鸡味；“红肉”则指鸡腿肉，较为嫩滑，两者各有所好。

扶翅 [fu^{21}ʧʰi^{35}]

即三鸟的心、胃、肝的总称，酒家多称“胗肝”[ʧɐn^{53}kɔn^{53}]，民间多称“扶翅”。扶翅原为“脾析”或“膍胵”，即反刍动物的胃，俗称“百叶”。《广雅·释器》记载：“百叶谓之膍胵。”今天广州人也将牛的瓣胃称为“牛百叶”[ŋɐu^{21}pak^{3}jip^{2}]。

鸡 [kɐi^{53}]

粤菜有“无鸡不成宴”的说法。广州人以鸡为上品，凡宴会均以鸡起首。如贵客临门，主人不杀鸡招待，便是失敬。喜宴上，不可随便食“三点金”，即鸡头、鸡锥（鸡尾，又称“鸡牡丹”[kɐi^{53}mau^{23}tan^{53}]）、鸡翼尖（又称“华袖”[wa^{21}ʧɐu^{22}]）。席上须先将鸡头敬予贵宾，再将鸡锥敬予长者，因此部肥嫩肉丰，最适老人食用。

广州人吃鸡以“鸡项”[kɐi^{53}hɔŋ^{35}]和“骟鸡”[ʃin^{33}kɐi^{53}]居多。“鸡项”即尚未下蛋的小母鸡，“骟鸡”即阉鸡（去势的公鸡）。未去势的公鸡称为“生鸡”[ʃaŋ^{53}kɐi^{53}]，较少人食用。在品种方面，广州人喜食农家落地放养的“走地鸡”[ʧɐu^{35}tei^{22}kɐi^{53}]，以清远麻黄鸡最受食客欢迎。至于舶来的“大种鸡”[tai^{22}ʧoŋ^{35}kɐi^{53}]，体形特别大，然广州人不喜食。

不仅广州人喜欢吃鸡，甚至连广州的神灵也“喜欢吃鸡”。鸡是拜神贡品的主角，如因故缺鸡，便须禀神致歉，以免神灵责怪，故以“拜神唔见鸡”形容人自言自语、喋喋不休。

乳鸽 [jy^{23}kap^{3}]

即未长毛的幼鸽，食用方式多采用红烧或卤制。广州市面供应的食用乳鸽，主要产自中山石岐。

图4－17 红烧乳鸽

杂 [ʧap^{2}]

广州人称禽畜的内脏为“杂”。“上杂”[ʃœŋ^{23}ʧap^{2}]指禽畜的肝、心、肾等，为杂碎中较上乘的部分，又称为“上水”[ʃœŋ^{23}ʃøy^{35}]或“上碎”[ʃœŋ^{23}ʃøy^{33}]。反之，禽畜肉类中品质较次的部分，则称为“下水”[ha^{33}ʃøy^{35}]或“下栏”[ha^{33}lan^{21}]。下栏常常卖出作为饭店厨师的外快，故亦成小费的代称。“牛杂”[ŋɐu^{21}ʧap^{2}]与“牛三星”[ŋɐu^{21}ʃam^{53}ʃeŋ^{53}]（牛心、牛肚、牛腰）是广州人常见的小食（图4–18），摆卖牛杂的摊档随处可见。

牛腩 [ŋɐu^{21}nam^{23}]

即牛腹部下侧肉，筋多，宜以柱侯酱炖食，也可配搭面条、河粉或米饭。牛腩主要分为“坑腩”[haŋ^{53}nam^{23}]和“白腩”[pak^{2}nam^{23}]（即筋腩），坑腩是牛胸前八支骨的腩肉，味道最浓，面积最大，主要用于熬汤；而白腩的瘦肉较少，肉质滑。萝卜牛腩是广州人常见的小食（见图4–19）。炖制牛腩而成的汁液称为“腩汁”[nam^{23}ʧɐp^{5}]，可用作调料。

图4－18 萝卜牛杂

图4－19 萝卜牛腩

野味 [jɛ^{23}mei^{35}]

广州人所说的“野味”，指三牲、三鸟以外的各种野生动物，亦包括猫狗。广州人喜食野味由来已久，南宋便有广州人“不问鸟兽虫蛇，无不食之”的记载。然而近年由于生态失衡，尤其是2003年“非典”流行期间，野味被视为病毒传播的主要来源，野味的食用引起了广泛争议，多种野味被禁售，广州食野味之风有所减退。

图4－20 浸蛇酒

蛇 [ʃɛ^{21}]

广州人食用蛇虫，是从越族先民遗传下来的一种饮食习惯。《淮南子》记载“越人得蚺蛇以为上肴，中国人得而弃之”。明朝李时珍所著的《本草纲目》亦说“南人嗜蛇”。然而，近代的食蛇习惯从清末民初才开始普遍起来。

广州人食用的蛇多为毒蛇（肉无毒），营养丰富，有驱风祛湿的功效。食用蛇主要有“三蛇”与“五蛇”两种，具体所指说法不一：传统“三蛇”指“饭铲头”[fan^{22}ʧʰan^{35}tʰɐu^{21}]（眼镜蛇）、“金脚带”[kɐm^{53}kœk^{3}tai^{33}]（金环蛇）、“过树榕”[kwɔ^{33}ʃy^{22}joŋ^{21}]（眼镜蛇王）三种毒蛇，“五蛇”则加上三索线与银环蛇。食蛇最好在秋冬时节，因正值蛇类肥壮之时，可以滋补身体，故云“秋风起，三蛇肥”。除吃蛇外，广州人也用蛇制作蛇胆末或浸酒入药（见图4–20）。

坊间对食蛇、烹蛇场地特别讲究，一般要在露天空旷之处，传说为防止蜈蚣撒尿到蛇羹中去，防止中毒。吃完蛇肉以后，要将蛇骨小心地埋好，因为蛇骨很硬，不容易腐烂，民间传说踩着蛇骨会导致麻风病。

海鲜 [hɔi^{35}ʃin^{53}]

广州人所说的“海鲜”，是所有新鲜水产品的统称，包括普通话所指的“河鲜”与“海鲜”（见图4–21）。广州人对水产品讲究鲜活由来已久，以清蒸为主，故有“游水海鲜”或“生猛海鲜”之说。餐桌上广州人上海鲜的次序也有讲究，往往以白灼虾起首，以螃蟹包尾。

图4－21 酒楼食肆中的生猛海鲜

图4－22 市场上的各种海味

海味 [hɔi^{35}mei^{35}]

广州人所说的“海味”，是海产干货的统称，如鲍鱼、海参、鱼翅、“鱼肚”[jy^{21}tʰou^{23}]（鱼鳔干制而成）、“蚝豉”[hou^{21}ʃi^{22}]（干牡蛎肉）、江瑶柱等，有时还包括燕窝。广州话常将前四者并称为“鲍参翅肚”，或将燕窝与鱼翅、鲍鱼并称为“燕翅鲍”，作为名贵海味的代名词。

鱼 [jy^{35}]

广州人食用的鱼类常有："鲩鱼"[wan^{23}jy^{35}]（草鱼）、"生鱼"[ʃaŋ^{53}jy^{35}]（鳢鱼，又称黑鱼）、"大头鱼"[tai^{22}tʰɐu^{21}jy^{35}]（鳙鱼，广州人喜食其"鱼头云"[jy^{21}tʰɐu^{21}wɐn^{35}]，即鱼头里脑髓等部分）、"塘虱"[tʰɔŋ^{21}ʃɐt^{5}]（鲶鱼）、"桂鱼"（鳜鱼）、鲫鱼、边鱼、鲮鱼、鲥鱼、鲈鱼等。

广州人有一套食鱼经，海鱼有"第一鲳，第二魟，第三马鲛郎"之说，而淡水鱼则以"大鱼头，鲩鱼尾，塘虱（胡子鲶）中间蛤乸（田鸡）髀"为上，又云"黄白二花，味胜南嘉"。吃鱼的节令也有讲究：鲚鱼和鲈鱼最肥美的季节分别是冬天与夏天，故称为"寒鲚热鲈"（见图4–23）；广州人又有"春边秋鲤夏三黎"之说，即春天边鱼最嫩滑，夏天鲥鱼最鲜美，秋天鲤鱼最肥美。

图4－23 清蒸鲈鱼

广州人吃鱼一般整条入席，吃完头半边后忌将整条鱼翻过来，因旧时渔民认为翻鱼等于翻船，故不得不翻转鱼身时要呼"齐心协力"，或改"翻"为"顺"。吃鱼时应首先请客人从鱼腩开始下筷，因其肉丰、刺少、嫩滑，然后再吃鱼头鱼尾。逢年过节必须吃鱼，而且留一部分"笮年"[ʧak^{3}nin^{21}]（压岁），喻"年年有余"。

土鲮鱼 [tʰou^{35}lɛŋ^{21}jy^{35}]

即鲮鱼的俗称，又名青鲮，是一种淡水鱼，骨多而味鲜。广州人多以之制作为罐头或鱼丸、鱼饼（见图4–24）。旧时珠三角一带的"自梳佣"，大多年轻貌美，男主人时常意图染指，但有碍于俗禁而有所顾忌。"青鲮"与"青靓"谐音，故有歇后语"土鲮鱼——青靓白净，味好骨多"，指年轻女佣被娶为妾侍者。

图4－24 鲮鱼球

鸡泡鱼 [kɐi^{53}p^{h}ou^{23}jy^{35}]

即河豚，也称为“泡哥鱼”[p^{h}ou^{23}kɔ^{53}jy^{35}]，味道鲜美，但体内含有一种耐酸耐高温的毒素，分布在肝脏、血液、皮肤和生殖腺内，不善割烹便会中毒致命。广州旧俗仲秋时节食河豚。广州俗语“拼死食河豚”比喻机遇难逢，须拼力一搏。

生鱼 [ʃaŋ^{53}jy^{35}]

即黑鱼，学名乌鳢，性情凶猛，会攻击捕食其他鱼类（见图4–25）。生鱼本系淡水养殖业的一种害鱼，然而味道鲜甜，且有术后助伤口愈合之功效，故为广州人所好，用以炒鱼块、煮粥、熬汤。

民间传说，生鱼群中隐藏着“化骨龙”，是一种怪物，误食则会骨化形销，化成一摊血水。因此，将生鱼买回来，首先就要识别和剔除“化骨龙”，办法是将生鱼用力摔在地面上。如果是“化骨龙”，它立刻就会显露出四条腿，否则就无此现象，广州话称之为“挞生鱼”。“挞生鱼”今日多比喻摔跟头，而“化骨龙”亦常常用来谑称令父母大伤脑筋的儿女，也比喻饭量很大的小孩。

图4 – 25 生鱼

泮塘五秀 [pun^{33}t^{h}ɔŋ^{35}ŋ̍^{23}ʃɐu^{33}]

指莲藕、马蹄（荸荠）、菱角、茭笋、慈姑，为粤菜原料，盛产于西关泮塘一带。莲藕脆而多粉，纤维素少，可生吃亦可熟食，又加工成干粉或蜜饯；马蹄皮色黑褐，肉质洁白，主要用于加工马蹄粉或制罐头（见图4–26）；菱角白色脆嫩，可以加工成菱粉；茭笋肉质雪白，营养丰富；慈姑皮肉均白，质地坚实。然而，目前由于城市扩展征用土地，真正的“泮塘五秀”目前产量极少，几近绝迹。

图4 – 26 产自泮塘的马蹄粉

西洋菜 [ʃɐi^{53}jœŋ^{21}ʧʰɔi^{33}]

西洋菜来自欧洲，正名为“豆瓣菜”，又称凉菜。粤港一带的西洋菜从澳门移植，而澳门的西洋菜则来自于葡萄牙，故名。香港有“西洋菜街”，即为西洋菜田故地。民间惯用西洋菜煲蜜枣、生鱼，有清热、润肺、止咳的功效，多在秋冬季节饮用。西洋菜亦可炒可煮，也可与蜜糖冲调饮料，即“西洋菜蜜”[ʃɐi^{53}jœŋ^{21}ʧʰɔi^{33}mɐt^{2}]（见图4–27）。

图4－27 西洋菜

大头菜 [tai^{22}tʰɐu^{21}ʧʰɔi^{33}]

是一年或二年生蔬菜植物，是芥菜的一种，学名芜菁或蔓菁，花黄、叶大、根扁圆，叶和根都可供食用，腌制后可作下饭咸菜，称为“冲菜”[ʧʰoŋ^{53}ʧʰɔi^{33}]。

因大头菜外表又圆又大，性燥，又常以五香粉腌制，多吃会使人发梦，故以“食得大头菜多”谑称人头脑虽大却整天异想天开，发白日梦。种坏的大头菜肉中带有硬梗，纤维粗硬，口感似骨，因“种”与“纵”粤音相同，故以“生骨大头菜——种（纵）坏”比喻父母放纵惯坏子女。

生油 [ʃaŋ^{53}jɐu^{21}]

广州人称花生油为“生油”，又特指未经加工的食用油。“生油”与“熟油”相对，后者指经过熟加工的食用油，可以直接食用。

图4－28 生抽

图4－29 老抽

图4－30 旧时用于打酱油的容器

豉油 [ʃi^{22}jɐu^{21}]

广州人称酱油为“豉油”或“抽油”[ʧʰɐu^{53}jɐu^{21}]，其原料主要有大豆、小麦和面粉，分为“生抽”[ʃaŋ^{53}ʧʰɐu^{53}]与“老抽”[lou^{23}ʧʰɐu^{53}]两种。生抽即浅色酱油，又称为“抽油”[ʧʰɐu^{53}jɐu^{21}]，色淡味浓，有酱香与酯香，主要用于调味或蘸用（见图4–28）；老抽颜色较深，色浓味淡，略带甜，主要用于调色、腌制或红烧食品（见图4–29）。从前人们常到专门卖酱料的“咸杂铺”[ham^{21}ʧap^{2}pʰou^{33}]里打酱油，此习今已罕见（见图4–30）。

蚝油 [hou^{21}jɐu^{21}]

蚝油由蚝（即牡蛎）的鲜汁液浓缩过滤，加入适量食盐、食糖、淀粉等配制而成，色泽黑褐，具有浓郁蚝香。蚝油忌高温蒸煮，否则就会失去特有香味。蚝油常用于拌粉面、菜胆、肉类食用。

卤水 [lou^{23}ʃøy^{35}]

广州的卤水由花生油、爆姜、葱、生抽、绍酒、白糖，加上盛有八角、桂皮、甘草、草果、丁香、沙姜粉、陈皮、罗汉果等香料和药材的布袋，置于卤水盆煮制而成。卤水常用于腌制肞肝、猪脚、猪肚等食品。

喼汁 [kip^{5}ʧɐp^{5}]

喼汁以姜、葱、蒜、糖、盐、醋、香料等制成，味酸甜而带咸，能够助消化，多用以蘸脆炸食品，以减轻其干硬程度。

图4－31 蚝油

图4－32 卤水汁

图4－33 喼汁

图4－34 柱侯酱

图4－35 虾酱

柱侯酱 [tʃʰy^{23}hɐu^{21}tʃœŋ^{33}]

广东佛山特产的一种调味酱，由佛山厨师梁柱侯发明。柱侯酱以上好的黄豆、面粉为原料，经过曲、晒，再在酱胚中加入炒香的芝麻酱，外配盐、白糖、生油、猪油和绍酒等制作而成。柱侯酱可以调制一系列食品，如柱侯鸭、柱侯牛腩等。

虾酱 [ha^{53}tʃœŋ^{33}]

又称为“虾膏”[ha^{53}kou^{53}]或“咸虾”[ham^{21}ha^{53}]，香山特产。虾酱的制作方法：将银虾仔与粗盐混合，倒在沙盆里，用手或工具搓磨成泥，加少许盐粒搅拌，用盖子盖好，隔夜后，将其放在太阳下晒数日，反复搅拌，再装入瓦坛腌一段时间，成为紫红色的稠酱，柔滑甘香。另外，用生蚬肉制成的稠酱则称为“蚬芥”[hin^{35}kai^{33}]，常与虾酱并称。

生粉 [ʃaŋ^{53}fɐn^{35}]

作为调料的淀粉的统称，包括芡粉、菱粉、豆粉、甘薯粉、大薯粉等，多用于打芡。

豆豉 [tɐu^{22}ʃi^{22}]

以黑豆制成，可做菜肴配料，以本省阳江所产最为闻名。“豉汁”[ʃi^{22}tʃɐp^{5}]即将豆豉捣烂，加上糖、油、芡粉调和而成，可用于调制多种食品。广州人将豆瓣酱称为“面豉[min^{22}ʃi^{35}]”。

图4－36 阳江豆豉

腐乳 [fu^{22}jy^{35}]

广州的腐乳色泽金黄，质地滑腻，常常外加辣椒，味道鲜美。广州人喜欢将腐乳与椒丝拌炒青菜。广州还有一种红色的酱豆腐，比腐乳大，味咸，称为“南乳”[nam^{21}jy^{23}]，其基本原料为芋头。

陈皮 [ʧʰɐn^{21}pʰei^{21}]

即晒干之柑皮，多为本省新会所产。广州谚语云：“广东三件宝，陈皮、老姜、禾秆草。”陈皮居于首位。陈皮常用作药材或调味，亦有腌制即食者，称之为“九制陈皮”。陈皮贮藏年份越久则价值越高。

图4－37 陈皮

榄角 [lam^{35}kɔk^{35}]

又称为“榄豉”[lam^{35}ʃi^{22}]，以生乌榄去核后，压扁切成两半腌制而成，因呈三角形而得名，可作小菜或菜肴配料，如蒸鱼蒸肉等。乌榄核斩开两半，还可作燃料，称为“榄核钉”[lam^{35}wɐt^{2}tɛŋ^{53}]。

图4－38 酸藠头

五柳料 [ŋ̍^{23}lɐu^{23}liu^{35}]

一种酸甜配料，包括瓜英（即用糖腌制的木瓜丝、黄瓜丝）、锦菜、酸姜、苏姜、“酸藠头”[ʃyn^{53}kʰiu^{35}tʰɐu^{21}]（薤菜根部，见图4–38）五种甜味泡菜，可用以煎鱼或煎蛋等。

生果 [ʃaŋ^{53}kwɔ^{35}]

广州人称水果为“生果”，因以生食为主，故名。岭南地区水果品种众多，四时不绝，古有“岭南之俗，食香衣果”之说。广州著名的水果有甘蔗、枇杷、柑橘、杨梅、荔枝、石榴、龙眼、香蕉、菠萝、黄皮、柚子、菠萝蜜等品种，其中荔枝、柑橘、香蕉、菠萝被誉为“岭南四大佳果”。

蔗 [ʧɛ^{33}]

广州的蔗主要用于制糖，也可以直接食用，后者称为“果蔗”[kwɔ^{35}ʧɛ^{33}]。常见的蔗有“白蔗”[pak^{2}ʧɛ^{33}]，又称“青皮蔗”[ʧ^{h}ɛŋ^{53}p^{h}ei^{21}ʧɛ^{33}]、“脆皮蔗”[ʧ^{h}øy^{33}p^{h}ei^{21}ʧɛ^{33}]或“肉蔗”[jok^{2}ʧɛ^{33}]，皮薄肉脆；有“黑蔗”，即紫皮甘蔗，又称“铁蔗”[t^{h}it^{3}ʧɛ^{33}]；有“竹蔗”[ʧok^{5}ʧɛ^{33}]，可以与茅根榨汁制成蔗水，有清热祛湿之功效。因甘蔗根部最甜，故有云“蔗冇两头甜”，比喻人的本事或能耐受到客观条件限制。

过年前，广州人会买一两根完整、带叶的甘蔗回家，待年后食用，寓意“节节高升”，称为“窄年蔗”[ʧak^{3}nin^{21}ʧɛ^{33}]。广州话俗语“卖剩蔗”指顾客挑剩的、卖到最后的甘蔗，泛指没有人选择、剩下来的人或事物。

烟 [jin^{53}]

广州人旧称鸦片烟为“大烟”[tai^{22}jin^{53}]，称雪茄烟为“吕宋烟”[løy^{23}ʃoŋ^{33}jin^{53}]，而称香烟为“烟仔”[jin^{53}ʧɐi^{35}]。自制的纸烟，因将烟卷成铁钉状而称为“针唛”[ʧɐm^{53}mɐk^{5}]或“棺材钉”[kwun^{53}ʧ^{h}ɔi^{21}tɛŋ^{53}]，熟烟烟丝亦称为“大头熟”[tai^{22}t^{h}ɐu^{21}ʃok^{2}]或“大头钉”[tai^{22}t^{h}ɐu^{21}tɛŋ^{53}]。

酒 [ʧɐu^{35}]

广东米酒多以红米为原料，度数较低。广州人最喜饮“双蒸”[ʃœŋ^{53}ʧeŋ^{53}]，又称为“孖蒸”[ma^{53}ʧeŋ^{53}]，即经过两次蒸馏的烧酒。舶来的啤酒同样深受广州人欢迎。据说啤酒具有清热降火的药效，类似广东人常饮的凉茶，故谑称之为“番鬼凉茶”[fan^{53}kwɐi^{35}lœŋ^{21}ʧ^{h}a^{21}]。

三 菜式

餸 [ʃoŋ^{33}]

因菜用来送饭送酒，故称为“送”，俗字写为“餸”。“餸”是菜肴的总称，概指家常便饭中的菜肴。

白切鸡 [pak^{2}ʧʰit^{3}kɐi^{53}]

原名“白斩鸡”[pak^{2}ʧam^{35}kɐi^{53}]，因“斩”字过险，改称“白切鸡”。白切鸡鲜嫩、软滑而保持原味，是广州大小筵席最常见的菜式之一。

白切鸡使用本地产的小母鸡或阉鸡作为原料，先将鸡宰杀后原只去内脏，在微沸水中浸十来分钟，中间须将鸡提出两次，在水中冷却，然后在表皮涂抹熟花生油。食用时斩件，以姜蓉、油盐、葱白、芫茜、生抽、麻油为佐料。白切鸡讲究火候，以鸡骨仍带鲜红血色、保持鸡身原味为佳，绝不能过火。

图4－39 白切鸡

东江盐焗鸡 [toŋ^{53}kɔŋ^{53}jim^{21}kok^{2}kɐi^{53}]

盐焗鸡来自东江流域的惠阳，有三百多年历史。时因厨工防止鸡肉变味，将其埋藏在盐场内，盐份经过暴晒后将鸡肉焖熟，后为各餐馆所仿制。

图4－40 东江盐焗鸡

盐焗鸡的做法：先将鸡洗净，然后用精盐七分均匀地抹在鸡腔内，加入姜、葱、八角末，用砂纸包好，再包一层刷有油的砂纸，埋入炒得滚烫的粗盐中将鸡密封焗熟。将鸡取出后撕肉拆骨，加入味汁拌匀后，佐以沙姜油盐食用。盐焗鸡特点是皮脆、肉滑、骨香、味浓。

文昌鸡 [mɐn^{21}ʧ^{h}œŋ^{53}kɐi^{53}]

“文昌鸡”为广州酒家名师梁瑞创制于20世纪40年代，得名于其产地海南文昌。“文昌鸡”身大、皮薄、肉丰、骨硬，故须先将鸡浸熟，晾干后去骨起肉，斜切成廿四块“日”字形，与金华火腿片、胗肝相夹，以麻油、猪油为芡，拼成“麒麟形”上碟。“文昌鸡”清淡鲜美，与东山羊、嘉积鸭并称为“海南三宝”。

清平鸡 [ʧ^{h}eŋ^{53}p^{h}eŋ^{21}kɐi^{53}]

“清平鸡”由原清平饭店厨师邵干、王源1980年发明，它既有白切鸡皮爽肉滑、原汁原味的特点，又有卤水油鸡骨香味浓的风味，被誉为“广州第一鸡”。“清平鸡”以清远麻鸡作为原料，制法和白切鸡大致相同，但不用汤或开水煮，而是先将鸡用沸白卤水浸熟，再在冻白卤水过冷制成，使卤水中的味道自然渗入，风味浓厚。

太爷鸡 [t^{h}ai^{33}jɛ^{21}kɐi^{53}]

“太爷鸡”相传为清末新会县知县周桂生创制，因知县俗称“县太爷”，故名。“太爷鸡”将苏州的熏法和广东的卤法相结合，先用精卤水浸熟“鸡项”（小母鸡），然后用中火将水仙茶叶炒热，加上蜜糖搅拌，直至起黄烟，然后将鸡架在镬里盖好，熏五分钟后斩件上碟，砌成鸡形，以精卤水、上汤、麻油作芡。“太爷鸡”表面油光滑亮，色泽枣红，肉嫩香醇，带有茶叶的清香，故又名“茶香鸡”。

烧鹅 [ʃiu^{53}ŋɔ^{35}]

又称“火鹅”[fɔ^{35}ŋɔ^{35}]，是广州传统烧烤肉食。烧鹅以清远黑鬃鹅为佳，须先去其

图4－41 烧鹅

图4－42 太史蛇羹

翼、脚、内脏，然后整鹅经吹气、涂五香料、缝肚、滚水烫皮、过冷水、糖水匀皮、晾风等步骤腌制，再挂在烤炉里明火上烤，最后斩件上碟，色泽金红，味香可口。烧鸭除无须吹气外，过程与烧鹅相若。

蛇羹 [ʃɛ^{21}kɐŋ^{53}]

蛇羹以清末广州河南“太史第”江孔殷所创的最为闻名，故又称为“太史蛇羹”[tʰai^{33}ʃi^{35}ʃɛ^{21}kɐŋ^{53}]。“蛇羹”主要用生姜、陈皮、桂圆肉、竹蔗水、绍酒等配料煨熟蛇肉丝，加上马蹄粉制成，也可加上香菇、木耳、马蹄、鸡丝、肉丝、肚丝、火腿丝、鲍鱼、海参以及各种中药材。

龙虎斗 [loŋ^{21}fu^{35}tɐu^{33}]

“龙虎斗”以三蛇肉，配以“鸡项”（小母鸡）、“老猫”（嫩猫肉太孱，不能食用，亦有代以果子狸）精心烩制而成。首先将三蛇的“蛇壳”（蛇去皮及头尾，内脏后的部分）洗净，而后放在汤罉煲熟，取出拆肉；猫肉另煲，然后将蛇、猫切成细丝，用姜、葱、精盐、绍酒煨好，之后将原料和蛇汤一同入罉，煲滚后加上麻油，用马蹄粉打芡，最后加包尾油，食用时以薄脆、柠檬叶丝、菊花瓣为佐料。“龙虎斗”因主料是蛇、猫而得名，后人又从中加入鸡肉而成“龙虎凤大会”。“龙虎凤大会”与“炆狗”、“焗雀”并称为“粤菜三绝”（亦有以炖禾虫代替焗雀）。

炆狗 [mɐn^{53}kɐu^{35}]

广州人又将狗肉称为“三六香肉”[ʃam^{53}lok^{2}hœŋ^{53}jok^{2}]。古代广州风俗，夏至日杀狗祭四门，并食狗肉以御蛊毒，时谓“狗为阳畜，能辟不祥”。广州俗语“夏至狗，冇碇走”即描述此习。由于狗肉性热，后食狗的节令多改在冬季进补之时。从俗语“狗肉滚三滚，神仙徛唔稳”可见广州人爱食狗肉之甚。

杀狗之后，先刮去身上的毛，然后用禾秆草或木柴烧煨，煨成焦黄以后洗净内脏切块，放在瓦锅里炒干水再转到沙煲，用文火配以腐竹、生菜、塘蒿、陈皮、老姜、油盐、片糖、芫茜、八角、青蒜、柠檬叶、紫苏叶、柱侯酱焖熟，气味醇厚，芳香四溢。“炆狗”切忌中途随便开盖加水。然而，人多就自然有性急者，为想狗肉尽快到嘴，未够火候就吵着开煲，结果狗肉就煮得不烂，故有俗语“人多煠狗唔脸”。另有“狗不上灶头”之说，即烹狗忌讳在家中进行，必须到村边闲置房屋或田寮另起炉灶。

广州人对狗肉有一套“三六经”，“三六”[ʃam^{53}lok^{2}]即“九”，与“狗”谐音。通常认为“一黄二黑三花四白”，黄狗肉最香，白狗肉最腥，而黑狗肉最为滋补；狗的身形也有讲究，即“砧板头、陈皮耳、筷子腿、辣椒尾”；老狗是不能食用的，坊间谑称“老狗嫩猫儿，食死冇人知”。

焗雀 [kok^{2}ʧœk^{35}]

即“焗禾花雀”。“禾花雀”又名黄胸鹀，外形似麻雀，但比麻雀略大，每年秋天从西伯利亚飞抵华南，以成熟的灌浆稻谷为食，故而得名。在西江一带，农户捕捉“禾花雀”已发展为一套世代相传的技艺：农民一般春天在近河的低洼地种上芒草，供雀群休息，到秋末时分布下网罗，夜间趁雀群栖息收网捕捉，当场宰杀，称为“张雀仔”[ʧœŋ^{53}ʧœk^{3}ʧɐi^{35}]或“装雀”[ʧɔŋ^{53}ʧœk^{35}]。

图4－43 焗雀

“禾花雀”肉腴骨细，做法主要有煲焗和酥炸。吃“禾花雀”的习俗历史悠久，南越王墓就曾经发现有两百只“禾花雀”的骨骼。《羊城竹枝词》记载：“野芋山姜杂土薯，田螺坦蚬软虾菹。只须一味禾花雀，不数珠江马鲚鱼。”为保护野生动物，近年政府通告禁止捕食“禾花雀”，此风大大减退。

炖禾虫 [tɐn^{22}wɔ^{21}ʧ^{h}oŋ^{35}]

“禾虫”学名为疣吻沙蚕，产于珠江三角洲咸淡水交界的稻田中，以腐烂的禾根为食，天气闷热之时随水流出。捕捞“禾虫”多在深夜退潮时进行，农民先用泥块将河滩垒起来，留上几个缺口，并在缺口边围上蚊帐布做成的网，退潮时“禾虫”自然随潮水流进网中，农民便将捞上来的“禾虫”洗净，放在竹笪上。“禾虫”产期很短，只有春秋两季，每季十来日，称为“禾虫造”[wɔ^{21}ʧ^{h}oŋ^{35}ʧou^{22}]，秋分前后上市的“禾花虫”尤为肥美。

“炖禾虫”的方法是用“禾虫”加油盐、榄角、鸡蛋、叉烧、炸油条、陈皮末、姜葱、蒜肉、糖等拌匀，蒸熟后再用微火烤香，食用时加上胡椒粉和柠檬叶丝。也可以将“禾虫”用开水烫后，晒成“禾虫干”，以备煲汤。此外，“禾虫”还可以做成酱料。《广东新语》记载：“其腌为脯作醢酱，则贫者之食也。”

“禾虫”深受妇女喜爱。据民间传说，有位丈夫新丧的妇人，本到河边“买水”，忽闻卖“禾虫”，便断然不顾礼法，将水泼去，用盆去载买“禾虫”，故有谚云“老公死，老公生，禾虫过造恨唔翻”。

炒蚕蛹 [ʧ^{h}au^{35}ʧ^{h}am^{21}joŋ^{35}]

炒蚕蛹是珠三角地区的一种家常菜式。蚕蛹本是南海、顺德一带缫丝业的副产品。过去广州人对蚕蛹有几种吃法，可以清炒，也可以磨成粉后加盐和辣椒制成蚕虫酱，用以蒸猪肉或炒菜。

图4－44 炒蚕蛹

图4－45 炒田螺

炒田螺 [ʧʰau^{35}tʰin^{21}lɔ^{35}]

炒田螺是广州传统小食。每逢夏秋季节田螺上市，广州人买来田螺先用清水浸养两日，待其吐出秽物后，剁去螺体尾端，以便吮吸，以豉椒炒熟，伴以辣椒丝、紫苏叶丝、油盐、姜葱、蒜蓉、八角、茴香，鲜美可口，香嫩脆滑。

炒田螺是中秋节必备的小食。清末《羊城竹枝词》有云："中秋佳节近如何，饼饵家家馈送多。拜罢嫦娥斟月下，芋香啖遍更香螺。"因田螺有壳，剥壳食肉寓意剥去晦气，故有"食心（新）转运"之意。田螺多子，民间也以其寓意"多子多福"。

腊味 [lap^{2}mei^{35}]

腊制肉食的统称。广式腊味始于唐宋时期，乃由外国灌肠类肉食与本地腌制类肉食结合而成。广式腊味选肉择优，配料考究，制作精细，油而不腻，色香味俱全，是广州人互赠"手信"[ʃɐu^{35}ʃøn^{33}]的佳品。腊味主要在秋冬食用，故有"秋风起，食腊味"之说。

广式腊味分为腊肠与腊肉两大类：腊肠条子均匀分明，酒味香醇，咸甜适中，肠衣薄脆，俗称"风肠"[foŋ^{53}ʧʰœŋ^{35}]，因其制作过程讲究风热而得名（见图4–46）；腊肉色鲜肉香，层次分明，透明度好（见图4–47）。广式腊味还有"润肠"[jøn^{35}ʧʰœŋ^{35}]（多为猪肝或鸭肝）、"金银润"[kɐm^{53}ŋɐn^{21}jøn^{35}]（即夹肥肉的腊猪肝，肥肉白色、猪肝紫红色，故名）、"鸭扎"[ap^{3}ʧat^{3}]（又称"鸭脚包"）等类型。

除广州腊肠外，东莞厚街的"猪仔腊肠"也别具特色。东莞腊肠短而粗，夹杂适量的肥肉。据民间典故，从前有个东莞人在广州学做腊肠，回到东莞后挑腊肠上街卖，却因人矮腊肠长，腊肠经常拖地弄脏，因而生意清淡，便将腊肠改短。后来有"东莞腊肠——短度阔封"之语，谑称矮胖者。

图4－46 风肠

图4－47 番禺乡村田头晒腊肉

卤味 [lou^{23}mei^{35}]

即酱卤肉类、杂碎的统称（见图4–48）。《广东俗语考》云：“以香料与盐腌肉曰卤味。”而以豆制品、面筋等做成的、形似肉类的素什锦，则称为“斋卤味”[ʧai^{53}lou^{23}mei^{35}]（见图4–49）。

图4－48 卤水金钱肚（牛肚的一种）

图4－49 钵仔糕与斋烧鹅（右）同为西关小吃

图4－50 烧腊档里的各种烧味

烧味 [ʃiu^{53}mei^{35}]

即烧烤类食品的总称，与腊味统称为“烧腊”[ʃiu^{53}lap^{2}]。“烧味”通常与卤味、腊味同售，卖“烧味”的地方称为“烧腊档”[ʃiu^{53}lap^{2}tɔŋ^{33}]，又称“熟食档”[ʃok^{2}ʃek^{2}tɔŋ^{33}]（见图4–50）。“烧腊档”往往兼营粤式快餐店，以现成熟肉作为“碟头饭”[tip^{2}tʰɐu^{35}fan^{22}]（盖饭）的菜式。“烧味”因需斩件出售，故买“烧味”又称为“斩料”[ʧam^{35}liu^{35}]。

白云猪手 [pak^{2}wɐn^{21}ʧy^{53}ʃɐu^{35}]

又称为“猪脚酸”[ʧy^{53}kœk^{3}ʃyn^{53}]。传说清代白云山某寺内，有个小和尚趁厨房工作之便，经常下山偷买“猪手”上山解馋，为防被人发现，他将“猪手”藏在山泉水中。“猪手”经过泉水浸泡，尽去油腻，加入糖醋煲后，爽甜可口，故名为“白云猪手”。

做“白云猪手”时，先用白云山泉水把“猪手”（猪的前脚）烧沸煮软后捞起，放在流动的泉水中漂浸半日，然后将白醋、白糖、生姜、糖精、精盐一同煮沸，用瓦盆盛载，取布过滤，待醋冷却之后，将“猪手”放在其中浸泡，最后捞起，打芡上碟。此外，还有如法炮制的“白云凤爪”[pak^{2}wɐn^{21}foŋ^{22}ʧau^{35}]。

扎蹄 [ʧat^{3}tʰɐi^{35}]

“扎蹄”是用猪脚皮包扎猪肉并挤实，以竹板、咸水草扎紧，使之形似圆蹄（即猪肘），用豉油、绍酒、糖、姜、八角、桂皮、甘草所制的卤水熬成。“扎蹄”食时切成薄片，肉质紧凑，美味可口。

叉烧 [ʧʰa^{53}ʃiu^{53}]

“叉烧”是最受大众欢迎的烧味之一，由经过特制酱汁腌制的猪的里脊肉切成长条，放在炉内烧烤而成。因烤制时要把猪的里脊肉叉在叉子上，故名“叉烧”。叉烧外表稍硬，但内里肉嫩，且酱汁入味。广州“叉烧”通常浇上糖浆，故又称为“蜜汁叉烧”[mɐt^{2}ʧɐp^{5}ʧʰa^{53}ʃiu^{53}]。

图4－51 叉烧

烧肉 [ʃiu^{53}jok^{2}]

制作烧肉须先将有皮上肉切好后放入上汤中滚至六七成熟，然后用五香味料在无皮一面的肉面上擦匀，再用鹅环把肉勾起，用白醋抹皮，并以滚水淋匀，扫上糖水，其后入炉烧至大红即可。烧肉也往往用于拜神或祭祖。

图4－52 烧肉

图4－53 用于祭祖的金猪

乳猪 [jy²³ʧy⁵³]

烧乳猪是一道历史悠久的名菜。乳猪通常使用十斤上下、刚断奶的薄皮小猪为料，以五香盐、豆酱、腐乳、芝麻酱、汾酒、蒜、白糖等腌制入味，上叉、上皮后入炉，先用猛火后用文火明炉转动烧制而成，故称为“明火乳猪”[meŋ²¹fɔ³⁵jy²³ʧy⁵³]。乳猪根据皮色，可分为光皮乳猪和麻皮乳猪两种。乳猪食时片皮上席，可配以白糖、葱球、甜酱、千层饼食用，入口即化，肥而不腻。

由于烧猪红光焕发，故逢年过节或寿宴常用以点缀，表示壮旺吉利，亦可用于拜神或祭祖，时称为“金猪”[kɐm⁵³ʧy⁵⁵]（见图4–53）。乳猪多在酒楼定制，市面烧腊档少有预售。

鱼生 [jy²¹ʃaŋ⁵³]

即不煮熟，供生吃的鱼片，一般用活鲈、生鱼或鲩鱼制作，以鲩鱼为上。制作“鱼生”时，须去鳞开腹，掏出内脏，洗其血腥，将鱼肉去皮，切成蝉羽般的薄片，伴以姜、葱、盐、麻油、胡椒、苏姜、辣椒、萝卜、肉桂、芫荽、橘树叶、酸芥头、紫苏叶等，

苏叶等，切成细丝，另炒芝麻、花生、炸粉丝，各款配料用碟分别盛载。吃“鱼生”时，取鱼片于碗内，用花生油拌匀再取各种配料少许，夹着鱼片蘸白砂糖一起吃。

“鱼生”入席时，由主人先用两双筷子向“鱼生”碟子一边翻动一边搅拌，主客应和说“捞起”[lou^{53}hei^{35}]，一语双关，以表祝愿发财之意。“捞料”[lou^{53}liu^{35}]全生时称为“生捞”[ʃaŋ^{53}lou^{53}]，有炸过的“薄脆”则称为“湿捞”[ʃɐp^{5}lou^{53}]。与酱料蘸食可避免“鱼生”捞成碎片。传统“鱼生”是没有酱油的。民间习惯吃“鱼生”必饮酒，因为酒可起杀菌作用。此外，吃“鱼生”必以明火白粥押席。

“鱼生”在节令上以冬季为佳，有云“冬至鱼生夏至狗”，又有云“鱼生狗肉，唔请自来”。《广东新语》云：“粤俗嗜鱼生。”“有宴会必以切鱼生为敬。”并有诗云：“鲙成双碟食如流，冬至鱼生绝胜秋。”另有一说，鱼行向阳，春夏浮游而秋冬潜行，只有浮游之时食“鱼生”，方合节令。

“鱼生”味道鲜美，滋阴助阳，但体弱者不宜食。此外，“鱼生”因卫生问题，食用时须谨慎。

暴腌鱼 [pou^{22}jip^{3}jy^{35}]

每年秋冬季节，肉菜市场上有大量鲮鱼上市，一般家庭主妇买来之后开肚去内脏，用盐薄腌一夜，故又称为“一夜埕”[jɐt^{5}jɛ^{22}ʧ^{h}eŋ^{21}]。有时加压使水分挤出，使得肉爽骨离。吃“暴腌鱼”时，将其用油煎至金黄色即可。“暴腌鱼”耐储藏，隔夜风味更佳。在岁晚年初多备数条，取“年年有余”之意。

图4－54 暴腌鱼

时菜 [ʃi^{21}ʧ^{h}ɔi^{33}]

图4－55 生炒菜心

广州四时均盛产蔬菜瓜果，而且“不时不食”，应时当令的蔬菜即称为“时菜”。春季主要有苋菜、蒜心、通菜、凉瓜、节瓜等；夏季主要有青瓜、冬瓜、茄瓜、白瓜、丝瓜、芥菜等；秋季主要有西洋菜、菜心等；冬季主要有菠菜、生菜、绍菜、塘蒿、萝卜、芥蓝、豆苗等。

蔬菜在广州菜中占有重要地位。《岭南杂记》记载：“民乐皆以为常馔，有和脾疏骨之功，俱食青者，或腌或菹，或灌肉其内。”广州人喜食“菜胆”[ʧ^{h}ɔi^{33}tam^{35}]（即菜心）与“菜软”[ʧ^{h}ɔi^{33}jyn^{23}]（即嫩菜薹、嫩茎，去除菜花与菜叶尾端的部分），以取其鲜嫩。广州人炒菜注重爽口脆嫩，先快速杀青，急火快炒，既维持原有香味，亦保留其营养成分（见图4–55）。

罗汉斋 [lɔ^{21}hɔn^{33}ʧai^{53}]

图4－56 罗汉斋

罗汉斋源于南亚佛教国家，由腐竹、蘑菇、发菜、面筋、时菜等合炒而成。《萍洲可谈》记载：“商人重蕃僧……至广州饭僧设供，谓之罗汉斋。”在罗汉斋的基础上，粤菜还发展出用料更为丰盛的“鼎湖上素”[teŋ^{35}wu^{21}ʃœŋ^{22}ʃou^{33}]，其中包括“三菇”（即北菇、鲜菇、蘑菇）、“六耳”（即雪耳、黄耳、石耳、木耳、榆耳、桂花耳）等，经过复杂细致的加工后，用麻油、绍酒、素上汤酱料煨熟，再依次排列十二层成山包状上碟，层次分明，鲜嫩爽滑。广州有歇后语云：“鼎湖上素——好斋。”本义为上好的素菜，引申为没油水，做某件事情毫无好处。

生菜包 [ʃaŋ^{53}ʧ^{h}ɔi^{33}pau^{53}]

“生菜包”以鲜嫩的生菜叶为包皮，以虾米、粉丝、蚬肉、咸酸菜为馅料，佐以酸醋、豉油。吃“生菜包”是“生菜会”必不可少的一项活动。“生菜会”起源于明末清初，会期是正月廿四至廿七。广州话中“生菜”与“生财”近音，“生菜会”便成为祈求添丁发财的庙会。

汤 [tʰɔŋ^{53}]

又称为“汤水”[tʰɔŋ^{53}ʃøy^{35}]。因广州天气长年炎热，需要经常补充水分，而且易上火，故广州人喝汤比较讲究。汤水种类繁多，不少还喜欢加上中药材作为佐料（见图4–57），达到清润或滋补的功效。广州的汤水一般随季节安排：夏秋偏清润，主要使用寒凉性药材；冬春偏浓郁，会在汤中放少量姜片或补品。广州人有大暑日煲“冬瓜水鸭汤”的习俗。

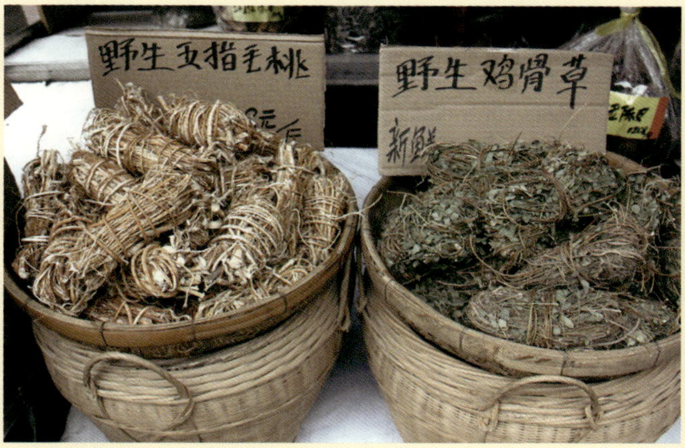

图4－57 煲汤的一些中药材

广州菜“羹”“汤”有别：羹加有生粉，成胶状，比较稠（见图4–58）；而汤不必成胶状，比较稀。就做汤的方法而言，用清、滚、熬、炖不下十种方式，冬春多煲汤、炖汤，而夏秋多滚汤、烩汤。一般煲汤需要三个小时，炖汤需要四个小时，而滚汤只需水煮开后稍微滚一下即可。广州人一般喜欢饮老火汤，老火汤用瓦罉煨制，时间较长，有祛火之效，而且滋味浓郁，故有“老火靓汤”[lou^{23}fɔ^{35}lɛŋ^{33}tʰɔŋ^{53}]之说（见图4–59）。会否煲汤或会煲多少种汤，也成为考察广州家庭主妇是否能干的指标之一。

广州人一般习惯在上菜前先上羹汤，有清肠醒胃之效，饭后也须饮汤后才离席。肉类汤渣一般另外上碟，蘸酱食用。酒楼每日定例供应的汤，则称为“例汤”[lɐi^{22}tʰɔŋ^{53}]，一般例汤以一定周期更换，避免重复。广州话俗语“酒楼例汤——整定”，比喻预先准备或命中注定。“头啖汤”则比喻最先得到的最大利益，又有试头水、先拔头筹之意。

图4－58 顺德拆鱼羹

图4－59 煲老火靓汤的汤煲

炖品 [tɐn22pɐn35]

指以高级滋补药物和肉类经长时间隔水蒸制的汤。炖品通常使用的药材有淮山、人参、党参、茨实、杞子、莲子、圆肉、北芪等，同时配上龟、水鱼、鹌鹑、鸡、鸽、羊、兔、果子狸、蛇等肉类，有清润滋补的功效。

“冬瓜盅”[toŋ53kwa53ʧoŋ53]是一种常见的特色炖品。“冬瓜盅”用半节去瓤的有皮冬瓜竖放代替炖盅，边切齿形，瓜皮刻上图案，用清水滚煮后，以冷水浸冻，再盛上各种肉类，如鸭肉、瘦肉、蟹肉、田鸡、虾仁、火腿、鲜蚝等，炖制而成（见图4–61）。食用时用勺将瓜肉慢慢刮出，与其他汤料混食。“冬瓜盅”因清淡味鲜，故多为夏季汤食。

图4－60 炖品

图4－61 冬瓜盅

四　小食

干蒸烧卖 [kɔn^{53}tʃeŋ^{53}ʃiu^{53}mai^{35}]

简称“干蒸”或“烧卖”，是广州传统名点之一。“干蒸”形似花瓶或腰鼓，色泽鲜明，爽口不腻。“干蒸”用面皮包半露肉团蒸熟而成，面皮以全蛋或半蛋半水加适量碱水和面揉制，用棍压薄，软而带韧；馅料通常选用猪肉、牛肉、虾肉、蟹黄、香菇等。

虾饺 [ha^{53}kau^{35}]

广州传统名点之一。以澄面作皮，鲜虾仁作馅。澄面是用白粉洗出面筋后沉淀晒干细磨，并在面中加少许精盐，倒入沸水搅匀加盖焗熟，取出后加猪油搓匀而成；馅以鲜虾仁为主，加笋丝、猪肉等。“虾饺”可呈鸡冠梳、白兔等形状，皮薄透明，呈嫣红色，味道鲜美，爽滑可口。由于“虾饺”较贵，故以“虾饺当食晏”谑称消费奢侈、大手大脚。

图4－62 干蒸烧卖

图4－63 虾饺

图4－64 粉果

图4－65 凤爪

图4－66 荷叶饭

灌汤饺 [kwun^{33}tʰɔŋ^{53}kau^{35}]

又称为“蟹黄灌汤饺”[hai^{23}wɔŋ^{21}kwun^{33}tʰɔŋ^{53}kau^{35}]，由北方的灌汤包发展而成。“灌汤饺”以鸡蛋液、碱和面作皮，面皮爽滑带韧，擀薄至不穿破时最好，使馅汁不致流失。“灌汤饺”还在猪皮冻中加入琼脂，使汤汁满而不腻，更加可口。

粉果 [fɐn^{35}kwɔ^{35}]

《广东新语》记载：“平常则作粉果，以白米浸至半月，入白粳饭其中，及舂为粉，以猪脂润之，鲜明而薄以为外，茶蘼露、竹胎、肉粒、鹅膏其中以为内。”今天的“粉果”以饭粉为皮，馅料有猪肉、生熟虾肉、叉烧、笋肉、冬菇等，形似橄核，摇之有声，或蒸或煎，洁白松散，软韧不黏。20 世纪80年代以后，多以澄面加生粉代替饭粉。

20世纪初广州茶香室女点心师娥姐，所制“粉果”特别精细可口，人也长得漂亮。为招徕顾客，茶香室老板将店堂用玻璃窗隔开，外面卖货，里面做“粉果”，因此顾客不仅可以品尝“粉果”，而且可以欣赏娥姐的美色，故有云“娥姐粉果——好睇又好食”，后以此借喻食物色香味俱全。

凤爪 [foŋ^{22}tʃau^{35}]

即鸡脚之美称。制作“凤爪”时，先将鸡脚油发后煲制，再用豉油、蚝油、鲍汁、辣椒酱或沙茶酱等调味料调味，烹制出一系列有特殊风味的“凤爪”，茶酒皆宜。

荷叶饭 [hɔ^{21}jip^{2}fan^{22}]

传说产自东莞，由明将袁崇焕始创，《广东新语》作“荷包饭”。制作时先将冷饭加料炒热，加上虾肉、叉烧、瘦猪肉、鸡蛋、烧鸭肉和冬菇等馅料，再以两块新鲜荷叶包饭，一里一外，将荷叶解开即可食用。《羊城竹枝词》云：“泮塘荷叶尽荷塘，娥姐朝来采摘忙。不摘荷花摘荷叶，饭包荷叶比花香。”荷叶饭荷香扑鼻，饭粒鲜脆，多为夏季小食。

糯米鸡 [nɔ^{22}mɐi^{23}kɐi^{53}]

先在糯米中加盐、糖、豉油、猪油、麻油、味精等蒸熟，再将鸡块、瘦肉、叉烧、鸡蛋、虾仁、猪肝、香菇、笋片等作馅，用荷叶包裹猛火蒸成。“糯米鸡”香滑鲜美，荷香扑鼻。

图4－67 糯米鸡

粽 [ʧoŋ^{35}]

广府地区的粽子分为“咸肉粽”[ham^{21}jok^{2}ʧoŋ^{35}]、“枧水粽”[kan^{35}ʃøy^{35}ʧoŋ^{35}]、“裹蒸粽”[kwɔ^{35}ʧeŋ^{53}ʧoŋ^{35}]三种。“咸肉粽”以糯米、猪肉、绿豆、五香粉为原料，用芒草叶包裹，呈坟堆形（见图4–68）；“枧水粽”又称“灰粽”[fui^{53}ʧoŋ^{35}]，以碱水或草木灰泡浸糯米制作，用芒草叶包裹，呈三角锥形，俗称“三角粽”[ʃam^{53}kɔk^{3}ʧoŋ^{35}]，多数无馅，食时加白糖或糖胶，有的加莲蓉或豆沙馅；“裹蒸粽”为肇庆特产，用当地特有的柊叶包裹，呈方形（详见下文）。严格而言，裹蒸与粽是不同的，肇庆人在冬至前后包裹蒸，留待过年，而一般的粽子则在端午前后食用。

裹蒸粽 [kwɔ^{35}ʧeŋ^{53}ʧoŋ^{35}]

“裹蒸粽”以肇庆所产柊叶包裹而成。柊叶容易保存，即使在春雨季节，煮好的“裹蒸粽”吊在屋内半个月也不会变质。李调元《南越笔记》记载：“有冬叶者，状如芭蕉叶，湿时以裹角黍、干以包苴物、封缸口，盖南方性热，物易腐败，惟冬叶藏之，可持久，即入土十年不坏。”

图4－68 咸肉粽

图4－69 裹蒸粽

制作时首先将糯米洗净浸泡四五个小时捞起，绿豆破开浸泡去壳，半肥瘦猪肉切件腌好，加入精盐、五香粉、料酒、芝麻末等，以作馅料，同时煮泡软柊叶和水草备用。包粽时，以柊叶包裹，铺纵横两层，依次放入糯米、绿豆、炒花生、荷包豆或莲子、栗子，再分四角放肉馅，即猪肉、烧肉、腊肉、腊肠、腊鸭、大虾干、瑶柱，然后倒序再放豆料和糯米，保证肉料不外露，每个从三四两到一斤不等，放在锅里煮四到八小时以上，待其中绿豆稀烂、肥肉融化、米肉模糊时即可捞起食用。“裹蒸粽”既有叶的清香，又有米肉的甘香，软滑可口。

糕 [kou53]

广州的蒸糕品种包括萝卜糕、伦滘糕、马蹄糕、九层糕、年糕、松糕等。除了伦滘糕和松糕冷食外，其他糕多数蒸热或油煎成金黄色食用。

蒸糕还是入年关的必要安排，俗谚“廿三送灶，廿四开炸，廿五蒸糕”，因“高”与“糕”同音，以之寓意“步步高”。十二月廿五日为蒸糕日，先用大盘将糕蒸好，切成大小薄片，留到过年食用，或馈赠亲友，以为压岁。

年糕 [nin21kou53]

广式年糕一般以糯米粉、占米粉、生油、红糖水等原料制成，软滑甜香，味美可口（见图4–70）。亦有加入椰汁、姜汁、橙汁等，制作成不同口味的年糕。

萝卜糕 [lɔ21pak2kou53]

萝卜糕以占米粉、萝卜丝为主料制成。先将占米洗浸磨浆压干，萝卜丝煮熟，再将干米浆加水倒入锅中，与萝卜丝混铲至糊状，放入虾米、腊肉、白糖、猪油、胡椒粉、酱油、绍酒、味精、精盐等拌匀蒸熟，亦可煎炒。萝卜糕多在过年期间食用。

图4－70 广式年糕

图4－71 煎萝卜糕

图4－72 马蹄糕

马蹄糕 [ma^{23}tʰɐi^{21}kou^{53}]

制作马蹄糕，须先将“马蹄”（荸荠）磨成浆，再将沸糖水冲入粉浆搅拌成糊后，蒸制而成。“马蹄糕”尤其适合盛夏食用，清甜爽滑，晶莹透明。

伦滘糕 [løn^{21}kau^{33}kou^{53}]

伦滘糕发明于顺德伦滘村，故名。伦滘糕以进口上乘白米与白糖制作而成，糕色晶莹雪白，光亮如镜，爽口清甜又有韧劲。制作伦滘糕时，先将大米磨浆、过滤，使之洁白幼滑，同时将粗砂白糖水以蛋白过滤，发酵八小时以上，但不能用发酵粉。蒸糕时只能逐层蒸，熟后再加浆，每笼伦滘糕至少有四五层。伦滘糕一般不热卖，糕蒸好后须让其凉冻再食用。

松糕 [ʃoŋ^{53}kou^{53}]

松糕以大米粉浆经发酵后加黄糖水拌匀，蒸制而成，糕色淡黄，其上密布针状小眼，软而有弹性，入口香甜。

马拉糕 [ma^{23}lai^{53}kou^{53}]

原为新加坡马来人喜食的一种糕点，传入省港一带后译作马拉糕。马拉糕由面粉、鸡蛋、猪油、牛油混合发酵后蒸制而成。马拉糕有气孔三层，顶层直，底层横。茶楼通常将马拉糕制成圆状后，切成小块出售。马拉糕呈金黄色，松软润滑，与松糕类近。

图4－73 松糕

图4－74 砵仔糕

砵仔糕 [put^{2}ʧɐi^{35}kou^{53}]

砵仔糕是一种装在小砵蒸成的发面糕，是流行省港一带的街头小食。砵仔糕晶莹光洁，细腻嫩滑，清香爽甜，且有多种风味可供选择。

广式月饼 [kwɔŋ^{35}ʃek^{5}jyt^{2}pɛŋ^{35}]

广式月饼居京、宁、滇、广四大类之首，制作花样最多，工艺最为考究。广式月饼饼皮以面粉与糖浆为主要原料制成，不酥不脆，薄而柔软，而花纹清晰大方，色泽金黄油亮。广式月饼分成“素月”和“肉月”两种，多以馅料命名。纯甜有豆沙、豆蓉、莲蓉、五仁、枣蓉、椰蓉，甜咸则加入蛋黄、咸肉、火腿、烧鸡等，其中蛋莲又分为单黄、双黄、三黄、四黄等。

图4－75 广式月饼

龙凤礼饼 [loŋ^{21}foŋ^{22}lɐi^{23}pɛŋ^{35}]

又称为“嫁女饼”[ka^{33}nøy^{35}pɛŋ^{35}]，是用于婚礼的饼食，平日亦可食用。一般的结婚礼饼有龙饼、凤饼、红绫酥（豆沙酥）、黄绫酥（豆蓉酥）、白绫酥（五仁冰肉酥）、夹糖酥等，较高级的还有莲蓉酥、蚝豉酥、皮蛋酥、冬蓉酥、叉烧酥等。

鸡仔饼 [kɐi^{53}ʧɐi^{35}pɛŋ^{35}]

鸡仔饼产自广州河南成珠楼，因形似小鸡而得名。一说鸡仔饼为某富商的婢女小凤所制，故又名“小凤饼”。鸡仔饼咸甜兼备，色泽金黄，甘香松化。制作鸡仔饼使用的原料，包括肥猪肉、白糖、白芝麻、榄仁、瓜子仁、熟糯米粉、精面粉、碱水、鸡蛋、胡椒粉、五香粉、油盐等。

图4－76 龙凤礼饼

图4－77 鸡仔饼

图4－78 老婆饼

老婆饼 [lou^{23}p^{h}ɔ^{21}pɛŋ^{35}]

传说清朝末年，莲香楼有一位潮州的点心师傅，一次还乡探亲期间，其妻子为他做了一些冬瓜角。她先将冬瓜熬得稀烂，再加上白糖面粉，半干时取出锅作馅，再下到油锅里炸成。冬瓜角皮酥馅滑，香甜可口，大受欢迎。这位师傅便将冬瓜角改进成“潮州老婆饼”：外形改为圆形，然后涂上一层鸭蛋清，放入烘炉烤制而成。“文革”期间，老婆饼一度改称“冬蓉酥”。

炒米饼 [ʧ^{h}au^{35}mɐi^{23}pɛŋ^{35}]

炒米饼是岭南的一种传统饼食，干而硬，味甜，由炒熟的大米粉加糖放入饼模中打制而成。唐人段公路在《北户录》中记载：“广州南尚米饼，合生熟粉为之，规白可爱，薄而复肋，亦食品中珍物也。”

盲公饼 [maŋ^{21}koŋ^{53}pɛŋ^{35}]

盲公饼起源于佛山，相传由佛山占卦行乞的盲公何老伯所制。盲公饼由冰片糖、花生、芝麻、糯米粉和生油制成，甘香松脆，因其外形也被称为“突颅饼”[tɐt^{2}lou^{21}pɛŋ^{35}]。

油器 [jɐu^{21}hei^{33}]

广州人将油炸米面制品统称为“油器”，常见的油器有油炸鬼、咸煎饼、牛脷酥等，多用以送粥。

茶果 [ʧ^{h}a^{21}kwɔ^{35}]

“茶果”是中式点心的泛称，指待客喝茶时吃的小食。茶果亦指旧时结婚前后，男方在过礼和回门时送女方的各种小食品。

茶素 [ʧ^{h}a^{21}ʃou^{33}]

又称为“冬果”[toŋ^{53}kwɔ^{35}]，现称为“贺年糖果”。“食茶素”是广州民间风俗。春节期间，亲友拜年须“食全盒”[ʃek^{2}ʧ^{h}yn^{21}hɐp^{2}]。“全盒”即果盒，盒内放有各色各样的果饼，如糖椰角、糖莲藕、糖冬瓜、糖莲子、糖马蹄、糖金橘、糖果、花生、瓜子等，也包括过年期间的各种油炸小面食，如油角、糖环、煎堆、蛋散、“沙壅”[ʃa^{53}joŋ^{53}]、“芋虾”[wu^{22}ha^{53}]、江米条（见图4–79）等。旧俗一般以农历十二月廿四日为冬果的“开炸日”，俗称“开油镬”[hɔi^{53}jɐu^{21}wɔk^{2}]，一直持续到除夕夜。

煎堆 [ʧin^{53}tøy^{55}]

一种油炸食品，外表布满芝麻，形如小球，金黄色。内馅为爆开的、拌上糖胶的糯米谷，称为“爆谷”。“龙江煎堆”和“九江煎堆”最为知名，前者以糯米粉、干米粉混合作皮，爆谷馅中杂有花生仁，圆形；后者则为糯米粉皮，爆谷馅中杂有花生仁、糖山橘，扁圆形。两者各有风味。

图4－79 江米条

图4－80 煎堆

早在宋代，“煎堆”已成为大众化的食品。《广东新语》记载：“广州之俗，岁终，以烈火爆开糯谷，名曰煎堆心馅。煎堆者，以糯粉为大小圆，入油煎之，以祀先及馈亲友者也。”广州人有“年晚煎堆，人有我有”之说。每年农历十二月十八至廿四日“小年”期间，因“煎堆”形似蟠桃鲜果，故每家每户都要做“煎堆”，通过灶王爷送给玉皇大帝，而作馅的花生、冬瓜、柿饼、爆谷、芝麻有各种福气的寓意，故有云“煎堆碌碌，金银满屋”。

油角 [jɐu^{21}kɔk^{3}]

一种油炸食品，又称“角仔”[kɔk^{3}ʧɐi^{35}]，形似饺子。“角”乃“饺”的本字，故名。过年吃“油角”的习惯亦从北方吃饺子的风俗演化而来。“油角”有“软角”与“酥角”之分，“软角”[jyn^{23}kɔk^{3}]用糯米作皮，以豆沙加糖作馅；“酥角”[ʃou^{53}kɔk^{3}]则用面粉、鸡蛋、熟猪油混合作皮，以白糖、芝麻、花生、椰蓉作馅，油炸而成（见图4–82）。

图4－81 包油角

图4－82 酥角

图4－83 笑口枣

笑口枣 [ʃiu^{33}hɐu^{35}ʧou^{35}]

一种油炸食品，又称“开口枣”[hɔi^{53}hɐu^{35}ʧou^{35}]或“㗇口枣”[ʧ^{h}ak^{3}hɐu^{35}ʧou^{35}]，多在过年时食用。熟时形似豁裂的枣子，又如人豁口笑的样子，因此而得名。

图4－84 甜蛋散

蛋馓 [tan^{22}ʃan^{35}]

一种油炸食品，即北方的“馓子”，古代称为“寒具”，已有两千多年历史。广州的“蛋馓”纯用面粉、鸡蛋制作，炸后浇以麦芽糖浆，称为“甜蛋馓”[t^{h}im^{21}tan^{22}ʃan^{35}]（见图4–84）。过年则以家庭自制的“咸蛋馓”[ham^{21}tan^{22}ʃan^{35}]居多。“咸蛋馓”用南乳、盐拌粉，口感甘香酥化，亦方便储藏（见图4–85）。

糖环 [t^{h}ɔŋ^{21}wan^{21}]

一种环状的油炸甜面食，多在过年时食用。“糖环”一般先用糯米粉搓成团，压进木模里，逐一压出，炸成金黄色，酥脆可口。

图4－85 咸蛋散

图4－86 糖环

崩砂 [pɐŋ^{53}ʃa^{53}]

一种油炸食品，产自顺德大良，因形似“崩砂”（大蝴蝶）而得名。大良“崩砂”是清朝末年由大良李禧记创制，有上百年历史。“崩砂”咸甜兼备，香脆可口，用料包括面粉、白糖、南乳和猪油。

图4－87 崩砂

油炸鬼 [jɐu^{21}tʃa^{33}kwɐi^{35}]

即炸油条，又称为“炸两”[tʃa^{33}lœŋ^{35}]。“油炸鬼”起初称为“油炸桧”，源于古时一位小贩，为解秦桧陷害岳飞之恨，而将两块面泥捏在一起，比作秦桧夫妇，放在油锅里炸成。鸦片战争期间，英人入侵广州，佛山杂剧将“油炸桧”改作“油炸鬼”，以表抗英情绪。广州歇后语说“隔夜油炸鬼——有厘火气”，用以比喻软弱可欺或以柔制刚之人。

图4－88 油炸鬼

咸煎饼 [ham^{21}tʃin^{53}pɛŋ^{35}]

一种油炸食品，又称“油香饼”[jɐu^{21}hœŋ^{53}pɛŋ^{35}]。咸煎饼始创于德昌茶楼，故又称为“德昌咸煎饼”。咸煎饼使用“中筋”精面粉作料，配上适量的南乳、油、糖、食粉、泡打粉，用中火慢浸咬油，炸起来皮脆、心软、身松。制作咸煎饼必须使用旧南乳，新南乳一般需要放在阳台半阴半晒，加入少许的酒，存放一段时间等待溶化，以取其香味。

图4－89 咸煎饼

馎鐣 [pɔk^{3}tʃ^{h}aŋ^{55}]

是一种薄的烙饼，用糯米粉浆摊成薄片，与面粉做成的烙饼稍有不同。“馎鐣”有咸甜之分，通常撒上白糖、芝麻、花生或肉碎、葱花之类，卷而食之。

图4－90 春卷

春卷 [tʃ^{h}øn^{53}kyn^{35}]

用面粉摊成圆形薄面皮，以卷春菜（地菜）、黄芽菜或荠菜、鲜肉糜和其他配料制成的馅料，用油炸成，皮薄、色黄、香脆、鲜嫩。

图4－91 芋角

芋角 [wu^{22}kɔk^{3}]

以芋茸作皮，猪肉、虾肉、香菇、鸡蛋作馅，成角形油炸而成。“芋角”呈金黄色，蜂巢状，咸甜适中，润滑不油。

萨其马 [ʃat^{3}k^{h}ei^{21}ma^{23}]

萨其马原为满族传统食品，语出满语，意为“金丝糕”。《广州府志》记载为“满洲饽饽”，系随满洲八旗兵而流入广州，成为民间普遍喜爱食用的糕点。萨其马用短面条炸后伴以麦芽糖胶、芝麻、瓜子仁等制成，常切成方块，松脆香甜。

图4－92 萨其马

西饼 [ʃɐi^{53}pɛŋ^{35}]

广州话将西式糕点统称为“西饼”，而将蛋糕翻译为“戟”[kek^{5}]（来自英文cake）或“班戟”[pan^{53}kek^{5}]（来自英文pancake）。

蛋挞 [tan^{22}tʰat^{5}]

又称为“蛋盏”[tan^{22}ʧan^{35}]或“鸡蛋盏”[kɐi^{53}tan^{22}ʧan^{35}]。“挞”即露馅饼，系法文tarte的音译。“蛋挞”使用的原料有擘酥皮、鸡蛋、白糖等，先将沸水煮融白糖，然后撞入鸡蛋搅匀，经过过滤而成“蛋挞水”，然后将擘酥皮开薄，放在菊花盏中捏成盏形，放入炕盆，再注入“蛋挞水”，中火烘15分钟左右而成。

图4－93 蛋挞

图4－94 艾糍

糯米糍 [nɔ^{22}mɐi^{23}ʧʰi^{21}]

“糯米糍”是一种以糯米粉作厚皮，以糖或豆泥等作馅蒸制的点心。加入艾叶做成的“糯米糍”称为“艾糍”[ŋai^{22}ʧʰi^{21}]（见图4–94）。《广东俗语考》将米蒸者称为“餈”，糯米糍即“以糯米粉作饼”，又云：“荔枝有名曰糯米餈者，言其多肉，状类糯米餈也。”

糖不甩 [tʰɔŋ^{21}pɐt^{5}lɐt^{5}]

是一种外蘸白糖的甜疙瘩。先将粉米团捏成鸽蛋大小的粉粒，然后在锅中放上红糖，加少许水煮成黏稠的糖液，待如麦芽黏状，再放进糯米丸子烧熟，上锅放在平坦的容器上，将香芝麻、花生碎等配料撒在蘸糖的丸子上，皮黏肉滑，香味浓郁。因每颗丸子都沾满烧老的糖浆，故称为“糖不甩”。

双皮奶 [ʃœŋ^{53}pʰei^{21}nai^{35}]

原是顺德大良特产。制作时，须先将新鲜牛奶煮热，倒入碗中，不久表层结出奶皮，再用筷子将奶皮刺穿，将奶倒出，并加入适量的蛋白、蔗糖，搅匀后再延碗边倒回原碗，然后放到火上蒸，形成双层奶皮，上层甘香，下层香滑，故名。

图4－95 双皮奶

图4－96 猪脚姜

图4－97 早期卖咸酸的摊档（资料图片）

姜撞奶 [kœŋ[53]ʧɔŋ[22]nai[35]]

番禺沙湾特产，原称“姜埋奶”[kœŋ[53]mai[21]nai[35]]。制作时，须先将新鲜水牛奶煮开，放凉后倒入新鲜姜汁后凝固即成。“姜撞奶”口感甜中带辣，香醇爽滑，又有暖胃之效。

糖水 [tʰɔŋ[21]ʃøy[35]]

“糖水”名目繁多，有红豆沙、绿豆沙、芝麻糊、杏仁糊、蛋茶、炖蛋、炖木瓜、莲子百合糖水、凤凰奶糊、汤丸等。广州气候炎热，广州人认为“饮糖水”有清润消暑、生津益身的功效，尤以盛夏与秋冬为甚。婚礼时，广州人有饮莲子茶与百合茶的旧俗，取其“连生贵子”“百年好合”之意，今日“糖水”或甜品仍为婚宴之尾菜。

猪脚姜 [ʧy[53]kœk[3]kœŋ[53]]

又称为“姜醋”[kœŋ[53]ʧʰou[33]]，猪蹄用甜醋、嫩姜煮烂，产妇食以补身。通常在婴儿诞生之前，家人就预备好鸡蛋、酸姜、猪脚、甜醋，并封存起来，称为“开姜”[hɔi[53]kœŋ[53]]，待婴儿出生或做满月时制成姜醋赠送亲友，故满月酒亦称为“姜酒”[kœŋ[53]ʧɐu[35]]或“姜酌”[kœŋ[53]ʧœk[3]]。旧俗亦有产后十二日方食之说。《广东新语》记载：“粤俗：凡妇娠，先以老醋煮姜，或以蔗糖芝麻煮，以坛贮之。既产，则以姜醋荐祖饷亲戚。妇之外家，抑或以姜酒来助，名曰‘姜酒之会’。故问人生子，辄曰姜酒香未。”起初只有生男孩才能吃“猪脚姜”，而今天则男女平等，且已视为一般小食。

咸酸 [ham[21]ʃyn[53]]

是用盐、醋腌制瓜菜的总称，为常见零食（见图4–97）。常见的有酸萝卜、咸柑、咸姜、酸姜等。

飞机榄 [fei^{53}kei^{53}lam^{35}]

又称“鸡公榄”[kɐi^{53}koŋ^{53}lam^{35}]，两者卖法稍为有别，但所卖的“榄”均为用盐水、甘草、糖腌制的鲜白榄，有咸、甜、辣各种口味。卖榄人常常背着小木箱，吹着唢呐，沿街叫卖，买者从高楼窗口探头问价，并将零钱从楼上丢下，卖榄人收钱后将榄包好，并准确无误地用纸飞机飞到楼上去，故称“飞机榄”。也有卖榄人用纸糊一只五彩大公鸡，画脸化妆后套在里面，边走边吹唢呐叫卖（见图4–98），以招徕顾客，榄就置于鸡腔中，人称“鸡公佬”[kɐi^{53}koŋ^{53}lou^{35}]（见图4–99），此即“鸡公榄”。又因小贩常敲打铁板以招徕生意，发出“啄啄”之声，故又称为“啄啄榄”[tœŋ^{53}tœŋ^{53}lam^{35}]。“飞机榄”与“鸡公榄”已绝迹多年，近年为促进旅游又在西关一带复现。在街头，偶尔也可以见到新式的“鸡公榄”，卖榄人还吹着唢呐，但纸糊的五彩大公鸡则省略了（见图4–100）。

图4－98 边走边吹唢呐叫卖的现代版鸡公榄

图4－99 专做游客生意的鸡公佬

图4－100 新式的鸡公榄

凉茶 [lœŋ^{21}ʧʰa^{21}]

即药性寒凉的中草药，有清凉散热、解暑祛湿、保健止渴的功效，可治疗人体内部由于上火而引起的疾患。广州地处亚热带地区，天气炎热，故有饮凉茶的习俗。市面售卖凉茶一般有两种形式：一种是将凉茶药料加工为半成品的药店，顾客买回药料煎服或用开水泡服，民间称为“盒仔茶”[hɐp^{2}ʧɐi^{35}ʧʰa^{21}]（见图4–101）；一种是凉茶店或凉茶档，多数是个体摊档，摆卖煲好现成的凉茶（见图4–102、4–103）。凉茶品种有五花茶[ŋ̍^{21}fa^{53}ʧʰa^{21}]、廿四味[ja^{22}ʃei^{33}mei^{35}]、夏桑菊[ha^{22}ʃɔŋ^{53}kok^{5}]等。凉茶与绿豆汤、竹蔗水等凉性饮料，亦统称为“凉水”[lœŋ^{21}ʃøy^{35}]。

图4－101 早期卖大小包凉茶的铺头

图4－102 凉茶铺

图4－103 乡村凉茶铺里的各式茶煲

王老吉 [wɔŋ^{21}lou^{35}kɐt^{5}]

又称为“广东凉茶”[kwɔŋ^{35}toŋ^{53}lœŋ^{21}ʧʰa^{21}]或“凉茶王”[lœŋ^{21}ʧʰa^{21}wɔŋ^{21}]，由广东人王吉所创。“王老吉”由岗梅根、金沙藤、山芝麻、火炭毛、金钱草、金樱子、千层纸等十多种草药配制而成，先苦后甘，凉而不寒，老少咸宜，无副作用，而且饮用方便，一般小病可治愈，故有歇后语“王老吉——包好”之说。

苦丁茶 [fu^{35}teŋ^{53}ʧʰa^{21}]

苦丁茶为广州人喜饮的茶叶之一，古称“皋卢”，多产自两广。陆羽《茶经》原注：“瓜芦木，出广州，似茶，至苦涩。”又引《桐君录》言：“南方有瓜芦木，亦似茗，至苦涩，取为屑茶饮，亦可通夜不眠。”苦丁茶有减肥、降压的功效，常被视为保健饮品。

生草药 [ʃaŋ^{53}ʧʰou^{35}jœk^{2}]

中药分为生药和熟药，广州人称生药为“生草药”，多属山林草野的常见植物，现采现卖，少经炮制。由于药效显著，因此生草药深得民间欢迎。生草药铺多数是赤脚医生开的夫妻店，配套凉茶档经营，药种丰富，也开一些奇难杂症的偏方。广州有歇后语“生草药——系又罨，唔系又罨”，广州话中“罨”指敷，与“噏”同音，而“噏”指胡说，故以“生草药”谑称人长舌或胡说八道。

荷兰水 [hɔ^{21}lan^{55}ʃøy^{35}]

即汽水，清同治年间从西洋输入中国，由于明末荷兰海盗在东南沿海非常猖獗，给东南沿海人民印象深刻，故以荷兰为西洋代表。汽水并不是荷兰人发明的，而是17世纪由德国人首先创制，当时只作药用，无色、香、味，到19世纪才作为饮料。民国初年“荷兰水”饮用还不普遍，品种主要为沙示和白柠，无橙汁。

早期“荷兰水”的瓶底是尖的，不能直立，直立时瓶盖易被气冲开，因此以“荷兰水樽”[hɔ^{21}lan^{55}ʃøy^{35}ʧøn^{55}]谑称吃饱就睡的懒人。广州人亦称勋章为“荷兰水盖”[hɔ^{21}lan^{55}ʃøy^{35}kɔi^{33}]，因其酷似汽水瓶盖而得名。

五　饮食活动

饮茶 [jɐm^{35}ʧ^{h}a^{21}]

广州人的社交活动都喜欢在茶楼进行，通过茶楼联络感情，交流信息，议论时事。一般无论是有喜、致歉还是致谢，都会以“请饮茶”来表示。除了喝茶，实际上包括吃点心和粥品粉面等。许多茶楼店号也成为某一行业的茶客相聚的地方。

饮茶的茶客有两种：一般每日都去固定的茶楼泡茶的茶客，称为“老茶骨”[lou^{23}ʧ^{h}a^{21}kwɐt^{5}]，通常是“一盅两件”[jɐt^{5}ʧoŋ^{53}lœŋ^{23}kin^{22}]，即一盅茗茶、两件点心；而散客多饮“礼拜茶”[lɐi^{23}pai^{33}ʧ^{h}a^{21}]，即每周休息日去茶楼与亲友相聚。对于广州人来说，到茶楼饮早茶吃点心实在是一种享受，称为“叹早茶”[t^{h}an^{33}ʧou^{35}ʧ^{h}a^{21}]，从前也有人谑称之为“坐茶监”[ʧ^{h}ɔ^{23}ʧ^{h}a^{21}kam^{53}]（见图4–104）。

在广州饮茶有不少特别的茶俗，例如请服务员开盖续水时，食客须把壶盖打开，作为续水的信号。相传过去有一富商，饮茶时使堂倌替其续水，堂倌刚打开壶盖，富商大叫说壶中原有名贵画眉，已被堂倌不慎放飞，要赖要求堂倌赔偿。此后老板规定续水之前，必须由食客先打开茶盖，以防有诈。

广州人在别人倒茶时，须以食指和中指轻叩桌面，表示感谢。据说此俗来自乾隆皇帝下江南。因微服出巡，乾隆为随从斟茶，随从避免下跪叩拜

图4－104 叹早茶

暴露身份，而以双指微屈轻叩桌面表示叩礼。旧式叩指礼是屈手抱空拳，叩手指关节，有叩头礼之遗存。后来逐渐简化为只用中指和食指并拢轻叩指尖，亦可引申用于谢酒或谢烟。

此外，广州饮茶有“茶满欺人”[ʧʰa²¹mun²³hei⁵³jɐn²¹]一说，即斟茶八分满便可，斟满则欺客不敬，此即“茶半酒满”[ʧʰa²¹pun³³ʧɐu³⁵mun²³]之俗。

茶寮 [ʧʰa²¹liu³⁵]

广州人边饮茶边吃点心的风气浓厚，历史悠久。最早出现的饮茶场所是“茶寮”，乃是用竹木搭建的简陋房舍，环境和设施都较差，供苦力、行人饮茶和休憩。此外，广州早期还有一些低级的专业茶馆，只开早午市不开夜市，每盅茶只收两厘钱茶水费，故称之为“二厘馆”[ji²²lei⁵⁵kwun³⁵]，消费者多是贩夫走卒等下层民众。与“二厘馆”类似，而经营饭市的中下阶层食肆称为“地猫馆”[tei²²mɐu⁵³kwun³⁵]或“晏店”[an³³tim³³]。

茶居 [ʧʰa²¹køy⁵³]

对于士绅、官僚等上层阶级来说，光顾“二厘馆”显然有失身份，于是带有“居”字的茶楼便应运而生，这就是广州人所说的“茶居”。茶居多设在繁华商业区的骑楼内，环境、装饰、设施等也都比较考究，茶叶品种多样，点心色香味美（见图4–105）。

第一家正式的茶楼出现于清光绪年间，即建于十三行的三元楼，时称“高楼馆”[kou⁵³lɐu²¹kwun³⁵]。三元楼出现以后，茶居渐渐改称“茶楼”。茶楼多设在繁华商

图4－105 早期的茶居（资料图片）

图4－106 今天的陶陶居

业区的骑楼内。“上茶楼”[ʃœŋ^{23}ʧʰa^{21}lɐu^{35}]（或“上高楼”[ʃœŋ^{23}kou^{53}lɐu^{35}]）也成为广州人社会交际的一个代名词。茶楼的建筑风格偏于传统，但也吸收了西方古典建筑的一些元素，早期较为著名的有陶陶居（见图4–106）、成珠楼、莲香大茶楼等。

辛亥革命后，茶楼开始重视点心制作，讲究“水滚茶靓”[ʃøy^{35}kwɐn^{35}ʧʰa^{21}lɛŋ^{33}]。茶楼有包点、烧卖、拉肠等食品供应，多数是由厨工用蒸笼装好，在茶客座位行间高声喊卖。20世纪30年代以后，“星期美点”风行一时，即根据时令轮换茶楼点心，咸甜相配，同时也改用写单付账的方式，无须叫数，厨工也不必喊卖。与此同时，茶楼、酒楼、粉面三行业差别逐渐消失，酒楼兼营茶市，而茶楼亦兼营酒菜，此外还同时兼营饼食。80年代以后，原来饮早茶的习惯发展为早、午、夜茶，同时开设音乐茶座。

茶室 [ʧʰa^{21}ʃɐt^{5}]

在茶叶和茶点的供应方面，茶室较茶楼更为讲究精研。旧时茶室的茶价多为每盅三分六，即半毫，高于一般的茶楼。饮茶前，必先由伙计以开水烫过茶盅，另置茶杯加入开水。至于点心，则先印好点心单，备上铅笔，由茶客勾选，即点即蒸，非但无“回笼”或“翻蒸”者，而且不时不食，仅供应合时令的茶点。如今，传统茶室在广州基本已经消亡，但香港的陆羽、莲香仍存其旧俗。茶室“即点即蒸”的做法，近年在茶楼业界亦有所复兴。

音乐茶座 [jɐm^{53}ŋɔk^{2}ʧʰa^{21}ʧɔ^{22}]

音乐茶座是集饮茶与欣赏音乐为一体的娱乐形式。清代同治年间开始在茶楼内设歌坛，请伶人为食客演唱乐曲，至20世纪20年代大为盛行（见图4–107），此俗延续至“文革”前。“音乐茶座”的说法则出现于20世纪80年代，最早以东方宾馆闻名。音乐茶座以演唱通俗歌曲为主，亦有兼唱粤曲与民族歌曲，有些还备有舞台与舞池，甚至自备乐队，观众可随意点唱。音乐茶座亦产生一些知名的广东通俗歌手。卡拉OK兴起以后，音乐茶座日渐消亡。

图4－107 茶楼内的歌坛（资料图片）

图4－108 旧式酒楼的大厅

酒楼 [tʃɐu^{35}lɐu^{21}]

广州古时有酒楼与酒馆之分：前者有厅房台座（见图4–108）；后者只有铺面，送菜上门。19世纪后，酒家逐渐增多，20世纪30年代许多茶楼也开始兼营酒菜，到40年代达到鼎盛，而在六七十年代曾一度萎缩，80年代迅速恢复和发展。广州的酒楼多数称为酒家或饭店，也称为楼、馆、居、酒楼、菜馆、食街、渔村、渔港等。50年代后形成一批园林布局的酒家建筑，以北园、泮溪、南园等为典型，称为“园林酒家”。广州不少酒楼一日有五市，称为“三茶两饭”[ʃam^{53}tʃʰa^{21}lœŋ^{23}fan^{22}]，即包括早茶、午饭、下午茶、晚饭和夜茶，反映广州人完整的饮食习惯。

大排档 [tai^{22}pʰai^{21}tɔŋ^{33}]

“大排档”本为“大牌档”，指领有执照在街边或较低档地带营业的饮食摊店，有时还指经营衣服、杂货的摊点。这种占用马路边营业的低档店铺，须有特批的营业证。经营者通常将营业执照放大用镜框镶好，挂在店铺的显著位置上，以示自己合法经营，防备有关管理部门检查，故名“大牌档”。

大排档最初起源于香港，广州20世纪七八十年代开始盛行。大排档一般设备简陋，多置于小巷拐角或骑楼底下，经营早餐或宵夜，后亦有增设午晚饭市，甚至通宵营业，菜式多为海鲜野味，味道讲究，价格相宜（见图4–109）。

冰室 [peŋ^{53}ʃɐt^{5}]

冰室是经营雪糕和冷冻饮料为主的冷饮店，盛行于省港澳。冰室始于20世纪30年代，后逐步发展，80年代多已兼营西饼、甜品等。有的酒家也兼营冷饮。在香港，冰室是茶餐厅的雏形。广州著名的冰室有顺记冰室、美利权冰室等。

埋单 [mai^{21}tan^{53}]

即结账、算账，又称为“找数”[ʧau^{35}ʃou^{33}]。“埋”在广州话有聚集、结集、加起来之意。早期茶楼按茶杯计算茶位，以点心碟计算点心费。伙计以点算茶杯和点心碟的数目心算茶客应付的茶费，称之为“睇数”[t^{h}ɐi^{35}ʃou^{33}]，并高声向掌柜“叫数”[kiu^{33}ʃou^{33}]，由顾客自行到柜台付款。

1941年太平洋战争时期，香港加收百分之五的饮食税备战。征税使食肆采取记账制度，由顾客拿单据到柜面结账，并纳税款。食肆集中单据，以待税务人员查核，因而改变过去“叫数”的收款方式。第二次世界大战之后，食肆取消饮食税，但“埋单”的说法在广州话中保留下来。如果顾客吃完东西没付账就走，称之为“走单”[ʧɐu^{35}tan^{53}]，又称“食霸王饭”[ʃek^{2}pa^{33}wɔŋ^{21}fan^{22}]。

图4－109 骑楼底下的大排档

图4－110 冰室

卡位 [ka^{53}wɐi^{35}]

原指火车车厢中隔开的背靠背的座椅，亦指茶楼酒馆中隔开的背靠背的座椅。卡位主要流行于香港，而广州则多见于西餐厅。“卡”是英语car之音译。

昭君口 [tʃ^{h}iu^{53}kwɐn^{53}hɐu^{35}]

老广州将酒楼的出菜口称为“昭君口”，因“昭君出塞”中的“出塞”与“出菜”[tʃ^{h}øt^{5}tʃ^{h}ɔi^{33}]同音而得名，亦有将上菜位称为“昭君位”[tʃ^{h}iu^{53}kwɐn^{53}wɐi^{35}]之说。

图4－111 昭君口

粉牌 [fɐn^{35}p^{h}ai^{35}]

又称“水牌”[ʃøy^{35}p^{h}ai^{35}]，是旧时茶楼酒馆用以介绍菜式及价格，或者店铺临时记账或记事用的白色木牌。牌子上的字可以随写随抹，因此俗谓随便提出、可商量改变的主张为“粉牌字”，有歇后语“粉牌字——任改唔嬲”之说。

例牌 [lɐi^{22}p^{h}ai^{35}]

在饭店叫菜，可按需要而要加大或减少用料。如无特别需要则按常例做，称为“例牌”，也可因应就餐人数改为“中牌”或“大牌”。

摆酒 [pai^{35}tʃɐu^{35}]

喜庆事宜办酒席请客，均称为“摆酒”。亲朋之间讲和，也常以摆酒宴为名目恢复关系，称之为“摆和头酒”[pai^{35}wɔ^{21}t^{h}ɐu^{21}tʃɐu^{35}]。而在广州的一些城中村或郊区农村，还有在节日摆“千人宴”[tʃ^{h}in^{53}jɐn^{21}jin^{33}]的习俗，场面热闹非凡（见图 4–112）。

打边炉 [ta^{35}pin^{53}lou^{21}]

即打火锅。边炉一般中心有烟囱，置炭火，使锅中羹汤保持沸滚，置炉于左右称为“边炉”。“打边炉”亦谑指围在垃圾桶上的烟灰缸边抽烟。

图4－112 准备千人宴的大锅一字摆开

劏 [tʰɔŋ^{53}]

“劏”原应作“汤”，即宰杀家禽、家畜后以沸汤去毛。凡宰必用汤，故渐以“汤”代替宰杀。“生劏”[ʃaŋ^{53}tʰɔŋ^{53}]即活宰之意。

饮胜 [jɐm^{35}ʃeŋ^{33}]

广州人以水为财，所以“干”不吉利，将“干杯”改呼为“饮胜”，简称为“胜”。

起菜 [hei^{35}ʧʰɔi^{33}] / **起茶** [hei^{35}ʧʰa^{21}]

广州人在筵席开始时，由主人叫服务员“起菜”，即上菜，亦谓“叫起”[kiu^{33}hei^{35}]。而在筵席将散时，主人则叫服务员“起茶”，即让服务员为客人收拾碗碟，重新上茶。

卖大包 [mai^{22}tai^{22}pau^{53}]

最初指商店减价贱卖，后来多指送人情，利益均沾。民国初年，不少茶楼在新开张的三日之内为了招徕顾客，每天只做一百几十个大包，大小也做成一般包子的数倍，馅料十分丰盛，一角钱卖三个，不计成本，低价卖给顾客。尽管这些大包的馅料多是用厨房的剩菜做的，其做法仍受大众欢迎，反映广州人经济实惠的饮食民风。

混吉 [wɐn^{22}kɐt^{5}]

旧时一些饮食店为了招徕顾客，顾客光顾时先免费奉上一碗用猪骨、虾壳等下脚料熬成的清汤，再请客人点菜。这碗汤没有实际内容，因此被称为“空汤”。广州话“空”与“凶”同音，被认为不吉利，故改称“吉汤”[kɐt^{5}t^{h}ɔŋ^{53}]。一些人好吃懒做，或者生计无着，就到店里喝完汤后不点菜就走人。由于“吉汤”是免费的，因此店里也无可奈何，便称此等人为“混吉”。“混吉”指徒劳无功、瞎忙，又指做事不认真、马虎塞责，或捣乱、糊弄人。

九大簋 [kɐu^{35}tai^{22}kwɐi^{35}]

“九大簋”指丰盛的宴会酒食。旧式筵席只有九大碗菜，而粤人团年饭或设家宴，一般做足八菜一汤。“簋”是古代祭祀使用的盛黍稷的圆器，比一般的碗稍大。

田鸡东 [t^{h}in^{21}kɐi^{53}toŋ^{53}]

亦称为“田鸡局”[t^{h}in^{21}kɐi^{53}kok^{2}]，指聚餐时参与者各出自己的一份钱。田鸡是可食用的大青蛙的俗称，“蛤”[kɐp^{3}]是蛙类的统称，故田鸡有“蛤”的说法。广州话“蛤”与“佮”[kap^{3}]（合起来）音近，因此“田鸡东”就是合起来各自做东，即今日所说的“AA制”。

食无情鸡 [ʃek^{2}mou^{21}ʧ^{h}eŋ^{21}kɐi^{53}]

每年除夕饭时（也有在年初二“头祃”或农历十二月十六“尾祃”之说），老板付清雇员工资以后，会与员工一同吃饭，席上通常备鸡。如果席间老板将大块鸡肉送到某位员工碗里（一说老板吩咐厨师将鸡头对准某位员工），此即辞退暗示，不必另行通知，员工理当知趣，饭后另谋高就，故称为“食无情鸡”。

请春茗 [ʧ^{h}ɛŋ^{35}ʧ^{h}øn^{53}meŋ^{23}]

“春茗”本为“春酒”，正月酌春酒是古代相传的习俗。“请春酒”起初是一种盛行于官场的团拜方式，明清之际工商业渐次繁荣，城市商贾也以请春酒来联络感情，成为一年一度的公关手段。清代广州出口以茶叶为大宗，故每年春茶上市，茶商就照例设宴招待外商品尝新茶，兼谈生意，因此在请柬上便写“春茗”以代替“春酒”。后来其他行业跟风，亦称之为“请春茗”。

六　起居

冲凉 [ʧʰoŋ^{53}lœŋ^{21}]

广州人将洗澡称为“冲凉”，又称为“洗身”[ʃɐi^{35}ʃɐn^{53}]，儿语称为“洗白白”[ʃɐi^{35}pak^{2}pak^{2}]。因气候炎热，而冲凉有助清洁身体，降温防暑，消除疲劳，故广州习俗每天都冲凉，以保持身体凉快舒适。广州居民住宅内多有可供洗浴的卫生间，故广州市面无公共浴室。

瞓觉 [fɐn^{33}kau^{33}]

即睡觉，“瞓”与“训”同音，故俗写为“瞓”。广州人谑称睡觉为“见周公”[kin^{33}ʧɐu^{53}koŋ^{53}]或“揾周公”[wɐn^{35}ʧɐu^{53}koŋ^{53}]，语出《论语》，孔子云“吾不复梦见周公”。儿语称为“觉觉猪”[kɐu^{21}kɐu^{53}jy^{53}]。

以熟睡程度言，睡觉可分为“醒瞓”[ʃɛŋ^{35}fɐn^{33}]与“瞓餂”[fɐn^{33}nɐm^{22}]，前者指易醒、有动静马上醒来，后者则指熟睡。睡相不好又称为“反瞓”[fan^{35}fɐn^{33}]。“眼瞓”[ŋan^{23}fɐn^{33}]指疲倦，打瞌睡则为“瞌眼瞓”[hɐp^{5}ŋan^{23}fɐn^{33}]。落枕称为“瞓戾颈”[fɐn^{33}lɐi^{35}kɛŋ^{35}]。

两人同睡一张床称为“孖铺”[ma^{53}pʰou^{53}]，在地上睡觉称为“打地铺”[ta^{35}tei^{22}pʰou^{53}]，而在客厅睡觉则谑称为“做厅长”[ʧou^{22}tʰɛŋ^{53}ʧœŋ^{35}]。

早晨 [ʧou^{35}ʃɐn^{21}] / **早唞** [ʧou^{35}tʰɐu^{35}]

“早晨”即“早上好，早安”，是英语morning的意译，用于早上见面打招呼。“早唞”即“晚安”，用于晚上临别时。广州话称休息为“唞”[tʰɐu^{35}]，俗字亦作“唞”，故“早唞”字面义即劝人早些休息。“唞凉”[tʰɐu^{35}lœŋ^{21}]即乘凉（见图4–113）。

图4－113 村民在大榕树下“皾凉”

唔该 [m̩^{21}kɔi^{53}]

即谢谢、劳驾。“非常感谢”可说“唔该晒”[m̩^{21}kɔi^{53}ʃai^{33}]。广州话“多谢”[tɔ^{53}ʧɛ^{22}]也可表感谢，“非常感谢”也可说“多谢晒”[tɔ^{53}ʧɛ^{22}ʃai^{33}]，但语义与“唔该”有所区别。“唔该”有麻烦或打扰对方之意，用于当面感谢别人的帮忙，或请求别人做某事，如借光时可说“唔该借咩”[m̩^{21}kɔi^{53}ʧɛ^{33}mɛ^{35}]；而“多谢”则用于当面感谢别人的赠与，如金钱、礼物等，此时不能用“唔该”。“唔该”的答语为“唔使唔该”[m̩^{21}ʃɐi^{35}m̩^{21}kɔi^{53}]，可简称为“唔使”；而“多谢”的答语则为“唔使客气”[m̩^{21}ʃɐi^{35}hak^{3}hei^{33}]。

失觉 [ʃɐt^{5}kɔk^{3}]

即“失敬，不好意思”，是用于初次见面时尊敬对方的客套话。广州人初次见面除了询问对方“贵姓”外，询问对方职业时还会问“做盛行”[ʧou^{22}ʃeŋ^{22}hɔŋ^{35}]，而询问对方公司名称时则问“贵宝号”[kwɐi^{33}pou^{35}hou^{22}]。

错荡 [tʃʰɔ^{33}tɔŋ^{22}]

主人对来访者的客套话，用于客人未经邀请或事先打招呼而登门拜访时。“错荡”原意指走错了地方，此处是主人家的谦称。为表招呼不周，主人还会说“招呼唔到”[tʃiu^{53}fu^{53}m̩^{21}tou^{33}]。

滚搅 [kwɐn^{35}kau^{35}]

即“打扰”，一般用于客人道别时，对打扰对方表示歉意。而主人道别时则说“唔送”[m̩^{21}ʃuŋ^{33}]或“慢慢行”[man^{22}man^{35}haŋ^{21}]，意表“不送了，请慢走”。

有心 [jɐu^{23}ʃɐm^{53}]

客套话，表示“谢谢您的关心”。而“托福”或“托您的福”，广州话称为“托赖”[tʰɔk^{3}lai^{22}]。

大佬 [tai^{22}lou^{35}]

“大佬”原意为“哥哥”或“大哥”。日常用语称对方为“大佬”，有称兄道弟、套近乎之意。“大佬”不仅用于男性，也可用于女性，但多用于蓝领阶层，如“工人大佬”“司机大佬”等，语近“师傅”。广州话也称陌生男子为“哥记”[kɔ^{53}kei^{33}]。与之相反，“细佬”[ʃɐi^{33}lou^{35}]指“弟弟”或“小弟”，多用于谦称，以此称呼对方则有轻蔑意。

世侄 [ʃɐi^{33}tʃɐt^{2}]

旧时对后辈或朋友儿子的称呼，也用于上了年纪的长者（一般用于男性）对晚辈男性的称呼。与“世侄”相反的称呼为“世伯”[ʃɐi^{33}pak^{3}]，对女性长辈则称为“伯母”[pak^{3}mou^{23}]，因广州话“伯”与“百”、“母”与“冇”（无）同音，世俗以为不祥，故亦有人称之为“伯（百）有”[pak^{3}jɐu^{23}]或“伯娘”[pak^{3}nœŋ^{21}]。

伍·农工百艺

图5－1 鱼米之乡

广州传统的农事一般限于城郊。至今除越秀、荔湾、海珠三个老城区，其他区域仍有大量的人口从事农业。广州还是一座具有两千多年历史的文化古城，越秀、荔湾等老城区的手工业和商业一直非常发达。俗语“男勤耕，女勤织，足衣又足食”，“若要穷，朝朝瞓到热头红；若要富，耕田养猪磨豆腐”，反映了广州人对传统农工百艺的基本观念。

一　农事

广州地处珠三角地区，水稻种植基本按农时节令进行，一般一年收成两次，即“一年两造”[jɐt^{5}nin^{21}lœŋ^{23}tʃou^{22}]，分“早造”[tʃou^{35}tʃou^{22}]和“晚造”[man^{23}tʃou^{22}]。

水稻，广州话说“禾”[wɔ^{21}]，水稻的收成称“禾造”[wɔ^{21}tʃou^{22}]。“早造”是春季稻，谓之“早禾”[tʃou^{35}wɔ^{21}]，又称“早造禾”[tʃou^{35}tʃou^{22}wɔ^{21}]。春稻产出的米叫“早造米[tʃou^{35}tʃou^{22}mɐi^{23}]，也叫“早禾米”[tʃou^{35}wɔ^{21}mɐi^{23}]。同样，秋季收割的晚季稻叫“晚禾”[man^{23}wɔ^{21}]或“晚造禾”[man^{23}tʃou^{22}wɔ^{21}]，其米叫“晚造米”[man^{23}tʃou^{22}mɐi^{23}]。

浸谷 [tʃɐm^{33}kok^{5}]

一般在惊蛰之后，农民将“谷种[kok^{5}tʃoŋ^{35}]”（稻谷种子）用冷水浸泡，叫“赤水浸谷”。因气温较低，约24小时即捞起，过清水，“琼爽”[k^{h}eŋ^{21}ʃɔŋ^{35}]（晾干），放进蛇皮袋里（见图5–2）。吸足水分的谷种卷封在袋子里，保持相对稳定的湿度，其胚容易发育长大，突破种皮而出，叫“卜芽”[pok^{5}ŋa^{21}]。爆芽后长至约半厘米长即可播种。

“晚造浸谷”一般在小暑后，气温较高，浸泡谷种的时间为8到10小时，无须封盖，直接摊铺在竹器上，以免胚芽“焗死”[kok^{2}ʃei^{35}]（闷坏）。约一天谷种发芽（见图5–3）。铺晾谷种的竹器称“米筛”[mɐi^{23}ʃɐi^{53}]，又叫“箩盖[lɔ^{21}kɔi^{33}]”或“篮仔盖”[lam^{35}tʃɐi^{35}kɔi^{33}]。

育苗 [jok^{2}miu^{21}]

把谷芽撒在已耙好的地里，均匀地覆上细软的泥土，泥土需保持一定湿度，定期杀虫施肥，叫“打虫放肥”[ta^{35}tʃ^{h}oŋ^{21}fɔŋ^{33}fei^{21}]。

图5－2 早造浸谷

图5－3 晚造浸谷

图5－4 胶衣

育苗过程“两造”基本相同，因季节差异，育苗时间有长短之别。“早造”育苗一般要一个月，而“晚造”只需20天或半个月即可。“早造”遇到低温，要覆盖“胶衣”[$kau^{55}ji^{55}$]薄膜防寒（见图5–4）。薄膜需不时掀开“敨气”[$t^{h}ɐu^{35}hei^{33}$]，让芽苗透气，以利生长。“晚造”则最怕遇到台风等自然灾害。农谚云：“早禾怕北风，晚禾怕雷公。”

莳田 [ʃi²²tʰin²¹]

又说“插田”[tʃʰap³tʰin²¹]，指耕作，包括犁田、耙田和插秧等环节。

稻田称“禾田”[wɔ²¹tʰin²¹]，收割后的禾田是硬地，要用农具“犁”[lɐi²¹]来翻泥，谓之“犁田”[lɐi²¹tʰin²¹]（见图5–5）。然后用“水田耙”[ʃøy³⁵tʰin²¹pʰa²¹]（简称“耙”[pʰa³⁵]）将犁过的地耙耕平整，谓之“耙田”[pʰa²¹tʰin²¹]（见图5–6）。农民通常在耙的后面绑上一根横木来平整水田，为插秧做准备，叫“拉田”[lai⁵³tʰin²¹]（见图5–7）。现在许多地方以机器代替人工。

图5－5 犁田

图5－6 耙田

图5－7 拉田

图5－8 捋秧

图5－9 拾秧

图5－10 担禾秧

图5－11 莳禾

莳禾 [ʃi^{22}wɔ^{21}]

秧苗叫“禾秧”[wɔ^{21}jœŋ^{55}]，为生长顺利，从秧田移植到水田，禾秧要连泥铲起，谓之“捋秧”[lyt^{3}jœŋ^{55}]（见图5–8）。将秧苗码进秧盆，层叠放好，称“拾秧”[ʃɐp^{2}jœŋ^{55}]（见图5–9），挑到禾田里叫“担禾秧”[tam^{53}wɔ^{21}jœŋ^{55}]（见图5–10）。插秧说“莳禾”或“莳秧”[ʃi^{22}jœŋ^{55}]（见图5–11）。清明前“莳田”要及时，农谚云“清明唔莳田，一折折一年”，“清明谷雨时，插田莫迟疑”。

“晚造”无须“捋秧”，直接用手拔起禾秧，叫“打秧”[ta^{35}jœŋ^{55}]（见图5–12）。把禾秧箍捆成把，称“一只秧”[jɐt^{5}tʃɛk^{3}jœŋ^{55}]、“一蔸秧”[jɐt^{5}tɐu^{53}jœŋ^{55}]或“一朵秧”[jɐt^{5}tœ^{35}jœŋ^{55}]，以便移运到禾田，禾秧分拆后再插到田里（见图5–13）。

图5－12 打秧

图5－13 打秧后箍成“一只秧”

田间管理 [t^{h}in^{21}kan^{55}kwun^{35}lei^{23}]

立夏，禾苗开始由茎的基部长出分枝叫“发婆”[fat^{3}p^{h}ɔ^{21}]，需追肥除草(见图5–14)。至小满、芒种时节，水稻开始抽穗、扬花，谓之“爆卜”[pau^{33}pok^{5}]，丰收在望。夏收后即开始种植“晚造禾”，农民起早摸黑抢收抢种，所谓“夏至一到，农事最忙”。

广州话中有许多农谚是种田人的经验之谈。寒露时，刮风霜降下雨，最影响晚稻生长，农谚云“寒露最怕风，霜降最怕雨”；北风强劲，易使禾谷失浆而成空壳，谓之“扯白旗”[tʃ^{h}ɛ^{35}pak^{2}k^{h}ei^{21}]，农谚说“寒露打大风，十个田头九个空”。

管好水田灌溉叫“睇田水”[t^{h}ɐi^{35}t^{h}in^{21}ʃøy^{35}]。田中的水道称“水窦”[ʃøy^{35}tɐu^{33}]，

图5－14 施肥

图5－15 水窦

图5－16 割禾

也叫“窦”[tɐu^{33}]，用木闸或石闸来调节通过田地的水量（见图5–15）。虽然霜降寒风最伤晚稻，但田里有水就可减少损失，“禾怕霜降风，禾头有水唔怕风”。

一般立冬过后，把田里的水排干，水稻灌浆转金黄色而呈低垂状即可开镰收割，称“割禾”[kɔt^{3}wɔ^{21}]（见图5–16）；为“禾尾”[wɔ^{21}mei^{23}]（稻穗）脱粒叫“打禾”[ta^{35}wɔ^{21}]（图5–17）；收割后捡拾遗漏的稻穗，谓之“执禾”[tʃɐp^{5}wɔ^{21}]。

图5－17 打禾

图5－18 捆扎禾秆草

图5－19 禾秆堆

禾秆草 [wɔ^{21}kɔn^{35}tʃʰou^{35}]

脱粒后的稻草，又称“禾秆”[wɔ^{21}kɔn^{35}]或“禾草”[wɔ^{21}tʃʰou^{35}]（见图5–18）。“禾秆”堆成的稻草垛叫“禾秆堆”[wɔ^{21}kɔn^{35}tøy^{53}]，又称“秆樽”[kɔn^{35}tʃyn^{22}]，以前农家备以作柴火（见图5–19）。击成细碎状的稻草叫“禾秆衣”[wɔ^{21}kɔn^{35}ji^{55}]，收割后留剩下的根部叫“禾秆头”[wɔ^{21}kɔn^{35}tʰɐu^{21}]。稻草做肥料，既节约又利于来年水稻生长，农谚云“禾草回田，一年顶两年”。禾秆外表无华，喻财不外露，说“禾秆冚珍珠”。

地塘 [tei^{22}tʰɔŋ^{21}]

即晒谷场，又称“禾塘”[wɔ^{21}tʰɔŋ^{21}]。禾谷打好后挑到“地塘”上晒，叫“晒谷”[ʃai^{33}kok^{5}]（见图5–20）。

农闲时，“地塘”是儿童乐园，孩子们欢快地唱道：“月光光，照地塘。年卅晚，摘槟榔。槟榔香，摘子姜。……”

图5－20 晒谷

吓雀仔 [hak^{3}tʃœk^{35}tʃɐi^{35}]

广州话小鸟统称“雀仔”[tʃœk^{35}tʃɐi^{35}]。播种后或谷物将熟时，为防鸟儿飞来啄食，农民在田间插稻草人吓唬小鸟，称“吓雀仔”[hak^{3}tʃœk^{35}tʃɐi^{35}]。现在多用色彩鲜艳的“胶袋”[kau^{55}tɔi^{35}]，系在棍子上插在田地里，风吹声响吓唬鸟雀（见图5–21）；也有将淘汰的旧衣服，用细棍撑成一个穿衣戴帽的人样儿来“吓雀仔”（见图5–22）。

图5－21 吓雀仔（1）

图5－22 吓雀仔（2）

点花生 [tim^{35}fa^{55}ʃɐŋ^{55}]

花生的果仁叫“花生肉”[fa^{55}ʃɐŋ^{55}jok^{2}]，用作种子的花生仁儿叫“花生银”[fa^{55}ʃɐŋ^{55}ŋɐn^{35}]。种花生时逐粒放入一个个早已挖好的小坑里，动作像用手指头敲点土地似的，故说“点花生”[tim^{35}fa^{55}ʃɐŋ^{55}]。又花生另称“地豆”[tei^{22}tɐu^{35}]，种花生又说“点豆”[tim^{35}tɐu^{35}]。

花生的“点法”[tim^{35}fat^{3}]，一般先挖好“坎仔”[hɐm^{35}tʃɐi^{35}]（小坑），再逐粒“点”入，或在“一列一列”的土埂上按一定间隔“点”放，也有把“花生银”播撒后再用食指或棍子直接戳入土，用方言说是“督入去”[tok^{5}jɐp^{2}høy^{33}]。“督”是记录口语的同音字。花生生长期的管理比较简单，长出四五片叶子时“打虫放肥”，除去杂草。

搣花生 [mɐŋ^{53}fa^{55}ʃɐŋ^{55}]

“拔”，广州话说“搣”。花生成熟时，抓住花生株的叶子往上用力，把伸入地下的花生拔出来。故收获花生说“搣花生”。

图5－23 搣花生

摘花生 [tʃak^{2}fa^{55}ʃɐŋ^{55}]

拔出来的花生捆扎好，整齐堆放，叫“拾花生”[ʃɐp^{2}faŋ^{55}ʃɐŋ^{55}]。把根茎上的花生一颗颗地摘取下来，也就是用手“脱粒”，谓之“摘花生”[tʃak^{2}fa^{55}ʃɐŋ^{55}]。农民通常搬张小凳子坐在田头，脚边放个蛇皮袋或小桶子，用来盛放花生。

图5－24 拾花生

图5－25 摘花生

擗花生 [fak^{3}fa^{55}ʃɐŋ^{55}]

花生脱粒的一种方法，又叫“打花生”[ta^{35}fa^{55}ʃɐŋ^{55}]。双手握住花生柄茎叶子，把有果实的那头用力敲打在一块长约半米的木板上，前面竖一竹编屏障以防花生四处飞落。

图5－26 擗花生

晒花生 [ʃai^{33}fa^{55}ʃɐŋ^{55}]

花生脱粒后，挑运到“地塘”或村道上，平摊开来晾晒（见图5–27）。

图5－27 村道也成晒场

苦瓜 [fu^{35}kwa^{55}]

图5－28 瓜架上的苦瓜

因瓜性寒凉，又叫“凉瓜”[lœŋ^{21}kwa^{55}]。苦瓜味苦，但与其他肉菜共煮，他物不苦，故“自苦而不以苦人，有君子之德”。故苦瓜还雅称“君子瓜”[kwɐn^{53}tʃi^{35}kwa^{55}]。粤菜“苦瓜炒牛肉”，牛肉喷香，无丝毫苦味。俗语“白糖炒苦瓜”，糖仍甜，苦瓜苦，有甜有苦，乃同甘共苦之义。

苦瓜还称“菩达”[p^{h}ou^{21}tat^{2}]。此称口语不说，主要出现在童谣里。旧时有儿歌唱道：“嗳嗳，嗳嗳，嗳大个䅟姑嫁隔海。冬瓜菩达我都唔爱，荔枝龙眼大担担来。”“嗳嗳”[ɔi^{21}ɔi^{35}]，轻拍小儿的催眠之声，歌词大意是：最小的女儿长大了，嫁到河对面。不要冬瓜和苦瓜，挑着满满一担的荔枝、龙眼来。

图5－ 29 坠瓜

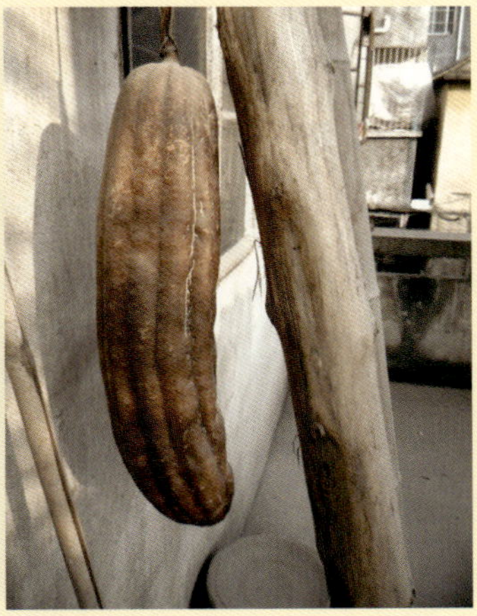

图5－ 30 水瓜

丝瓜 [ʃi^{53}kwa^{55}]

分为两种，一种大而脆，无棱，条痕不深，北方叫“丝瓜”，广州话称“水瓜”[ʃøy^{35}kwa^{55}]；一种是瓜身有棱角，广州人称“丝瓜”，而北方少见。因广州郊区有的地方“丝”“输”同音，人们忌“输”而改称“胜瓜”[ʃeŋ^{33}kwa^{55}]。丝瓜长到一定长度，易弯曲，瓜农在瓜的尾端勾吊一个重约半斤的沙袋，将瓜身拉直，谓之“坠瓜”[tʃøy^{22}kwa^{55}]（见图5–29）。

水瓜一般晒干后成瓜络，可作擦洗的用具（见图5–30）。水瓜大而脆，无棱易断。表示遭受了损失，广州话以水瓜为喻，说“水瓜打狗，唔见咗一橛”。

荔枝 [lɐi22tʃi55]

岭南的荔枝最为有名，苏东坡诗句："日啖荔枝三百颗，不辞长做岭南人。"其果实形、色、香、味俱佳，但若离本枝，其果一日色变，三日味变，四五日外色香味尽去。

增城"挂绿"[kwa33lok2]（荔枝中的优等品种）色香味皆殊绝。据传，何仙姑本是增城小楼仙桂村人，邀众仙到故乡游，把一条绿色绸带挂在荔枝树上，至此果实肉质晶莹，其味绝佳，果壳上均缠有绿色纹线，"挂绿"由此远近闻名。

荔熟蝉鸣时，广州荔枝产区举办"荔枝节"，设"荔枝宴"迎客。菜名相当典雅，如：荷叶荔枝蒸鸡，名"凤上枝头"；拔丝鲜荔枝球，名"长相思"；菠萝、荔枝爆炒鲜排骨，名"荔枝红颜"。

从化一些地方荔枝的开摘日，连枝带叶采摘下来的荔枝摆放在荔枝树下，焚香祭拜，祈求采摘荔枝顺利，称"拜树头"[pai33ʃy22tʰɐu21]。增城则择吉日吉时，家人亲友相聚，荔枝树下摆上丰盛菜肴，喝自酿的荔枝酒，祈求来年荔枝再丰收，是为"祭荔枝"[tʃɐi33lɐi22tʃi55]。

荔枝性热，吃多了上火，叫"荔枝火"[lɐi22tʃi55fɔ35]，故有"一个荔枝三把火"之说。当地人多以咸鱼为主做出各种家常菜，通过日常饮食来调理，如"咸鱼头豆腐煲""咸鱼蒸腊味"或"咸鱼蒸榄角"等。最简便之法是喝淡盐水，也可饮用"荔枝壳煲水"。

图5－31 荔枝树

图5－32 龙眼树

龙眼 [loŋ²¹ŋan³⁵]

又叫"圆眼"[jyn²¹ŋan²³]。广州话"眼珠子"说"眼核"[ŋan²³wɐt²]，龙眼肉白而核黑，如同人的"眼核"，故果以"眼"名。每到夏季，荔枝先熟，龙眼继之，名"荔奴"[lɐi²²nou²¹]；因果实较小，还称"细荔"[ʃɐi³³lɐi²²]。龙眼富含营养，多食益智，故名"益智"[jek⁵tʃi³³]。

龙眼可制成"龙眼干"，剥其果肉，称"龙眼肉"，又名"桂圆肉"，有补心益脾、养血安神之功效。用龙眼花制成的"龙眼花露"，味极美。龙眼树体是制造名贵家具和进行工艺雕刻的上等材料。

二　农具

牛轭 [ŋɐu^{21}ŋak^{3}] / **牛扮浪** [ŋɐu^{21}pan^{22}lɔŋ^{22}]

“牛轭”是牛拉东西时架在牛颈上的器具；从下往上兜住牛颈，与牛轭一起固定牛颈部的器具名“牛扮浪”，“扮”和“浪”都是记录口语的同音字。

图5－33 牛脖子上的牛轭和牛扮浪

牛横担 [ŋɐu^{21}waŋ^{21}tam^{33}]

用来扣接犁的横木，中间有一大铁钩。

造绳 [tʃou^{22}ʃeŋ^{35}]

穿过牛鼻子、“牛轭”与“牛横担”环套的三根绳索合称“造绳”[tʃou^{22}ʃeŋ^{35}]。通过“造绳”，“牛横担”前联牛后钩犁。

图5－34 牛横担

图5－35 造绳

犁手袖 [lɐi^{21}ʃɐu^{35}tʃɐu^{22}]

是便于农民耕田时驾驶牛的一个器具。

水田耙 [ʃøy^{35}t^{h}in^{21}p^{h}a^{21}]

犁田后平整土地的工具。耙的下部是铁齿，两侧各插一根木棍，各拴一条绳子，为牛所牵引；上面横安长约一米的棍子。

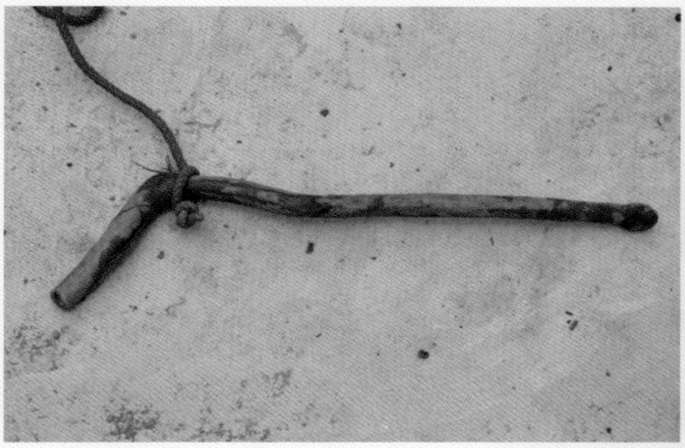

图5－36 犁手袖

图5－37 水田耙

牛笠 [ŋɐu^{21}lɐp^{5}]

牛嘴罩，用竹篾编成，套在牛嘴上，使牛不能乱吃庄稼。

图5－38 牛笠（图右）

谷耙 [kok^{5}p^{h}a^{35}]

晒谷物的农具，又叫“木耙”[mok^{2}p^{h}a^{35}]。谷粒要晒得干透，需不停地耙弄，叫“拱谷”[koŋ^{35}kok^{5}]，又叫“松谷”[ʃoŋ^{53}kok^{5}]。

图5－39 谷耙

脚拨 [kœk^{3}put^{2}]

晒谷物的农具，用于在“地塘”上摊晒谷粒。

图5－40 脚拨

突丫 [tɐt^{2}a^{55}]

晒谷物的农具，也用于耙取柴草。因上端耙齿外突、分叉而名“突丫”，多是竹制的，又称“竹丫”[tʃok^{5}a^{55}]。耙拨或聚拢柴草，广州话说“挠”[jau^{55}]，故又称“竹挠”[tʃok^{5}jau^{55}]、“耙挠”[p^{h}a^{21}jau^{55}]。专用于耙拾柴草的“突丫”叫“柴耙”[tʃ^{h}ai^{21}p^{h}a^{21}]（见图5–42）。

图5－41 突丫

图5－42 柴耙

铁耙 [t^{h}it^{3}p^{h}a^{35}]

耙齿是铁制的，故称。又齿钉在底端木板正中一溜排开，又称“铁央耙谷耙”[t^{h}it^{3} jœŋ^{55}p^{h}a^{21}kok^{5}p^{h}a^{35}]。主要用于平整秧地，翻晒谷物。

薅草耙 [hou^{53}tʃ^{h}ou^{35}p^{h}a^{35}]

除草农具。其设计独特，底部耙身的宽度，与田地里每一垄的间隔相合，置于田间，除草极便。

牛屎挠 [ŋɐu^{21}ʃi^{35}jau^{55}]

用于捡拾牛粪，还可用于松土。

禾镰 [wɔ^{21}lim^{21}]

收割水稻和割草的农具。

图5－43 铁耙

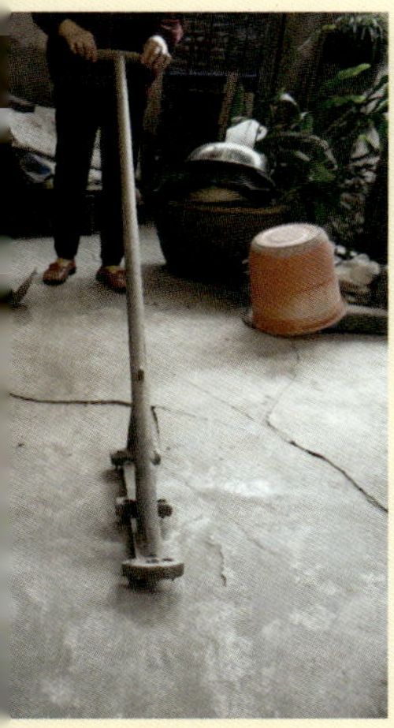

图5－44 薅草耙

图5－45 牛屎挠

图5－46 禾镰

图5－47 手抓禾镰割禾

蔗刀 [tʃɛ^{33}tou^{53}]

收割甘蔗的农具。甘蔗以头部为甜，尾部为淡，说“蔗冇两头甜”，喻指不可能事事如意。蔗尾淡而无味，蔗头虽甜却硬而难啃，中间那段最好吃，说“蔗二爽，甜过糖”。

图5－48 蔗刀

蕉刀 [tʃiu^{55}tou^{53}]

收割蕉类、甘蔗的农具。

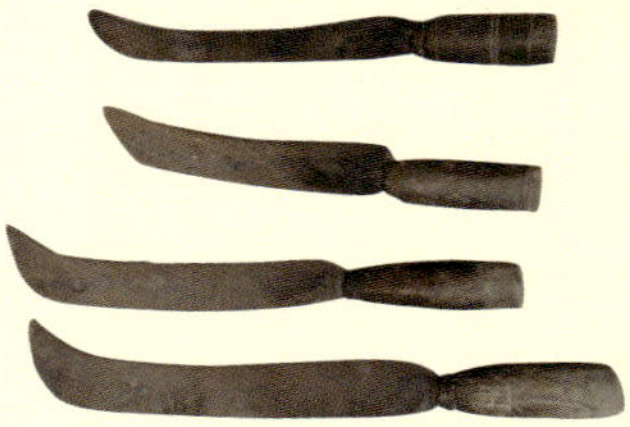

图5－49 蕉刀

柴刀 [tʃʰai^{21}tou^{53}]

用来砍柴或竹子。过去广州人家烧木柴，盛产烧柴的山林，叫“柴山”[tʃʰai^{21}ʃan^{53}]，上山砍柴说“上山攞柴”[ʃœŋ^{23}ʃan^{53}lɔ^{35}tʃʰai^{21}]。草木稀疏的山，砍下的柴火也可聚成堆，“山大斩埋亦系柴”表示积少成多。柴刀也可“破柴”[pʰɔ^{33}tʃʰai^{21}]（劈柴火）。木柴上的疙瘩叫“柴瘿”[tʃʰai^{21}ɐŋ^{55}]，又称“柴缬”[tʃʰai^{21}lit^{3}]，这种木柴极难劈开，“大柴瘿”喻难办之事。

图5－50 柴刀

戽斗 [fu^{33}tɐu^{35}]

番禺南沙称作“泥铲”[nɐi^{21}tʃʰan^{35}]，铲海泥用。干旱时用于戽水的器具也叫“戽斗”（见图 5–52）。

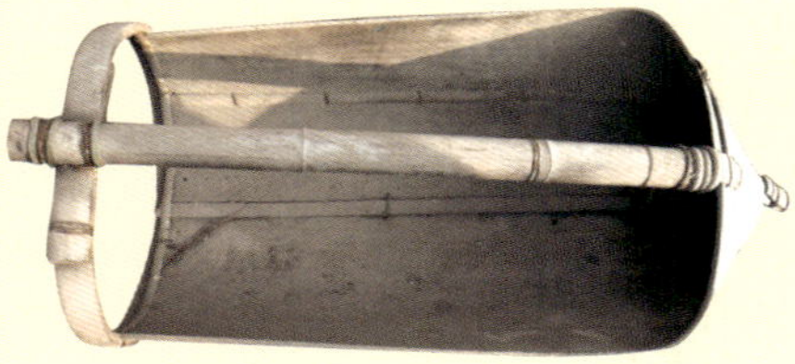

图5－51 戽斗

图5－52 戽水用的戽斗

图5－53 木桶

图5－54 射桶

木桶 [mok^{2}t^{h}oŋ^{35}]

挑水工具。地处珠江三角洲的广州人，大多沿河聚居，过去饮用的是河水，当年就用这种木桶到河边“担水”[tan^{53}ʃøy^{35}]（挑水）。

射桶 [ʃɛ^{22}t^{h}oŋ^{35}]

又称“射斗”[ʃɛ^{22}tɐu^{35}]，主要用于给禾田、菜地浇水。

鱼笭 [jy^{21}lɛŋ^{55}]

捕鱼后用来盛鱼的竹器，即鱼篓。

图5－55 鱼笭

虾笱 [ha^{55}kɐu^{35}]

捕捉河虾的竹器。

图5－56 虾笱

白鳝钩 [pak^{2}ʃin^{33}ŋɐu^{53}]

一种捕捞白鳝的工具。白鳝表皮光滑，背部呈暗绿色，腹部白色，故名。白鳝虽生于海，但长于江河，住在珠江边的广州人，过去用这种工具捕捞白鳝。

图5－57 白鳝钩

锄头 [tʃʰɔ^{21}tʰɐu^{35}]

松土和锄草用的农具，旧称“梆头”[pɔŋ^{55}tʰɐu^{21}]。

图5－58 锄头

月梆 [jyt^{2}pɔŋ^{55}]

锄头的一种。其形如弯月，故称“月梆”[jyt^{2}pɔŋ^{55}]，又称“月形锄”[jyt^{2}jeŋ^{21}tʃʰɔ^{21}]。

锄头仔 [tʃʰɔ^{21}tʰɐu^{21}tʃɐi^{35}]

一种小锄头，用于种菜或除草。

翻铲 [fan^{53}tʃʰan^{35}]

用来撮取或清除东西的用具，又称“翻锹”[fan^{53}tʃʰɐu^{53}]和“铁铲”[tʰit^{3}tʃan^{35}]，简称“铲”[tʃʰan^{35}]。

图5－59 月梆

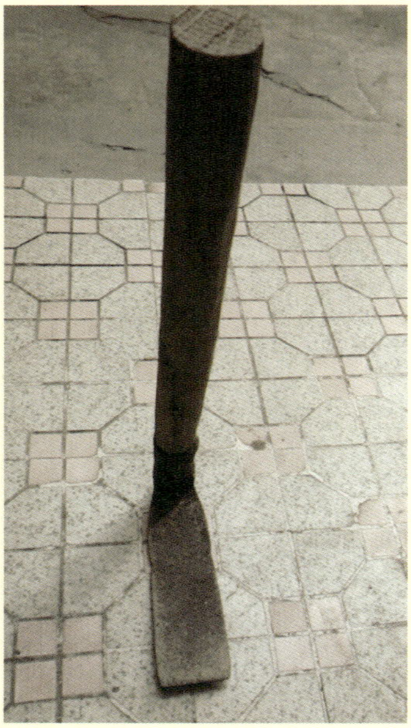
图5－60 锄头仔

图5－61 翻铲

图5－62 锹

图5－63 大锹

图5－64 禾杈

锹 [tʃʰiu⁵⁵]

用于起挖芋头、葛等块茎植物的农具，也可用于除草。

大锹 [tai²²tʃʰiu⁵⁵]

在农田开凿水坑或修筑堤坝时用于起泥的工具。

禾杈 [wɔ²¹tʃʰa⁵⁵]

用以挑翻稻草的大杈子。其把柄顶端有两道分叉，在广州人看来，堂亲是同一祖宗的分支，跟“禾叉”把柄上的两个分叉相似，以“禾杈髀”表示堂亲关系，如堂弟说“禾叉髀细佬”。歇后语“禾杈跌落井，一杈到底”，“禾杈”掉入水井，直落至底。广州话“差”“杈”同音，“杈到底”音同“差到底”。

秧盆 [jœŋ⁵⁵pʰun²¹]

放秧苗的盆形盛器，称“秧盆”。旧时插秧时用的盛秧苗的木盆，因浮在水面上，故称为“禾船”[wɔ²¹ʃyn²¹]。

图5－65 秧盆

图5－66 禾船

秧箕 [jœŋ⁵⁵kei⁵⁵]

又叫“疏箕”[ʃɔ⁵⁵kei⁵⁵]，一种盛放秧苗的疏孔畚箕，多用竹篾编成。也放菜地里割下来的青菜，又称“菜篮”[tʃʰɔi³³lam³⁵]。

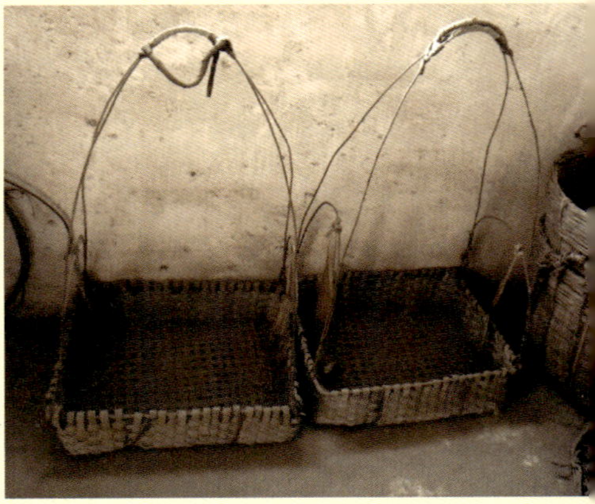

图5－67 秧箕

打禾机 [ta³⁵wɔ²¹kei⁵⁵]

用于稻谷脱粒的农具。主要三个部件：一是“打禾机斗”[ta³⁵wɔ²¹kei⁵⁵tɐu³⁵]，盛装稻谷的，也叫“禾斗”[wɔ²¹tɐu³⁵]；二是“打禾机冚”[ta³⁵wɔ²¹kei⁵⁵hɐm³⁵]，遮盖“禾斗”，以遮挡谷粒四处飞落；三是“机身”[kei⁵⁵ʃɐn⁵³]，“打禾机”最重要的部件。农民一只脚踩踏在机身下的木板上使机子转动，双手握紧“禾手”，放入机身里脱粒。

谷兜 [kok⁵tɐu⁵³]

装放谷子的一种竹器，又称“谷篸”[kok⁵tʃʰam³⁵]。用来装垃圾，名“垃圾篸”[lap²ʃap²tʃʰam³⁵]；装捡拾的牛粪，叫“牛屎篸”[ŋɐu²¹ʃi³⁵tʃʰam³⁵]。脱粒时，把“禾斗”里的谷子舀进“谷兜”，再倒入竹筐。

图5－68 打禾机

图5－69 谷兜

禾桶 [wɔ^{21}t^{h}oŋ^{35}]

旧时手工打稻子脱鞋用的大圆木桶。

图5－70 禾桶

风柜 [foŋ^{53}kwɐi^{22}]

扇车，扬稻谷的风车。不饱满的谷子称“盼”[p^{h}an^{33}]，“盼”是记录口语音的同音字。谷子晒干后，用风车扬除“盼”，谓之“风谷”[foŋ^{53}kok^{5}]。“风柜”最上端的是装稻谷的斗，呈三角形；下面两个下倾的导盆，一小一大，是“风谷”后谷粒和“盼”的分流处，下面可分别置放箩筐。

图5－71 风柜

花生插 [fa^{55}ʃɐŋ^{55}tʃ^{h}ap^{3}]

对花生进行脱粒的简易工具，用竹篾编织成。上面的屏障，防止操作时花生四处溅落；中间置一木板，用以击打花生用；侧开一滑落口，下放一桶，接住打落下的花生。

图5－72 花生插

图5－73 竹箕

竹箕 [tʃok^{5}kei^{55}]

用竹篾编成的器具，用来簸粮食等。

箩 [lɔ^{21}]

竹编的箩筐。筐耳称“箩耳”[lɔ^{21}ji^{23}]，筐底说“箩底”[lɔ^{21}tɐi^{35}]。插秧、割稻是农村最忙时节，无闲人，无空箩，广州话说“插田冇得闲婆，割禾冇得空箩”。

图5－74 箩

竹络 [tʃok^{5}lɔk^{35}]

又称“禾络”[wɔ^{21}lɔk^{35}]，简称“络”[lɔk^{35}]。用来挑成捆的农作物或稻草，还可用来挑砖。

谷围 [kok^{5}wɐi^{21}]

仓储谷物的用具。旧时用竹篾编织，今多用金属制作。

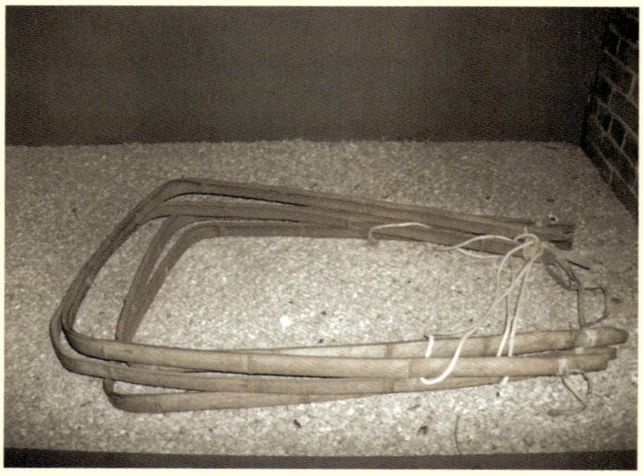

图5－75 竹络

图5－76 谷围

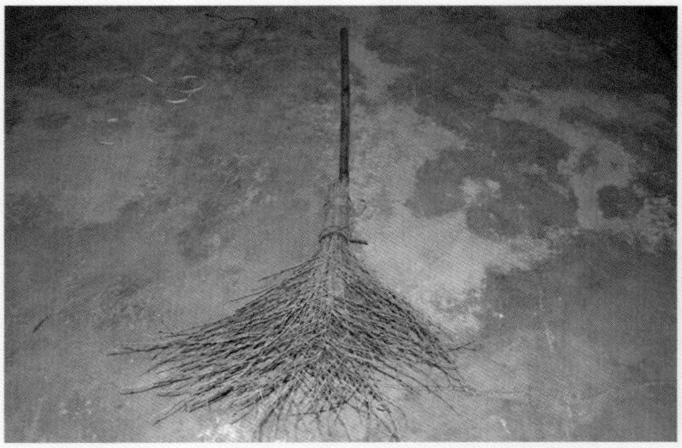

图5－77 禾扫

图5－78 竹扫

禾扫 [wɔ²¹ʃou³⁵]

摊晒谷子时，清扫尘土和脱粒后残留的碎秆细壳的用具。稻穗说“禾尾”[wɔ²¹mei²³]，绑制成的小扫帚叫“禾尾扫”[wɔ²¹mei²³ʃou³⁵]，简称“禾扫”[wɔ²¹ʃou³⁵]。

竹扫 [tʃok⁵ʃou³⁵]

作用同“禾扫”。细竹枝叫“竹尾”[tʃok⁵mei²³]，扎成的小扫帚叫“竹尾扫”[tʃok⁵mei²³ʃou³⁵]，简称“竹扫”。从化和白云区还称作“揦叉”[la⁵⁵tʃʰa⁵⁵]。

舂米器 [tʃoŋ⁵³mɐi²³hei³³]

舂米用具。用石头架起一根粗木杠，杠的一端安装在石头架上，杠的另一端是舂米的木杵，谓之“舂杵”[tʃoŋ⁵³tʃʰy³⁵]。用脚连续踩踏，舂杵上下起落，反复舂捣，从而除去石臼中谷物的皮壳。简单的舂米方式只是一个石臼，用杵捣米。

图5－79 舂米器

舂臽 [ʧoŋ⁵³hɐm³⁵]

“舂臽”即石臼，金属或石头制的小臼称“舂臽仔”[ʧoŋ⁵³hɐm³⁵ʧɐi³⁵]（见图5–81），中药店多用于捣药。“舂杵”[ʧoŋ⁵³ʧʰy³⁵]是与“舂臽”配套的木杵或金属杵。

图5－80 舂臽

图5－81 舂臽仔

图5－82 石转磨

石转磨 [ʃɛk^{2}tʃyn^{33}mɔ^{35}]

简称“石磨”[ʃɛk^{2}mɔ^{35}]，研磨粮食的工具。由上下两个圆石盘做成，石盘叫“磨扇”[mɔ^{21}ʃin^{33}]。磨的中轴叫“磨心”[mɔ^{21}ʃɐm^{53}]，又称“脐”[tʃ^{h}i^{21}]。下磨扇固定，上磨扇有注孔叫“磨眼”[mɔ^{21}ŋan^{23}]，可绕轴转动，叫“磨碌”[mɔ^{21}lok^{5}]，谷物通过“磨眼”流入，从而磨成粉末。

龙骨车 [loŋ^{21}kwɐt^{5}ʧ^{h}ɛ^{55}]

旧时一种靠脚踏来带动的抽水装置，因形似龙，故名。今天只能在民俗博物馆才见得到。

图5－83 龙骨车（左下方）

图5－84 大实力

大实力 [tai^{22}ʃɐt^{2}lek^{2}]

28寸自行车。因车型大，能载重物，又相当实用，故称。

斗车[tɐu^{35}tʃ^{h}ɛ^{55}]

工地常用的一种运输工具。因车身像斗，故称。

图5－85 斗车

猪笼 [tʃy^{53}loŋ^{21}]

用竹篾编的装运生猪的长笼子。俗语“猪笼入水”喻指财源广进。

图5－86 猪笼（左上角）

三　手工艺

广州的传统手工艺非常发达，较为著名的有广绣、广彩、牙雕、玉雕、根雕等，工艺品畅销全国各地和世界许多国家。

广绣 [kwɔŋ³⁵ʃɐu³³]

刺绣是一种以绣针引导彩线，把美丽的纹样绣在织品上的民间工艺。广绣与苏绣、湘绣、蜀绣被誉为我国四大名绣，其特点是图案繁密，色彩富丽，画面立体感强。

当年广州西关的广绣最有特色。一个叫黄洪的西关人，绣艺四代祖传，技术精湛，上门拜他为师的人很多，人称“黄门一派”[wɔŋ²¹mun²¹jɐt⁵pʰai³³]。该派擅长刺绣牡丹、龙凤、孔雀和白鹤等，所绣之品均要进贡，被誉为“宫廷派”。黄洪培养出不少广绣名师，他去世后，西关广绣艺人尊其为师祖。

黄洪的得意门生余德（1880—1966），精于广绣各种传统针法，人称“绣花王”[ʃɐu³³fa⁵⁵wɔŋ²¹]。余德曾绣制一小荷包，长二寸，宽一寸八，一面绣孔雀牡丹，另一面绣鸳鸯荷花，极精美。建国后，余德被任命为广州市工艺美术研究所副所长。

图5－87 广绣

图5－88 广彩

广彩 [kwɔŋ^{35}tʃ^{h}ɔi^{35}]

广州彩绘瓷器的简称，因色彩绚丽又称作“织金彩瓷”[tʃek^{5}kɐm^{53}tʃ^{h}ɔi^{35}tʃ^{h}i^{21}]。明代广州民间流行一种彩瓷工艺，用大红、黄、绿三色绘制碗、碟、壶、杯之类的日用品，当时俗称“饭货”[fan^{22}fɔ^{33}]。清康熙二十三年（1684年）海禁解除，从西方传来了珐琅彩技术，广彩艺人开始借鉴西方技术来发展广彩工艺。

广州手工艺一般以雕刻工艺为代表，主要有牙雕、玉雕和木雕，合称“三雕”[ʃam^{53}tiu^{53}]。

牙雕 [ŋa^{21}tiu^{53}]

象牙雕刻。这种民间工艺始于古代制骨工艺。据史籍记载，秦代广州地区就有象牙雕刻工艺。广州牙雕的特色以镂空、通透的工艺技法为长，精雕细刻而形象逼真（见图5–89）。

图5－89 渔家乐庆丰收（李定宁牙雕作品）

越秀区的象牙街，其形成的年代及得名缘由地方志均无明确记载。据民间所传，早在明代这一带就有很多象牙工艺品的手工作坊。由于临近江边，许多南来北往的船只在此停泊。广州手艺人购买由外输入的象牙，雕琢成精美的象牙工艺品，吸引了大量外商，逐渐形成了象牙原料及牙雕工艺品交换的市场，出现成片的象牙加工作坊。从现存的街道分布来看，一条主干道，分派出象牙一、二、三、四巷和一条象牙北街。后江岸南移，象牙作坊也渐渐转到南面的大新路，形成了著名的“象牙一条街”[$tʃœŋ^{22}ŋa^{21}jɐt^{5}t^{h}iu^{21}kai^{53}$]。大新路交通更便利，街道宽阔，店铺整齐划一。清乾隆年间，广州牙雕业的工艺技术与经营规模居全国之首。

玉雕 [$jok^{2}tiu^{53}$]

广州玉雕工艺源远流长。在广府人的观念中，玉器瑞意吉祥，有定惊辟邪消灾之功效，向来视玉为宝。玉石经过精雕细琢之后，晶莹光洁，有极高的收藏价值。其制品造型美观，工艺精湛，具有鲜明的岭南文化特色。

图5－90 广州玉雕

木雕 [$mok^{2}tiu^{53}$]

始于秦汉时期，盛于宋、明、清，历久而长盛不衰。清末光绪皇帝卧室的“龙床”，为当时广州工艺师精制，因床上雕有“二龙争珠”花纹图案而素负盛名。

图5－91 神台上雕刻的蝠鼠

木雕图案以龙、凤、狮、麒麟、蝙蝠、鸟鱼、寿桃、花卉、金钱及福禄寿字等居多（见图5–91），木雕原料多选取酸枝、坤甸、樟木、菠萝格等贵重木材。工艺特色主要表现在以半立体通雕、满屏雕和多层次雕刻相结合，运用浮雕、通雕、平雕、镶嵌云母贝壳等技法，造型生动洒脱，古朴典雅，极显岭南神韵和雅趣。在广府民居及祠堂建筑，随处可见工艺精湛的木雕（见图5–92、5–93）。

图5－92 陈家祠精美的木雕门窗

图5－93 六榕寺中的木雕门窗

根雕 [kɐn^{53}tiu^{53}]

图5－94 浑然天成

是广州新兴的一种雕刻工艺。锯树之后剩下的部分，包括地下的树根名“树头”[ʃy^{22}tʰɐu^{21}]，小树根说“树仔头”[ʃy^{22}tʃɐi^{35}tʰɐu^{21}]。根雕以“树头”和“树仔头”的原始形态为基础，再经人工雕琢后而成工艺品。因取材于树根，多以形似取胜，跟人工精制品的风格迥然不同，具有一种浑然天成的美（见图5–94）。

广州人生活重情趣，喜欢培植盆栽。许多家庭的院子里、阳台上都会摆上自己制作的盆景。盆栽多选用九里香、相思、福建茶、山橘等树种，还有称作“水横枝”[ʃøy^{35}waŋ^{21}ʧi^{55}]的栀子树和一种叫“酸迷”[ʃyn^{53}mei^{53}]的野草。盆景里有“树仔头”，有植物，再置放几个谓之“石山”[ʃɛk^{2}ʃan^{55}]的人造小山（见图 5–95）。

图5－95 庭院里摆放的自制盆景

四 商业

广州地处南海之滨，物产丰富，加之历史上很早就是对外开放的城市，车马辐辏，商贾云集，商业文化历来十分发达。关于广州的商业民俗，其他章节多已有所涉及，下面再作一些补充介绍。

蕃坊 [fan⁵⁵fɔŋ⁵⁵]

唐宋时广州的商业已相当繁荣，对外经济贸易兴旺，来广州经商的多为阿拉伯人和波斯人，称“蕃客”[fan⁵⁵hak³]。“蕃客”的聚居之地名“蕃坊”[fan⁵⁵fɔŋ⁵⁵]，亦称“蕃巷”[fan⁵⁵hɔŋ³⁵]、“蕃市”[fan⁵⁵ʃi²³]、“蕃落”[fan⁵⁵lɔk²]或“夷落”[ji²¹lɔk²]。宋《萍洲可谈》记载：“广州蕃坊，海外诸国人聚居。”“蕃坊”范围大体包括今广州市中山路以南、人民路以东、大德路以北、解放路以西，以光塔路一带为中心。

怀远驿 [wai²¹jyn²³jek²]

今荔湾区十八甫路的“怀远驿街”[wai²¹jyn²³jek²kai⁵³]，是明代官府在广州设立的“怀远驿”旧址。当年怀远驿建造了120间房子，专供外国使者、商人下榻和从事贸易活动，隶属于市舶提举司，当地的商品贸易亦随之昌盛起来。直到清初，怀远驿的屋宇楼房仍是接待东西洋各国贡使之所。到清代康熙以后，怀远驿的地位与作用逐渐被十三行所取代。“怀远驿街”后来还派生出怀远北、怀远北横、怀远横等街巷名。

图5－96 怀远驿（资料图片）

十三行 [ʃɐp^{2}ʃam^{53}hɔŋ^{35}]

图5－97 十三行（资料图片）

清代设于广州的国家垄断对外贸易机构。一些营业机构广州话称“行”[hɔŋ^{35}]，如“洋行”[jœŋ^{21}hɔŋ^{35}]、“商行”[ʃœŋ^{53}hɔŋ^{35}]，商人的同业公会叫“南北行”[nam^{21}pɐk^{5}hɔŋ^{35}]。十三行是鸦片战争前清政府特许广州海关经营对外贸易的商行，具有半官半商性质。虽称“十三行”，其实并非确指，历年数目不等，只是习惯统称而已。此外，还有“公行”[koŋ^{53}hɔŋ^{35}]、“洋货行”[jœŋ^{21}fɔ^{33}hɔŋ^{35}]和“外洋行”[ŋɔi^{22}jœŋ^{21}hɔŋ^{35}]等称呼。按清政府规定，十三行负责承揽对外贸易，即承销进洋货又购销出口土货，办理外来商贸的报关纳税，传达政府有关法令和执行对外商的管理等。最初，仅充当清政府与外商之间一切交涉的中间人，后来也经营买卖，因享有外贸特权，许多行商成为巨贾。乾隆年间（1736年－1796年），广州成为中国历史上“一口通商”的口岸，十三行垄断了广州的对外贸易。道光二十二年（1842年）中英《南京条约》规定，开放五口通商，废除中国对外贸易中的公行制度，允许英国商人在各口岸任意与华商交易，十三行独揽中国对外贸易的特权终止，开始逐渐没落。咸丰六年（1856年），十三行建筑毁于广州西关大火。

十三行原址在今广州文化公园，今“十三行路”东起人民南路，西至杉木栏路，是广州服装批发集散地（见图5–98）。

图5－98 今十三行路（资料图片）

十三行夷馆 [ʃɐp²ʃam⁵³hɔŋ³⁵ji²¹kwun³⁵]

清代称外国人在中国的馆舍为“夷馆”[ji²¹kwun³⁵]。清代十三行商人修建租给外国商人的馆舍，称“十三行夷馆”。这些馆舍其实是行商和外国商人交易之地，被视为十三行的一个组成部分。各夷馆之间有小街连通，街边货铺林立，货物丰富。清咸丰六年（1856年），夷馆毁于大火。

旧址在今广州文化公园一带。其范围北抵十三行路，东以今人民路为界，西至今康王路，南达珠江边，四至整然。

图5－99 今十三行夷馆旧址街景（资料图片）

走广 [tʃɐu³⁵kwɔŋ³⁵]

明清时集散于广州的货物号称“广货”[kwɔŋ³⁵fɔ³³]，驰名国内外。广州商人从苏、杭等地购买丝、棉、水银、生铜、药材等通蕃货物，南下广州变卖，换取广货北上，称为“走广”。

鸦片战争前，广州是唯一的对外通商口岸，长江流域的土特产和当地人日常需用的洋杂货大都经两条水路：一由广州溯北江过大庾岭，接赣江而至九江；一由广州溯北江过骑田岭，顺湘江而至湘潭。这种商贸互通方式，反映在广州话里，就是称外地来的人或货物多用“江”，如过去特指广东以北的人为“外江佬”，关系友好的外地人称“过江兄弟”，雄心勃勃的外地人是“过江猛龙”，来自各地的货物叫“过江货物”。

栏 [lan⁵⁵]

指专门收购或批发某一种商品的店铺。清《广东新语》记载：“广州凡食物所聚，皆命曰‘栏’。贩者从栏中买取，乃以鬻诸城内外。”随着商贸活动的发展，各“栏”聚集之处皆为买卖交易之地。聚市成街，就有了以“货栏”而名的街巷。

“栏”地名大多集中在今荔湾区和越秀区内，这两个老城区历史上就是商业发达、内外贸易繁盛之地。1925年，一场大火灾就烧去了今一德路的店铺100多间，所有果栏、菜栏尽毁，可见当时的货栏极为密集。长堤一带过去是供应广州蔬菜、水果、鲜鱼、咸鱼、海味、南北干果及农副产品的主要的水路出入口（见图5–100），繁荣的商贸城区内的货栏成为大街小巷的名称。清末至民国时期，广州有大量的“栏”地名，如油栏、麦栏街、糙米栏、菜栏街、豆栏街、新豆栏、果栏街、蔗栏、鸡栏街、鱼栏街、塘鱼栏大街、咸虾栏、蚬栏街、鸭栏、牛栏巷、西猪栏路、竹栏、柴栏巷、杉栏直街、杉木栏直街、桨栏路、皮栏桥、东船栏等，由此可以看到当年多种多样的销售和经营活动。这些地名大多仍还存在。

图5－100 早期的长堤一带（资料图片）

墟 [høy^{55}]

集市。赶集说“趁墟”[tʃʰɐn^{33}høy^{55}]，集市日说“墟日”[høy^{53}jɐt^{2}]。据载，明清以来，广州四乡五谷丰登，为市场交易提供了物质基础，促进了农村墟市的发展。为交易方便，人们聚居于墟场附近，也就有了以“墟”为通名的街路名，如东圃墟、新墟、钟落潭墟、乌冲墟和石龙墟等，这些地方当年就是集市。“墟”还俗写成“圩”，如猪仔圩、大吉圩、江村圩和南岗圩等。

墟市在当年是农产品输出和城市商品流入农村的转销点，因而这类地名主要集中在黄埔、白云和天河等原来的“近郊区”。现在广州的不少街路名虽不以“墟”为通名，但历史上是由墟市发展而来的。如天河区的燕塘和沙河大街，都曾是明清时闻名的两大墟市。原黄埔区100多年前建的鱼珠墟，后来成了一条大街，还派生出鱼珠横街、鱼珠直街、鱼珠新街、鱼珠新后街和鱼珠北街等街名。

墟市在当年人们的日常生活中极为重要，广州话自然有相关的俗语。墟市人声鼎沸，喧闹无比，表示环境嘈杂说“墟冚”“墟咁嘈”或“墟巴嘈闭”；喻指贪得无厌，说“猪仔得食墟墟趁”；女人凑在一起，其热闹堪比墟市，也即“三个女人一条墟”。

天光墟 [tin^{53}kwɔŋ^{53}høy^{53}]

先说“杂架墟”[tʃap^{2}ka^{33}høy^{53}]。广州话的“杂架”[tʃap^{2}ka^{33}]指破烂旧货，买旧货的店铺是“杂架铺”[tʃap^{2}ka^{33}pʰou^{35}]，卖什物的地摊儿称“杂架摊”[tʃap^{2}ka^{33}tʰan^{55}]。当年华林寺前和西门口烂马蹄一带聚集了许多的“杂架摊”，人们称作“杂架墟”[tʃap^{2}ka^{33}høy^{53}]。这里从铁钉、铁丝、旧螺丝帽到棉胎、桌椅、凳子，从最贱的破报纸到天价的古玩玉器无所不有。由于是在半夜开摊，天亮前即散市，又称“天光墟”。

后来在德坭路（今东风西路）和当年还是荒地的今中山八路一带，都曾出现过“天光墟”。

“天光墟”的旧物，有“收买佬”[ʃɐu^{53}mai^{23}lou^{35}]收买到的旧货；有“抛仔”[p^{h}au^{53}tʃɐi^{35}]即扒手偷出来以低价贩卖的东西，人称“老鼠货”[lou^{23}ʃy^{35}fɔ^{33}]；有走私来的“水货”；有违禁的黑货，如盗墓而来的陪葬品，等等。还有坐吃山空的败家子，广州话称“二世祖”[ji^{22}ʃɐi^{33}tʃou^{35}]的，变卖前人留下来的古玩玉器之类的东西。

现在广州人把天亮以前进行交易的集市统称为“天光墟”。

同行一条街 [t^{h}oŋ^{21}hɔŋ^{21}jɐt^{5}t^{h}iu^{21}kai^{53}]

广州的商铺大多是销售同类货物的集中在同一路段上，谓之“同行一条街”（见图5–101）。各店铺都有自己独特的经营门路，有不能公开的商业秘密，虽然竞争激烈，商家都恪守“同行莫过铺，过铺莫揭舗簿”（“簿”指账本）的规则，相互之间极少公开诋毁，因而能相安共存。这种经营方式同时也利于顾客“货比三家”。

濠畔街历史上是南粤有名的商业街，晚清时以经营牛皮鞋料闻名，是全省乃至全国加工销售皮料的集散地。民国初年，其皮料经香港转销世界各地，因此众多的制鞋作坊云集在濠畔街。

图5－101 海鲜一条街

跟绸缎相对的布类，叫“布草”[pou^{33}tʃʰɐu^{35}]。广州高第街经营“布草”和丝质纱绸曾享有盛名。泰康路过去聚卖“山货”[ʃan^{53}fɔ^{33}]，称“山货木器行”[ʃan^{53}fɔ^{33}mok^{2}hei^{33}hɔŋ^{35}]，销售的山货以竹箩筐和竹箕等出名。竹箕或竹编的箕形物，谓之“篸”[tʃʰam^{35}]。因“篸”、“惨”[tʃʰam^{35}]同音，故有一诙谐语：“泰康路好篸（惨）吖！”

沿江边及南堤岸边停泊的渔船，专做批发鲜鱼生意，过秤时报数额的声浪震撼四处邻街。南堤路段是生猪批发场所，生猪过磅时的嚎叫声，让行人掩耳而过。越秀南路一带是“牛栏”，还附设宰牛的屠场，又称“东屠场”。海珠区洪德路永兴街沿岸，过去是水果批发地；南路段内街的“新桥市”专营鲜活海鲜；南北东路靠近海珠桥以西的那一带商铺，专营鸡、鸭苗种业务。市民也常来购买孵不出鸡或鸭的蛋，分别称作“鸡仔蛋”[kɐi^{53}tʃɐi^{35}tan^{35}]和“鸭仔蛋”[ap^{3}tʃɐi^{35}tan^{35}]，据说以酒煮之，大补。

今人民路过去叫“太平路”，太平路状元坊有一家店名称“朱义盛”的首饰铺，专卖不退色的镀金饰物，在市民里有口碑。不变色的镀金首饼，人称“朱义盛货”，有歇后语“朱义盛，永不褪色”。后以假可乱真的“朱义盛”又成了假首饰或赝品的代名词。现在解放南路的一段路，旧称“小市街”，全是打金铺和金饰店，在当时极有名气。文明路长塘街专营锻造刀、剪的行业。

越秀南路的永曜北街和永曜南街，过去专售冥衣、香烛等用品，被称作“东鬼基”[toŋ^{53}kwɐi^{33}kei^{55}]，“鬼”读如“桂”。

广州过去曾有许多行业极兴盛，人称七十二行，行行云集，上至达官富贾，下至贩夫走卒，三教九流，无所不有。曾有街头小诗云：“出门见摆满街头，有人叫卖四巷走。求神拜佛与占卦，五花八门无不有。”随着时代的变迁，许多行业已逐渐消失（见图5–102、5–103）。

图5－102 位于恩宁路的铜器店

图5－103 偶尔还能见到的铲刀磨铰剪师傅

当铺行 [tɔŋ^{33}pʰou^{33}hɔŋ^{35}]

专门收取抵押品而借款给人的店铺叫“当铺”[tɔŋ^{33}pʰou^{33}]。旧时广州的当铺，楼房高大，以麻石砌脚，上累青砖，以石框为窗，方方整整的，中间安上铁栅栏，建得跟炮楼似的。

蝙蝠，广州话说“蝠鼠”[fok^{5}ʃy^{35}]，被当作“福”之象征。当铺门前，一律挂有“蝠鼠衔金钱”的招牌，寓意“入福招利”[jɐp^{2}fok^{5}tʃiu^{53}lei^{22}]（见图5–104）。入当铺者大多怕碰到熟人，因此，当铺里专设一大屏风，叫“挡中”[tɔŋ^{35}tʃoŋ^{55}]，以隔人视线。当铺的柜台设置得很高，当物时要双手上举物品，像“舞狮”似的，上当铺即戏称为“举狮”[køy^{35}ʃi^{55}]（见图5–105）。

当铺榨利甚重，通常是“九出十三归”[kɐu^{35}tʃʰøt^{5}ʃɐp^{2}ʃam^{53}kwɐi^{53}]。即一件物品，押金写1元，实给9角，月息收3角，故谓之“出门眨眼利”。当铺押物分“大押”[tai^{22}at^{35}]、“小押”[ʃiu^{35}at^{35}]两种。大押期限一年或18个月，小押则半年。如果按“大押”或“小押”押物，则另有计算法：以头一个月“九出十三归”为底钱，再加仓存期的租利。

图5－104 蝠鼠衔金钱

图5－105 早期广州的当铺

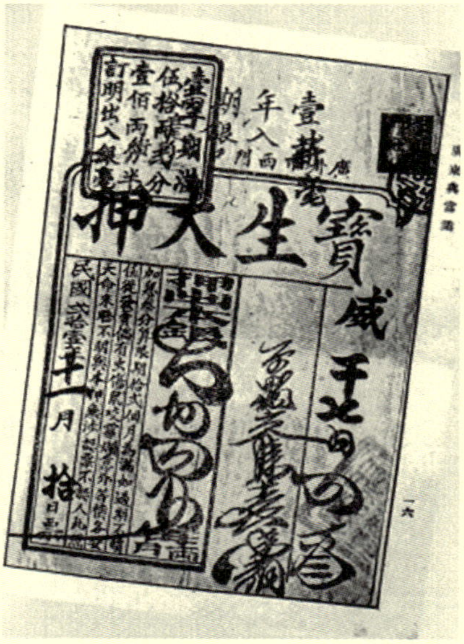

图5－106 宝生大押的当票（资料图片）

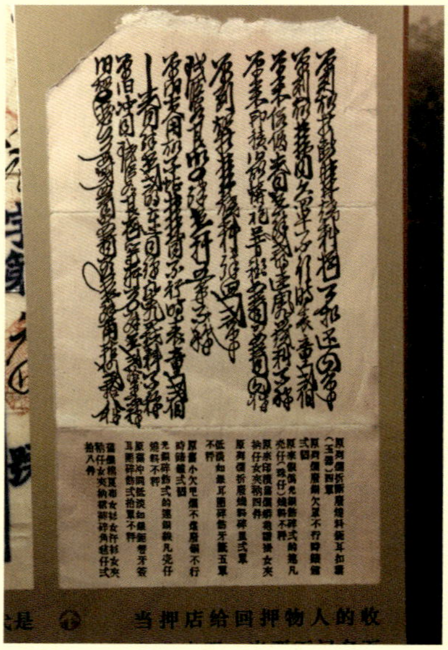

图5－107 被称为“鬼画符”的当字

如过期不赎，则物归当铺，叫“断当”[t^{h}yn^{23}tɔŋ^{33}]。广州人称重利盘剥的当铺为“雷公轰”[løy^{21}koŋ^{55}kwɐŋ^{53}]。

旧时广州大大小小的当铺不少，有“当铺多过米铺”[tɔŋ^{33}p^{h}ou^{33}tɔ^{53}kwɔ^{33}mɐi^{23}p^{h}ou^{35}]之说，表明民间的旧式金融行业非常发达。当铺收取当物后付给当主收据，作为日后赎取当物的唯一凭证，叫“当票”[tɔŋ^{33}p^{h}iu^{33}]（见图5–106）。为防止造假，当铺用本行业自创的特殊文字书写当票，这种文字称“当字”[tɔŋ^{33}ʧi^{22}]或“花字”[fa^{53}ʧi^{22}]。由于这种文字古怪潦草，外行人根本无法辨认，被谑称为“鬼画符”[kwɐi^{35}wak^{2}fu^{21}]（见图5–107）。

当铺行有两个特别习俗：

一、早上开门，必烧一串炮仗。据说此能旺财，“炮仗一响，黄金万两”；又有“花开满地红”的好意头，“炮响避邪”，锁住鬼邪不得入门。

二、首个以裤子作押者，当价必高。广州话裤子单说“裤”，“裤”“富”同音，取“大富大贵”之义。当铺主将“一本万利”字样贴在裤子上，挂在“当楼”即当铺仓库里。

寿板行 [ʃɐi^{22}pan^{35}hɔŋ^{35}]

广州人由于避忌，棺材说“寿板”[sɐu^{22}pan^{35}]或“长生板”[tʃ^{h}œŋ^{21}ʃaŋ^{53}pan^{35}]，棺材铺称“寿坊”[sɐu^{22}fɔŋ^{55}]或“长生店”[tʃ^{h}œŋ^{21}ʃaŋ^{53}tim^{33}]。经营此行当的称“寿板行”。

旧时广州的光复北路和长庚路上有许多寿板行，店号极祥和，如“天寿长生店”“鸿福寿长生店”“永寿长生店”“福禄寿长生店”等，极巧妙地回避世人对“死”的忌讳。板材招牌上，通常写着“柳州”等字。坊间曾流传一老话：“住在苏州，着在杭州，食在广州，死在柳州。”标注棺木产地，表示本店所用乃上乘棺木。有钱人多用柳州大木造棺材。

图5－108 寿板行（资料图片）

棺材多在铺中制作。一副棺木一般用四块半板做成，故戏称为“四块半”[ʃei^{33}fai^{33}pun^{33}]。据说，寿板行的老板招收伙计，给出的“试题”是要在棺材里睡一晚。应聘者第二天从棺材起来，笑着说“升官发财”才算合格。曾在长生店打过工的人说：棺木是上等材料，木气香，“冇木虱”[mou^{23}mok^{2}ʃɐt^{5}]（无臭虫），冬暖夏凉，以棺木为床，睡觉很舒服。当年还有诗一首：“冬暖夏凉四块半，人求财运先做官；见棺官升我一级，见材财发有万贯。”

广州过去都是土葬，一些老人会在“长生店”预订棺材，棺木上贴张红纸，居中是大“寿”字，并写上棺主之名，存放在店，每月交点保管费。逢年过节，老人会到自己的棺材里睡上一觉，醒来仰天大笑，以示福禄寿齐全，随后压一封“利市”示谢。寿板行一般都兼卖寿衣、寿被、寿帽和寿鞋，并代请一切丧务。过年有一俗，用红纸写上春联：“见棺官升一级，见材财发万金”，专贴在寿板上。

车仔行 [tʃʰɛ^{55}tʃɐi^{35}hɔŋ^{35}]

三轮车称“车仔”[tʃʰɛ^{55}tʃɐi^{35}]，曾是广州一种主要交通工具。以此为业者称“车仔佬”[tʃʰɛ^{55}tʃɐi^{35}lou^{35}]或“三轮车佬”[ʃam^{53}løn^{35}tʃʰɛ^{55}lou^{35}]。这一行业称“三轮车行”[ʃam^{53}løn^{35}tʃʰɛ^{55}hɔŋ^{35}]，口语说“车仔行”。开车行的老板叫“车主”[tʃʰɛ^{55}tʃy^{35}]，把“车仔”租出去叫“放车”[fɔŋ^{33}tʃʰɛ^{55}]，租金以天计算。“车仔佬”大多出身贫寒，只能租车作业。

“车仔”设计简单，中间的车座，叫“车兜”[tʃʰɛ^{55}tɐu^{53}]，可坐两人；车座上安装一个篷子，以遮蔽日光和风雨。“三轮车行”的停车场所叫“三轮车站”[ʃam^{53}løn^{35}tʃʰɛ^{55}tʃam^{22}]。“车仔佬”出车后回“车站”排队，等候接客。此行也是靠天吃饭，遇到刮风下雨，客人稀少，每日租金仍要上交，交不起则利上加利。

关帝厅人马 [kwan^{53}tɐi^{33}t^{h}ɛŋ^{55}jɐn^{21}ma^{23}]

广州旧时黑社会性质的乞丐集团之称。这个集团有严密的帮会组织及大小头目，最初聚集在西关一带，寄宿在华林寺、文昌宫、洪圣庙、孔子庙等寺庙。过去，广州人家操办红白喜事，要先送一笔钱给“关帝厅人马”，并宴请其头目，以求得他们不来惹是生非。“关帝厅人马”最有名的头目叫陈起凤，全盛时期广州市内的大小乞群都归他管辖。陈起凤过惯骄奢淫逸的生活，据说请他出来当官也不愿意。广州有俗语说：“做惯乞儿（乞丐）懒做官。”

飞发佬 [fei^{53}fat^{33}lou^{35}]

理发铺说“飞发铺”[fei^{53}fat^{3}p^{h}ou^{35}]，理发师称“飞发佬”或“剃头佬”[t^{h}ɐi^{33}t^{h}ɐu^{21}lou^{35}]。现在人们大多上发廊理发，理发师被雅称为“发型师”[fat^{3}jeŋ^{21}ʃi^{55}]。

图5－109 村巷里的飞发佬

广州剃头业大多在街头巷尾开一铺面，铺前打一招牌，标明“剃头”或“××记理发店”。铺里设备很简单：一面镜子，一张可变向后仰的理发椅，支横板算是桌子，上放几把发剪和木梳子，再就是脸盆、暖水瓶和几条毛巾，三两个称作“条凳”[t^{h}iu^{21}tɐŋ^{33}]的板凳，供顾客等候时坐。每家剃头铺备有几本小人书，叫“公仔书”[koŋ^{53}tʃɐi^{35}ʃy^{55}]，以供顾客消遣。理发铺还兼有“剃须”[t^{h}ɐi^{33}ʃou^{53}]（刮胡子）、“剃面毛”[t^{h}ɐi^{33}min^{22}mou^{21}]（刮脸）、修眉毛、剪鼻毛、掏耳等服务。

婴儿胎发叫“臊毛”[ʃou^{55}mou^{55}]。旧俗婴儿满月要剃头，说“剃臊毛”[t^{h}ɐi^{33}ʃou^{55}mou^{55}]。此活儿极讲究，婴儿剃发用的水里要放一根葱、三块小石子、十二个“铜仙”[t^{h}oŋ^{21}ʃin^{55}]（铜钱）、十二个红鸡蛋。葱表示聪明，小石子表示健壮。剃完后，拿红鸡蛋一枚，在婴儿头上轻轻滚三次，取“红顶”之意，望婴儿日后当大官。把剪下的胎毛与小石头包在红纸里，扔到屋顶上，以示快高快大。完事后，主人家奉“利市”一封，送姜醋、红鸡蛋等作为答礼。

剃头师傅用剃刀削发、刮胡子或刮脸，广州话在“刮”字上创制了不少俗语。让人当众出丑，说“剃眼眉”；贪官污吏想方设法地搜刮民财，说“剃头佬教仔——有得挂就刮”；赤裸裸地强夺民财，是“剃头唔湿水——干刮”或“剃刀门楣——出又刮，入又刮”。

祃祭 [ŋa^{21}tʃɐi^{33}]

旧时广州商界极重“祃祭”[ŋa^{21}tʃɐi^{33}]。农历每月初二、十六，店主都要备办酒荤祀神、拜土地，并请伙计吃饭，是为“祃祭”，俗称“做祃”[tʃou^{22}ŋa^{21}]。正月初二，新年第一次“做祃”，称“头祃”[tʰɐu^{21}ŋa^{21}]；腊月十六，将近年关，是一年的最后一次“做祃”，称“尾祃”[mei^{23}ŋa^{21}]。“头祃”要赶早，叫“抢头祃”[tʃʰœŋ^{35}tʰɐu^{21}ŋa^{21}]。一早起即杀鸡祭祖，宾主同桌饮宴。广州年俗正月初二为“开年”[hɔi^{53}nin^{21}]，老板请伙计聚宴，正应了“食开年饭”一俗，开年后即可免除过年的禁忌。腊月十六“尾祃”日，商铺老板亲自焚香，拜祭天神、关帝、财神、地主和门官等神祇，继之宾主聚宴，定要尽兴尽欢方散。

关圣帝 [kwan^{53}ʃeŋ^{33}tɐi^{33}]

广府民间信仰的“关圣帝”，即三国时蜀国名将关云长，因其忠义大节而为世人敬仰，民间尊为“关帝”[kwan^{53}tɐi^{33}]或“关圣帝”[kwan^{53}ʃeŋ^{33}tɐi^{33}]，俗称“关公”[kwan^{53}koŋ^{55}]。关公外形特征是红脸膛，被视为象征“红利”[hoŋ^{21}lei^{22}]而奉为“武财神”。工商界尤其饮食行业更被奉其守护神。关云长的结义弟弟张飞，字翼德。广州话表示“也行”说“亦得”[jek^{2}tɐk^{5}]，跟“翼德”[jek^{2}tɐk^{5}]同音。表示“也行”说“关公细佬——翼德（亦得）”。

民间认为，店铺门楣或家居门口上安装一小镜子或悬挂“八卦”，可抵住不祥之气，称“挡煞”[tɔŋ^{35}ʃat^{3}]（见图5–111）。

图5－110 关圣帝

图5－111 门上安挡煞镜

陆·婚育寿丧

图6－1 婚育寿丧

人生礼俗也称为“人生仪礼”，传统中国最具人生阶段特征和象征性礼仪特征的有诞生礼、成年礼、生日礼、入学礼、婚姻礼、寿辰礼和丧葬礼，广州统称为“红白事”[$\text{hoŋ}^{21}\text{pak}^{2}\text{ʃi}^{22}$]，其中生育、结婚、寿庆等称为“喜庆事”[$\text{hei}^{35}\text{heŋ}^{33}\text{ʃi}^{22}$]。下面从广州方言词的角度择要介绍婚事、生育、寿诞和丧葬这四种最重要的人生礼俗。

一　婚事

旧时广州择婚，除禁直系血亲关系外，还禁“姑表婚”和“表亲婚”。认为姑母和父亲同一血脉，娶姑家的女儿为媳妇是“回头婚”[wui^{21}tʰɐu^{21}fɐn^{53}]，而“表亲婚”则是“骨肉倒流”[kwɐt^{5}jok^{2}tou^{33}lɐu^{21}]。异辈通婚在广府人看来有乱伦之嫌，因而也不允许。另外，在男权社会中，男方“娶老婆”[ʧʰøy^{35}lou^{23}pʰɔ^{21}]的多，女方“招郎入舍”[ʧiu^{53}lɔŋ^{21}jɐp^{2}ʃɛ^{33}]（招女婿入赘）的少。旧时为世俗社会认作非主流婚事的，多用比喻来表示，如“食井水”[ʃek^{2}ʧɛŋ^{35}ʃøy^{35}]（艇家妓女嫁到岸上）、“挽油瓶”[wan^{23}jɐu^{21}pʰɛŋ^{35}]（妇女带着孩子改嫁）、“拉衫尾”[lai^{53}ʃam^{55}mei^{23}]（女子非正式结婚而到男家）、“淘古井”[tʰou^{21}kwu^{35}ʧɛŋ^{35}]（娶有钱的寡妇）、“着人旧鞋”[ʧœk^{3}jɐn^{21}kɐu^{22}hai^{21}]（娶再婚女人）等。下面介绍广州一般的婚俗。

送年庚 [ʃoŋ^{33}nin^{21}kɐŋ^{53}]

“年庚”[nin^{21}kɐŋ^{53}]指一个人出生的年月日时，又称“庚帖”[kɐŋ^{53}tʰip^{3}]。人名加上“年庚”叫“时辰八字”[ʃi^{21}ʃɐn^{21}pat^{3}tʃi^{22}]，故“年庚”还称“八字帖”[pat^{3}tʃi^{22}tʰip^{3}]。男家托媒人询问女方的年庚，女家把待嫁女儿的“时辰八字”，按“坤造某年某月某日某时生”的顺序写在年庚红帖上，再请媒人送往男家即“送年庚”，又叫“问名”[mɐn^{22}mɛŋ^{35}]。

男家接到年庚，放在神枱“祖先位”[tʃou^{35}ʃin^{53}wɐi^{35}]上，或置米缸内三到七天。这段时间家里没打破器物，也没发生不吉利事，才把女庚和男庚一同交予算命先生“佮八字”[kap^{3}pat^{3}tʃi^{22}]，看时辰八字是否相符。

撮合婚事者，女的称“媒人婆”[mui^{21}jɐn^{21}pʰɔ^{21}]，男的叫“媒人公”[mui^{21}jɐn^{21}koŋ^{55}]。广州话把媒人喻为“拨大葵扇”[pʰut^{3}tai^{22}kʰwɐi^{21}ʃin^{33}]，大概是因为粤剧中的媒婆形象总是拿着一把大葵扇。

落帖 [lɔk^{2}tʰip^{35}]

男女双方交换庚帖。算命先生称“算命生”[ʃyn^{33}mɛŋ^{22}ʃaŋ^{55}]，人们认为他们懂“通书”，通晓运程和命相命格的推算，又称“十方人”[ʃɐp^{2}fɔŋ^{55}jɐn^{21}]。男女八字相犯，叫“八字唔佮”[pat^{3}tʃi^{22}m̩^{21}kap^{3}]，婚事自然难成；八字相合说“八字佮”[pat^{3}tʃi^{22}kap^{3}]或“佮年生”[kap^{3}nin^{21}ʃaŋ^{53}]，彼此觉得“登对”[tɐŋ^{53}tøy^{33}]（般配），男方按“乾造某年某月某日某时生”写上年庚，托媒人交给女方。因男家已推算过“时辰八字”，女家一般不再找“算命生”。双方交换庚帖，即表示同意婚事。

今多是双方直接见面“相睇”[ʃœŋ^{53}tʰɐi^{35}]（相亲），不再靠媒人问名说合。一般由介绍人约定见面场所，大多在酒楼、饭店或公园里，双方如果满意，男方向介绍人奉上较丰厚的红包，称“利市”[lei^{22}ʃi^{22}]。

过大礼 [kwɔ^{33}tai^{22}lɐi^{23}]

“落帖”后行订婚仪式。男家把双方的“双造八字”[ʃœŋ^{53}tʃou^{22}pat^{3}tʃi^{22}]写在龙凤礼书上，由媒人交换，作为订婚的凭据，称“文定”[mɐn^{21}teŋ^{22}]。备聘礼叫“礼事”[lɐi^{23}ʃi^{22}]。聘礼的物品名要吉祥，数目取双忌单。

图6－2 旧时的礼盒

盛放礼品的扁圆形的连盖竹制品称“礼盒”[lɐi^{23}hɐp^{2}]（见图6–2），内有男方给女方的聘金和“礼事”饼，故礼盒又称“金银盒”[kɐm^{55}ŋɐn^{21}hɐp^{2}]，还称“饼盒”[peŋ^{35}hɐp^{2}]，增城则称“盒箩”[hɐp^{2}lɔ^{21}]，一般带有提把，聘礼全用礼盒和箩筐挑送至女家。

在鼓乐和炮仗声中，男家将聘礼或挑或抬地送至女家，女方家长亲手接过礼盒（见图6–3）。礼盒内的物品多种多样，主要有如下几种：

图6－3 父亲接过礼盒

礼金 [lɐi^{23}kɐm^{55}]

即男家给女方的聘金，“礼事”中最重要的东西。用“大礼金封”[tai^{22}lɐi^{23}kɐm^{55}foŋ^{53}]包好置“金银盒”内。礼金尾数为“9”，取“长长久久”之意；零票儿称“散纸”[ʃan^{35}tʃi^{35}]，又叫“碎纸”[ʃøy^{33}tʃi^{35}]，用红色胶袋包着，放在“大礼金封”上，揭盖即见大红礼金包（见图6–4）。

图6－4 揭盖见金

嫁女饼 [ka^{33}nøy^{23}pɛŋ^{35}]

又叫“礼饼”[lɐi^{23}pɛŋ^{35}]，传统聘礼饼食的总称。现在还添有西式点心，称“西饼”[ʃɐi^{53}pɛŋ^{35}]。

“嫁女饼”还是聘礼的统称。男方把聘礼挑送至女方家，称“送嫁女饼”[ʃoŋ^{33}ka^{33}nøy^{23}pɛŋ^{35}]，又叫“担饼”[tam^{53}pɛŋ^{35}]（见图6–5）。现在男家大多开私家车送饼，将到女家时，循旧俗下车“担饼”，挑送入屋。

“嫁女饼”种类很多，莲蓉馅儿的叫“红绫”[hoŋ^{21}leŋ^{21}]，椰丝芝麻花生馅儿的称“白绫”[pak^{2}leŋ^{21}]，“花生击”[fa^{55}sɐŋ^{55}kek^{5}]是月牙形的花生饼，猪腰形的甜饼称“腰酥”[jiu^{53}ʃou^{53}]，还有皮蛋酥、核桃酥和鸡蛋糕等（见图6–6）。

图6－5 担饼

图6－6 各种各样传统的嫁女饼

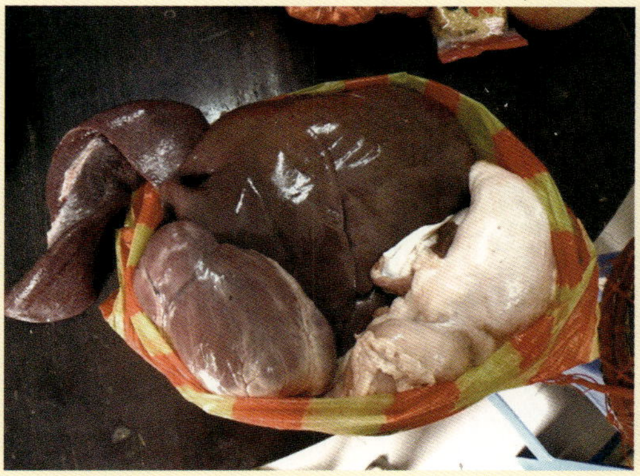

图6－7 猪心四件

图6－8 生春鸭蛋

猪心四件 [tʃy^{53}ʃɐm^{53}ʃei^{33}kin^{22}]

箩筐主要盛装肉类。新鲜猪肉必备，还要有“猪心”[tʃy^{53}ʃɐm^{53}]、“猪肚”[tʃy^{53}tʰou^{23}]、“猪膶”[tʃy^{53}jøn^{35}]和“猪横脷”[tʃy^{53}waŋ^{21}lei^{22}]四样，统称“猪心四件”。广州人视“水”为财，“干”意味着财源枯竭，“家肥屋润”才是家道富足。故猪肝说“猪润”[tʃy^{53}jøn^{35}]，“润”后另造俗字“膶”来表示。“猪横脷”是猪的脾脏。“猪心四件”表示男方是“有心肝、有情义、能担当之人”。

生春 [ʃaŋ^{55}tʃʰøn^{53}]

蛋或卵广州话说“春”[tʃʰøn^{53}]，新鲜禽蛋，称“生春”。“礼事”多用鲜鸭蛋。“生春”表示生生不息，寓意吉祥。

四式海味 [ʃei^{33}ʃek^{5}hɔi^{35}mei^{35}]

指鲍鱼、鱼翅、海参和瑶柱四样。经济些的，也可用鱿鱼、虾米、冬菇和蚝豉等四样。鱿鱼[jɐu^{21}jy^{21}]与“有余”[jɐu^{23}jy^{21}]音近，是喜庆时的常用海味。

除以上物品，还有酒、煎堆、蜜枣和其他“意头嘢”。酒多用白酒，广州话说“烧酒”[ʃiu^{53}tʃɐu^{35}]，俗称“烧哥”[ʃiu^{53}kɔ^{55}]（见图6–9）。油炸“煎堆”[tʃin^{53}tøy^{55}]，又叫“碌堆”[lok^{5}tøy^{55}]，除过年祭祖飨客，还是广府婚俗的传统饼食（见图6–10）。黄埔区，男家送“嫁女饼”，而女方则回以“煎堆”，当地人从谁赠“煎堆”来判断哪家女儿将出嫁。据说当年“过大礼”，若是娶媳妇的，家人就大声邀请众街坊：“来吖，来食碌堆！”若是嫁女儿的就喊：“来吖，来食饼！”

图6－9 喜庆烧酒

图6－10 嫁女煎堆

广州的“蜜枣”[mɐt^{2}tʃou^{35}]用作煲汤配料，煲煮肉汤下几颗蜜枣，和润清甜，故含日子和美义，聘礼必备（见图6–11）。当地特产荔枝干和龙眼干，“荔枝”谐音“利之”，龙眼象征龙子，取生子富贵之意。还有冰糖、芝麻、百合等，均是象征美好之物。所有礼盒、箩筐都放上两个苹果，寓意“平平安安”。

图6－11 蜜枣

回盒 [wui^{21}hɐp^{2}]

又称“回盘”[wui^{21}p^{h}un^{21}]，指女家收到聘礼后要回敬礼品。从礼金中抽取99元或数目不等的钱回赠男家，“礼事”之物只收一半或若干（见图6–12），余下回馈男家。返回的聘礼旧称“耕田本”[kaŋ^{55}t^{h}in^{21}pun^{35}]，今说用来“买楼买车”（见图6–13）。每个金银盒和箩筐里放一些“长生果”，金银盒内放两个石榴，盒上置放青绿的扁柏（图6–14）。

图6－12 聘礼取半

图6－13 回赠礼金

图6－14 金银盒上放扁柏

图6－15 松糕

女家回送的以蔬菜为主，根茎要完整，带芽的不能断折。如连根菜心，带芽的莲藕，生长繁密的嫩姜，成簇连生的小芋头，还有多籽的“石榴一对”[ʃɛk^{2}lɐu^{35}jɐt^{5}tøy^{33}]。广州话“儿子”说“崽”[tʃɐi^{35}]，字常作“仔”。这些小藕、嫩姜和小芋头，广州话说“藕仔”[ŋɐu^{23}tʃɐi^{35}]、“姜仔”[kœŋ^{55}tʃɐi^{35}]和“芋头仔”[wu^{22}t^{h}ɐu^{35}tʃɐi^{35}]，全含有“仔多财多”之意。女方还自蒸米糕，糕蒸熟后整个儿地膨胀起来，谓之“松糕”[ʃoŋ^{53}kou^{55}]，寓意日后蓬蓬勃勃，年年升高。“松糕”一般蒸两盆，上放“松糕仔”[ʃoŋ^{53}kou^{55}tʃɐi^{35}]两个（见图6–15）。回赠物寄托女方希冀婚姻长久、添丁发财的愿望。回礼的箩筐上一定要放水松或扁柏，以求趋吉避凶。

女家接受聘礼，广州话有多种说法，如“食咗嫁女饼”[ʃek^{2}tʃɔ^{35}ka^{33}nøy^{23}pɛŋ^{35}]、“受茶礼”[ʃɐu^{22}tʃ^{h}a^{21}lɐi^{23}]、“食咗人茶礼”[ʃek^{2}tʃɔ^{35}jɐn^{21}tʃ^{h}a^{21}lɐi^{23}]和“成咗人”[ʃeŋ^{21}tʃɔ^{35}jɐn^{21}]等。双方家庭把喜饼分送给左右邻居和亲朋好友，称“派饼”[p^{h}ai^{33}pɛŋ^{35}]，表明将要举行婚礼“摆酒”[pai^{35}tʃɐu^{35}]宴请。有的父母还为女儿做“行茶礼”[haŋ^{21}tʃ^{h}a^{21}lɐi^{23}]招待亲友，以示女儿婚事已定，待嫁有期。

喜柬 [hei^{35}kan^{35}]

即邀请亲朋好友参加婚宴的请柬，旧称“婚贴”[fɐn^{53}t^{h}ip^{3}]。“过大礼”后，订下婚期，筹备婚礼，发送“喜柬”。

封礼 [foŋ^{53}lɐi^{23}]

指收到喜柬者，一般携带上“手信”[ʃɐu^{35}ʃøn^{33}]，如苹果或柑橘之类的水果，还有“利市”，到将办喜事者家里小坐。粤俗：主人只接受客人部分“利市”，余额亦作“利市”返还；另，“利市”礼节上需回两封，故再封一小额“利市”，一元或五元不等。同时赠花生、糖果等喜物，用红色袋子装好。近年流行印有双喜图案的红喜糖果袋。

图6－16 新郎家的门对

贴门对 [t^{h}ip^{3}mun^{21}tøy^{35}]

迎娶前夕，不论男家或女家，都在成婚前一天，择吉时贴“红双喜”，每个门上都要贴“门对”[mun^{21}tøy^{35}]（对联）。“门对”也称为“喜联”[hei^{35}lyn^{35}]，如“永结同心：良辰美景订百年，吉日佳期谐好合”“珠联璧合：同心永结劳动果，并蒂常开幸福花”等喜庆祝福语。

折花枝 [tʃit^{3}fa^{55}tʃi^{55}]

水上人家婚俗。父母子女双全、家族和睦的男人叫“花烛公”[fa^{55}tʃok^{5}koŋ^{53}]，男家婚礼事宜一般由两个“花烛公”来操办，一是叔叔或伯父，一是舅舅，名“一内一外”。上午待河水上涨时，“花烛公”择吉时，从向阳的生长茂盛的荔枝树或龙眼树上，砍下一截约50厘米长的树枝，叫“折花枝”。“花枝”要插在装满大米、上铺红纸的盆里，放两封“利市”和一对金橘。

图6－17 上大号

图6－18 上大字架

上字架 [ʃœŋ^{23}tʃi^{22}ka^{33}]

男子结婚前起个字（别名），写在红纸上，装入镜框，镜框称“字架”；把“字架”挂在客厅，叫“上字架”。而白云区和从化区称“字”为“大号”[tai^{22}hou^{22}]，迎亲前将“大号”粘贴在客厅墙上，谓之“上大号”[ʃœŋ^{23}tai^{22}hou^{22}]（见图6–17）。

万顷沙人成婚时才取字。长辈根据族谱为新郎取字，称“大字”[tai^{22}tʃi^{22}]，并请懂文墨的“先生”用红纸写下，裱在镜框内，由“花烛公”挂在大厅，称“上大字架”[ʃœŋ^{23}tai^{22}tʃi^{22}ka^{33}]（见图6–18），以示新郎长大成人，能担当家业。

戙放甜蔗 [toŋ^{22}fɔŋ^{33}t^{h}im^{21}tʃɛ^{33}]

这是竖着放甜甘蔗之义。新房的门后，立放两根甘蔗，根部及尾部均保留，表示“由头甜到落尾”和“全部掂当”，一切顺利之义。

图6－19 戙放甜蔗

图6－20 早生贵子盆

嵌床 [hɐm^{33}tʃ^{h}ɔŋ^{21}]

又称“安床”[ɔn^{53}tʃ^{h}ɔŋ^{21}]，把婚床安装好。人们认为生男育女，瓜瓞连绵，夫妇幸福，全仗新床安置得好，故视作极重要的事情。

翁姑、丈夫俱在堂、儿女成群者叫“好命人”[hou^{35}mɛŋ^{22}jɐn^{21}]，俗称“好命婆”[hou^{35}mɛŋ^{22}p^{h}ɔ^{21}]。“嵌床”须由“好命婆”主持。迎娶前夕，摆设各种供品，婚床安装后，好命婆口诵四句：“百年偕老，福禄鸳鸯，琴敦瑟好，牙笏满床。”然后燃放炮仗，“嵌床”结束。婚礼前新床不能睡人；床上放红枣、莲子、花生和苹果，寓意早生、连生贵子和长寿、平安（见图6–20）；让小男孩上婚床打几个滚，称“滚床”[kwɐn^{35}tʃ^{h}ɔŋ^{21}]。

增城、白云等地认为，“嵌床”最佳时辰在结婚前一晚23点至第二天凌晨5点。以“生鸡”[ʃaŋ^{53}kɐi^{53}]（未阉割过的公鸡）、猪肉、汤丸等拜神后，新郎和三个亲人一起“安床”，床架安装好即可，等新婚日再铺上新床单，叠放新被子和新枕头等。结束后，四人一起吃拜过神的供品，吃剩的连同碗筷一起摆放在新房内的角落，至结婚后第三天方能处理。

南沙区“安床”由“花烛公”主持。床安好后，“花烛公”在婚床上放两个新鲜柑橘或苹果，称“一对果”[jɐt^{5}tøy^{33}kwɔ^{35}]，还要放“利市”和一些生姜。新柜子里也放“利市”，数目要成双。

送嫁 [ʃoŋ^{33}ka^{33}]

女孩子将出嫁前夕，女亲戚、姊妹来为婚礼做准备。所谓“姊妹”[tʃi^{35}mui^{35}]是将出嫁女孩的要好朋友。以前都是未婚的、年纪比新娘小的女孩子，现在无论年纪大的或已婚的，甚至于男性也无妨，只要平时玩得来，都被邀请来“做姊妹”[tʃou^{22}tʃi^{35}mui^{35}]。用大红纸剪出红双喜，贴在门、柜子和嫁妆上，以增添喜庆气氛（见图6–21）。

番禺和南沙区的水上人，把有儿有女、有孙有息（有孙子和曾孙）的女人称为“花烛婆”[fa^{55}tʃok^{5}p^{h}ɔ^{21}]，女孩出嫁前的事宜一般由两个“花烛婆”来打理，一个是姑姑或婶子，一个是舅母，也叫“一内一外”。

图6－21 贴上双喜的被褥

上头 [ʃœŋ^{23}t^{h}ɐu^{21}]

结婚前长辈为新人梳头，这是粤地婚俗极重要的事情。民国后，男子剪去辫子，传统意义上的“上头”已不复存在。这里只介绍女子“上头”。

旧时由家族里多子多孙或有名望的长辈为“上头”者，现已不限于本家族，街坊里请一位父母和子女齐全的中、老年妇女即可，叫“上头婆”[ʃœŋ^{23}t^{h}ɐu^{21}p^{h}ɔ^{21}]。女孩子先用浸泡了“碌柚叶”[lok^{5}jɐu^{35}jip^{2}]和“黄皮叶”[wɔŋ^{21}p^{h}ei^{35}jip^{2}]的水洗头、洗澡。待夜里子时“上头”，“上头婆”边梳边念唱：“一梳梳到尾，二梳白发齐眉，三梳儿孙满地。”扁柏和红头绳被认为是趋吉挡煞之物，“上头”后用发夹别在女孩的头发上（见图6–23）。同时，女孩子母亲的头上也要别扁柏和红头绳，以保佑母女平安。

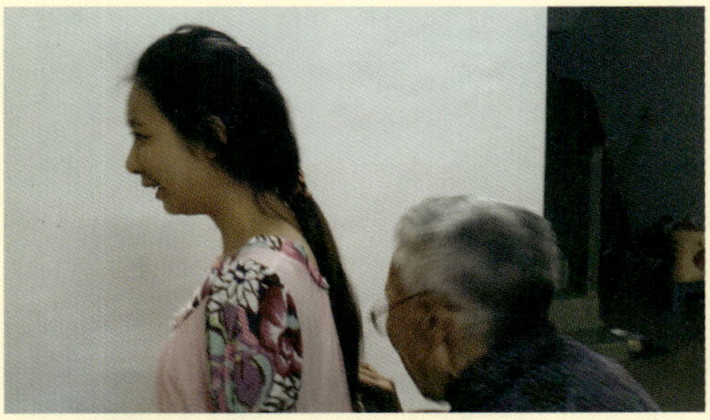

图6－22 上头

图6－23 夹上扁柏和红头绳

上头圆子 [ʃœŋ^{23}t^{h}ɐu^{21}jyn^{35}tʃi^{35}]

水上人婚俗。“上头”吉时一到，神枱上敬放一碗汤圆，名“上头圆子”，又名“上头水圆”[ʃœŋ^{23}t^{h}ɐu^{21}ʃøy^{35}jyn^{35}]。备大小梳子各一把，梳齿要偶数，寓意“有大有细，成双成对”。由“花烛婆”来“上头”，选用其中一把梳子，边梳边唱“梳头歌”。歌词头两句跟上面相同，末一句是“三梳仔孙倚满地”。

图6－24 上头圆子

上头拜当天 [ʃœŋ^{23}tʰɐu^{21}pai^{33}tɔŋ^{55}tʰin^{53}]

“上头”日家里设枱“拜当天”。长辈“拜当天”三次，向天神报出嫁者之名，如说“×××要出嫁，请上天保佑佢夫妻和睦”，祈求天公赐福新人。将出嫁的女孩也要和老人一起拜天神。

拜神供品极丰富：“生鸡”[ʃaŋ^{53}kɐi^{53}]、烧猪肉、鱼、“生鸡春”[ʃaŋ^{53}kɐi^{53}tʃʰøn^{55}]（新鲜鸡蛋）；另有斋菜“枝竹”[tʃi^{53}tʃok^{5}]（卷成长条状的腐竹）、粉丝和“云耳”[wɐn^{21}ji^{23}]（木耳）等；红片糖和甜汤丸，均双数（见图6–26）；红色蜡烛两根，一龙一凤，合称“龙凤烛”[loŋ^{21}foŋ^{22}tʃok^{5}]（见图6–27），还有寓意平安的苹果，按俗例压放红“利市”和绿扁柏。祭拜后点燃“龙凤烛”。

图6－25 拜当天

图6－26 “上头”生鸡

图6－27 龙凤烛

搬嫁妆 [pun^{53}ka^{33}tʃɔŋ^{53}]

又说“送嫁妆”[ʃoŋ^{33}ka^{33}tʃɔŋ^{53}]。结婚前三四天，女方将嫁妆送至男家（见图6–28）。女家送来的妆奁，凡生活所需，除大床外的日常用品都须具备。旧俗嫁妆要由家里的婶婶或嫂嫂背着儿子挑去。现在嫁妆比较简单，出嫁时，“舅仔”[kʰɐu^{23}tʃɐi^{35}]即新娘的兄弟或其他男孩搬运较重的东西，姊妹们帮提被子、皮箱等，一并用车送去。

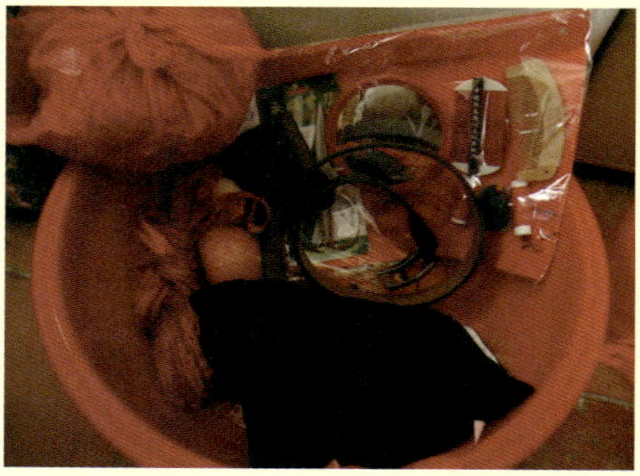

图6－28 新娘送给新郎的皮带、钱包、长裤、镜子、梳子、针线等

子孙桶 [tʃi^{35}ʃøn^{55}t^{h}oŋ^{35}]

图6－29 子孙桶

又叫“承灯斗”[ʃeŋ^{21}tɐŋ^{53}tɐu^{35}]，其实是马桶。旧时是涂上红漆的木桶，桶内装有红线贯穿的制钱和百果等物，置“利市”一封，外罩两块红绿布，抬送到新房榻侧。迎亲日，在亲友中找一童子往桶里尿尿，是为“开桶”，以示将来生男丁。“利市”酬谢开桶童子。

木质“子孙桶”今已罕见，多以红色的高脚痰盂或红色小塑料桶替代。“子孙桶”因是极重要之物，“搬嫁妆”时绝不可缺。

尿桶脚盆 [ʃi^{35}t^{h}oŋ^{35}kœk^{3}p^{h}un^{21}]

图6－30 子孙桶和脚盆先行

“子孙桶”和“脚盆”的合称。过去女子出嫁时，“尿桶脚盆”要由男子来“担”，或者由家族里生了男孩的女亲戚背着男婴挑着走，走在送嫁人群的最前面。如今不再拘泥于旧俗，但“送嫁妆”时“尿桶脚盆”还是要“先行”（见图6–30）。

红遮 [hoŋ^{21}tʃɛ^{55}]

雨伞说“雨遮”[jy^{23}tʃɛ^{55}]，简称“遮”[tʃɛ^{55}]。婚嫁用的红伞称“结婚遮”[kit^{3}fɐn^{53}tʃɛ^{55}]，又称“红遮”（见图6–31）。南沙区水上人“遮”顶系一长红花布条，两边垂系扁柏（见图6–32）。

图6－31 红遮、红脚盆和红子孙桶

图6－32 红花布下系扁柏

图6－33 担遮出门

"红遮"先送到迎亲车上，然后再取回到女方家，由伴娘撑伞，跟着新人一起出门（见图6–33）。撑开了的"红遮"不能再收合，即使今天开着轿车来迎亲，"红遮"也只稍稍收拢，以能进入车厢为宜。进男家门，"红遮"仍要保持撑开。

旧俗，新娘一踏出家门，家人手捧谷斗，把"爆谷"撒向"红遮"，以示落地开花、谷米满地。在增城小楼镇，母亲要往"红遮"上"撒米"[ʃat^{3}mɐi^{23}]，祝福女儿在男家丰衣足食、开枝散叶。而在南沙区，传说"金鸡"[kɐm^{53}kɐi^{53}]（公鸡）爱啄新娘戴的头花，花若被啄去，新娘将生子少，致使男家人丁不旺。因此，新娘打"红遮"要撒米喂金鸡，口念吉祥语，即破"金鸡大煞"[kɐm^{53}kɐi^{53}tai^{22}ʃat^{3}]。

樟木栊 [tʃœŋ^{53}mok^{2}loŋ^{23}]

大箱子说"笼"[loŋ^{23}]，木箱叫"木笼"[mok^{2}loŋ^{23}]，皮箱称"皮笼"[pʰei^{21}loŋ^{23}]，装放衣服的名"衣笼"[i^{55}loŋ^{23}]。"笼"在民间俗写为"栊"或"槓"。过去做嫁妆的"衣笼"系樟木制作，叫"樟木栊"，结实且防虫蚁（见图6–34）。"衣笼"装有新娘的衣服，母亲给的钞票，用来压箱底，叫"笮栊"[tʃak^{3}loŋ^{23}]，还有梳子、镜子、针、线、剪刀等东西。

图6－34 刻有金鱼的是樟木笼

祭祖拜神 [tʃɐi^{33}tʃou^{35}pai^{33}ʃɐn^{21}]

广州人称媳妇为"新妇"[ʃɐn^{53}pʰou^{23}]，娶儿媳妇说"娶新妇"[tʃʰøy^{35}ʃɐn^{53}pʰou^{23}]，男女结婚是"拉埋天窗"[lai^{53}mai^{21}tʰin^{53}tʃʰœŋ^{53}]。迎亲，俗称"正日"[tʃeŋ^{33}jɐt^{35}]。这天，男家按吉时由母亲或其他的"好命人"女性亲人负责祭祖拜神。

图6－35 担鹅酒

担鹅酒 [tam^{53}ŋɔ^{21}tʃɐu^{35}]

指迎亲日新郎的婶婶、舅妈等亲友，送鹅、酒等迎亲礼到新娘家里。礼品中的虾米和椰子寓意"有子有孙"。虾米是小虾，广州话说"虾仔"[ha^{55}tʃɐi^{35}]，小儿也常呼作"虾仔"；"椰子"表示"有爷有子"。象征大喜大利的"利市"必不可少（见图6–36）。女方按习俗只"受起"[ʃɐu^{22}hei^{35}]（接受）一部分，其余回赠男家。

图6－36 大吉利市

图6－37 花轿

图6－38花车

行大路 [haŋ^{21}tai^{22}lou^{22}]

迎亲前新郎新娘均要沐浴。俗以香茅草和柚子叶煲水洗澡，水煮沸后不能掺添凉水，待自然冷却。新郎用花轿迎娶新娘，叫“起轿”[hei^{35}kiu^{35}]。“花轿”[fa^{53}kiu^{35}]又称“大红花轿”[tai^{22}hoŋ^{21}fa^{53}kiu^{35}]、“彩轿”[tʃ^{h}ɔi^{35}kiu^{35}]（见图6–37）。现在多是开花车到女家（见图6–38）。接新娘要走主干道，不能是拐弯抹角的小路，称“行大路”。为取好意头，车子往往绕路经“吉祥路”“如意坊”，沿途鞭炮震天，按预定“吉时”抵达女家。

图6－39 新人

开门利市 [hɔi^{53}mun^{21}lei^{22}ʃi^{22}]

迎亲鼓乐队在女家门外吹打多次，催新娘上轿叫“催妆”[tʃ^{h}øy^{53}tʃɔŋ^{53}]。新娘的姊妹们紧闭大门和闺房门，向对方索要“开门利市”，又称“茶食利市”[tʃ^{h}a^{21}ʃek^{2}lei^{22}ʃi^{22}]。数目通常“狮口大开”，要新郎给“九千九百九十九”。经讨价还价给“开门利市”后才放新郎、伴郎进来（见图6–40）。但新娘仍在紧闭的闺房里，姊妹们又向新郎讨要“姊妹利市”[tʃi^{35}mui^{35}lei^{22}ʃi^{22}]，又是一番拉锯式的“谈判”后，才把新娘放出门。

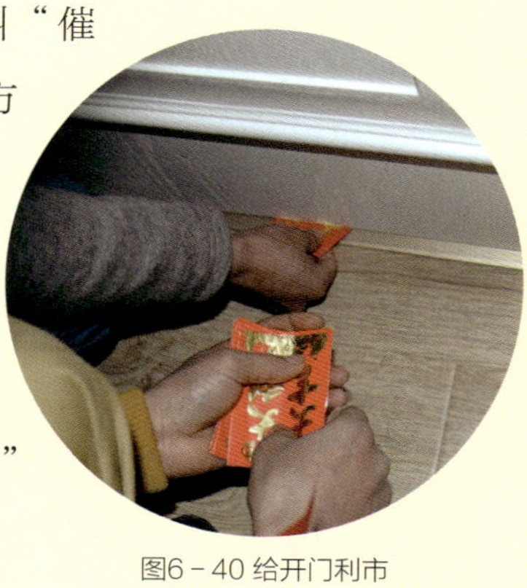

图6－40 给开门利市

图6－41 揾新娘鞋

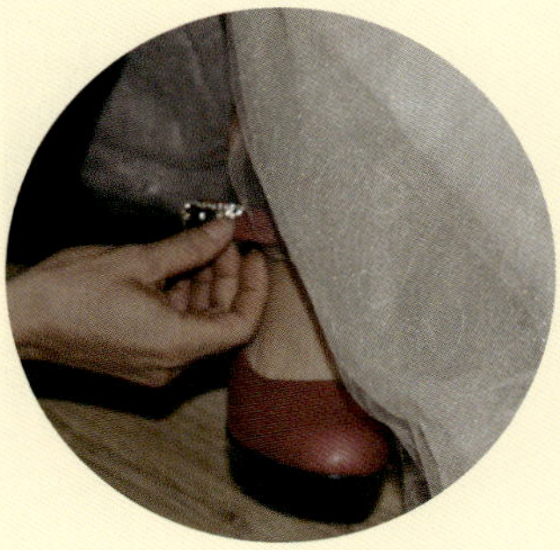

图6－42 新郎给新娘穿鞋子

图6－43 佩戴好胸花准备出门

揾新娘鞋 [wɐn^{35}ʃɐn^{53}nœŋ^{35}hai^{21}]

找东西广州话说“揾”[wɐn^{35}]。新郎进入闺房，众姊妹又出一难题：新娘的一只鞋子不见了！没鞋子，新娘怎么出闺门？这个游戏叫“揾新娘鞋”（见图6–41）。新郎和伴郎们屋里屋外到处“揾”，如要伴娘帮忙，得先付“揾鞋利市”[wɐn^{35}hai^{21}lei^{22}ʃi^{22}]。鞋子终于找到了，新郎亲手给新娘穿上（见图6–42），佩戴好胸花才出门（见图6–43）。

大妗姐 [tai^{22}k^{h}ɐm^{35}tʃɛ^{35}]

也叫“大妗”[tai^{22}k^{h}ɐm^{35}]，旧时广州女子出嫁，女家请来陪伴新娘的临时性女用人。“大妗姐”通晓各种婚庆礼节，婚礼中举凡新娘的一切跪拜叩谢，进退应对，皆由“大妗姐”指点。

图6－44 大妗姐

办喜事时成套的吉祥词句叫“时文”[ʃi^{21}mɐn^{21}]，“大妗姐”极善此道。入门念：“恭喜道贺新安人，开枝发叶此良辰。入门旺相，夫妻长寿，白发齐眉。”洞房里整理被褥时念：“铺床铺席先，五男欢跃在床边，妻和顺乐绵绵！”张挂罗帐时念：“新挂帐，四角齐，四边珠帘咁高低，三年抱两苏虾仔。”此俗今已淡化。

图6－45 引路鸡迎亲打头阵

引路鸡 [jɐn^{23}lou^{22}kɐi^{53}]

在迎亲队伍一路打头，由大妗姐挑着的那只大公鸡叫“引路鸡”（见图6–45）。人们相信“引路鸡”把家人引向生机勃勃的新生活。

拜海口 [pai^{33}hɔi^{35}hɐu^{35}]

水上人家迎亲用“花艇”[fa^{53}tʰɛŋ^{23}]，迎娶新娘叫“埋艇”[mai^{21}tʰɛŋ^{23}]（见图6–46）。新人和众亲人在“埗头”[pou^{22}tʰɐu^{21}]向河涌拜祭，请龙神来一同贺喜，叫“拜海口”。

水上人家习以晚上迎亲，半夜十二点至早晨七点为吉时。迎新娘途中，凡拐弯抹角处都要扔元宝以买平安，烧鞭炮保一路喜庆。新娘接来后，男方的当家妇女要行拜祭，请天地神明和祖先同来喝喜酒，大家同乐。

图6－46 埋艇（万顷沙文化体育中心提供）

图6－47 拜海口

贴日妆 [$t^hip^3jɐt^2tʃɔŋ^{53}$]

南沙区水上人婚俗。新郎家人把新人"上头"、入门时辰及与新人相克的生肖，写在一张红纸上，称"日妆"[$jɐt^2tʃɔŋ^{53}$]。迎娶前粘贴在门角下叫"贴日妆"（见图6–48、6–49）。此词只在口语称说，无书写形式，"日妆"是记录口语音的两个同音字，不能从字面来理解。

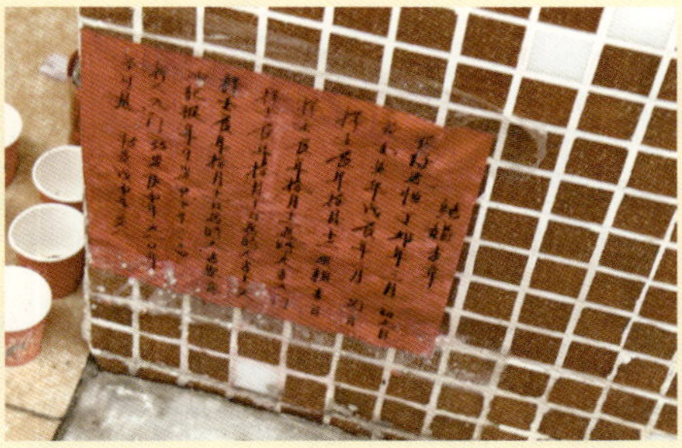

图6－48 日妆

生肖相克，叫"冲犯"[$tʃ^hoŋ^{53}fan^{22}$]。如犯"冲"，出现头晕、发热、呕吐、腹泻等症状，民间"解冲"的方式有三：一是到新人家讨要"日妆"焚烧，灰烬拌入茶水喝下；二是吃新人"上头"时的"上头水圆"；三是截取龙凤烛一节，叫"烛脚"[$tʃok^5kœk^3$]，用来烧水喝。

图6－49 新娘在日妆旁祭拜

拜天地 [$pai^{33}t^hin^{53}tei^{22}$]

新人在堂前拜天地神明及祖先。拜堂仪式为一拜天地，二拜父母，三是新郎新娘对拜，始为礼成。

图6－50 拜天地

图6－51 饮新妇茶

饮新妇茶 [jɐm³⁵ʃɐn⁵³pʰou²³tʃʰa²¹]

新人入门，先到神主牌祖先位敬茶，再轮次给父母、长辈敬茶。新嫁娘奉给亲友的茶称“新妇茶”[ʃɐn⁵³pʰou²³tʃʰa²¹]，众亲人“饮新妇茶”后，长辈要给新人封“利市”，祝福新人大吉大利。

喜酌 [hei³⁵tʃœk³]

又说“摆新妇酒”[pai³⁵ʃɐn⁵³pʰou²³tʃɐu³⁵]，即拜堂仪式后，新郎新娘大宴亲朋。喜酒谓之“新妇酒”[ʃɐn⁵³pʰou²³tʃɐu³⁵]，喝喜酒是“饮新妇酒”[jɐm³⁵ʃɐn⁵³pʰou²³tʃɐu³⁵]。农村一般在祠堂里大摆“新妇酒”，新人站在祠堂门口迎接来喝喜酒的众乡亲。

过去水上人家在“基围”[kei⁵⁵wɐi²¹]上设婚宴，称“饮宴”[jɐm³⁵jin³³]（见图6–52）。“基围”是为防洪水沿江边筑的堤坝。他们围坐在“基围”上，铺上“禾草”或麻布袋作餐桌。富裕些的人家就在“基围”搭竹棚，摆酒席招待客人。

图6－52 水上人家在“基围”饮宴（万顷沙文化体育中心提供）

图6－53 回门敬茶

图6－54 出门用的手电筒

回门 [wui^{21}mun^{21}]

“回门”是“三朝回门”[ʃam^{53}tʃiu^{55}wui^{21}mun^{21}]的简称，即婚后第三天，夫妇携烧猪回娘家，新女婿拜见岳父母，又叫“三朝”[ʃam^{53}tʃiu^{55}]。女家招待新女婿吃饭，叫“待新女婿”[tɔi^{22}ʃɐn^{53}nøy^{23}ʃɐi^{35}]，又称“回门饭”[wui^{21}mun^{21}fan^{22}]。新人“回门”敬茶，照例先祖先，再父母及长辈（见图6–53）。旧时“回门”，男方派去陪伴新郎的人称为“媵穿石”[tɐŋ^{22}tʃ^{h}yn^{53}ʃɛk^{2}]，此人必须精通婚俗礼仪。

广州婚俗，新娘过门后拜见婆家的亲族，“三朝回门”新郎拜见女家的亲族，这一过程叫“拜门”。新郎到新娘伯父家“拜门”，表示新女婿从此进门了。

“回门”今已简化为当天迎去又当天回来，叫“小三朝”[ʃiu^{35}ʃam^{53}tʃiu^{55}]。甚至两家人同日摆喜酒，新人来回敬茶敬酒，也称“回门”。

一切礼仪完成后，新人真的“出门”了。家人打开两个手电筒，一个放在神枱上，往屋内照，另一个让新郎拿着，一路亮着，照着回家，放进新房（见图6–54）。

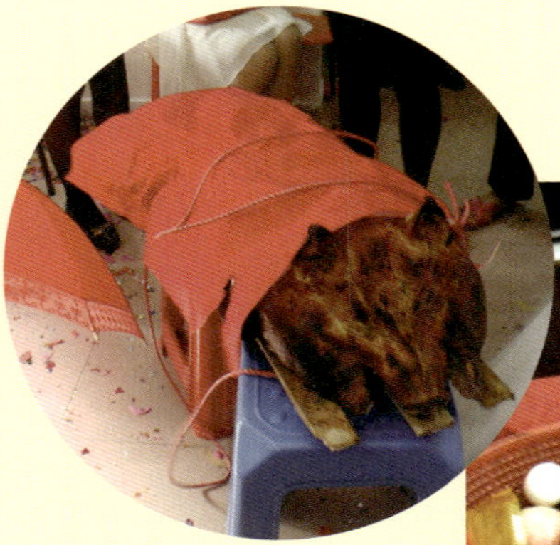

图6－55 回门烧猪

图6－56 切下来的烧猪送回男家

喫烧猪 [jak^{3}ʃiu^{53}tʃy^{53}]

旧以烧猪作女儿是否贞洁之证。俞溥臣《荷廊笔记》云："广州婚礼，于礼成三日返父母家，必以烧猪随行，其猪数之多寡，视夫家之丰瘠，若无之，则妇为不贞矣。"现存新人"回门"仍旧带烧猪，但已无此义。一整头烧猪，越大越气派，上面覆盖红纸（见图6–55）。广州话猪的前爪称"猪手"[tʃy^{53}ʃɐu^{35}]，后爪叫"猪脚"[tʃy^{53}kœk^{3}]。送来的烧猪，猪头、左猪手、右猪脚、猪屁股及腰身中间一小段，要切下来回赠到男家，以示"有来有往"（见图6–56）。

重行花烛 [ʧ^{h}oŋ^{21} haŋ^{21}fa^{53}ʧok^{5}]

指夫妻结婚满60年再举行一次婚礼，需具备条件：一、妻子原配；二、儿子、媳妇、女儿、女婿、孙子、孙女、外孙、外孙女齐全。

"重行花烛"的礼仪比初婚更隆重。是日，老太太头戴凤冠，身穿大褂，从娘家坐花轿到夫家，由儿子和女婿来迎接。老夫妻拜天祭祖后，面南坐在八仙椅上，桌上点一对大金烛，东西两边搭起五个烛台，烛台后面置十张八仙椅，"十全命"老太太入座以陪。堂前乐鼓高奏，喜炮齐鸣，儿、媳、孙、孙女上堂叩拜；朋友亲戚来贺，两老起身抬手。礼毕，客人到大厅入宴，俗谓吃"暖房酒"[nyn^{23}fɔŋ^{21}ʧɐu^{35}]，然后由孙子、孙女送二老进洞房。翌日办礼饭请四亲八眷和左邻右舍饮喜酒。"重行花烛"十分难得，此礼俗也极罕见。

广州人对喜庆吉祥的追求贯穿于婚俗的每一环节，大至日子，小至时辰，都是吉日吉时。

二　生育

生男育女是家庭喜事，故怀孕说“有喜”[jɐu^{23}hei^{35}]，俗称“驮仔”[t^{h}ɔ^{21}tʃɐi^{35}]，还说“有咗肚”[jɐu^{23}tʃɔ^{35}t^{h}ou^{23}]、“有身已”[jɐu^{23}ʃɐn^{53}kei^{35}]或“有咗”[jɐu^{23}tʃɔ^{35}]。怀孕时想呕吐，想吃酸东西的征象说“沤仔”[ɐu^{33}tʃɐi^{35}]。

煲猪脚姜醋 [pou^{53}tʃy^{53}kœk^{3}kœŋ^{53}tʃ^{h}ou^{33}]

婴儿出生前，俗以甜醋、老姜、猪脚和鸡蛋等，放入大瓦煲熬煮几小时，谓之“煲猪脚姜醋”。“猪脚姜醋”可称“猪脚醋”[tʃy^{53}kœk^{3}tʃ^{h}ou^{33}]，简称“姜醋”[kœŋ^{53}tʃ^{h}ou^{33}]，还称“姜酒”[kœŋ^{53}tʃɐu^{35}]（见图6–57、6–58）。左邻右舍只要闻到姜醋香味，就知道有人家将产子。问孩子出生没，广州人说：“姜酒香未？”

煲好的“姜醋”封好。旧俗婴儿落地后，首先要启封“姜醋”送往外家，叫“送姜酒”[ʃoŋ^{33}kœŋ^{53}tʃɐu^{35}]；分送给亲朋好友，叫“开姜”[hɔi^{53}kœŋ^{53}]。民间认为“猪脚姜醋”营养丰富，能活血化瘀，一直为产后保健品。

图6－57 猪脚在沸水里除污

图6－58 煲好的猪脚姜醋

臊咗 [ʃou^{55}tʃɔ^{35}]

孩子生下来，男婴叫“臊虾仔”[ʃou^{53}ha^{55}tʃɐi^{35}]或“臊仔”[ʃou^{53}tʃɐi^{35}]，女婴叫“臊虾女”[ʃou^{53}ha^{55}nøy^{35}]或“臊女”[ʃou^{53}nøy^{35}]，婴儿不分男女旧称“臊妹”[ʃou^{53}mui^{55}]，还称“亚虾”[a^{33}ha^{55}]。现在多说“BB”（英语baby的简称），男婴、女婴分别称为“BB仔”[pi^{21}pi^{55}tʃɐi^{35}]或“BB女”[pi^{21}pi^{55}nøy^{35}]。“臊”当地人一般写作“苏”。

旧俗产妇生孩子要在婆家，不能在娘家或亲戚家里，否则将带来“血灾”。接生婆叫“执妈”[tʃɐp^{5}ma^{55}]，俗称“执仔婆”[tʃɐp^{5}tʃɐi^{35}p^{h}ɔ^{35}]。过去一般请“执妈”接生，谓之“执仔”[tʃɐp^{5}tʃɐi^{35}]。民间极重视婴儿脐带的安置。“执妈”剪断脐带，以石灰渍后用红纸包妥，放入罂内，保存在母亲床下。俗以为此表示孩儿“不离膝下”，婴儿将健康百岁。

“BB仔”一落地即称体重，记下“落地时辰”[lɔk^{2}tei^{22}ʃi^{21}ʃɐn^{21}]（出生时间）。婴儿初生，家人派人报知外婆家叫“报生”[pou^{33}ʃaŋ^{53}]。出生第三天，习俗要采艾叶、香茅草、黄皮叶等煲水，为婴儿洗浴，谓之“洗三”[ʃɐi^{35}ʃam^{53}]，也说“三朝洗臊”[ʃam^{53}tʃiu^{53}ʃɐi^{35}ʃou^{55}]。主人向在场的亲戚报告小孩出世的时辰和体重。

起名 [hei^{35}mɛŋ^{35}]

为孩子取名，也说“安名”[ɔn^{53}mɛŋ^{35}]。广府人认为名字与人的将来密切相关，对孩子起名相当重视，有俗语：“唔怕生坏命，至怕改坏名。”旧俗要请人算命，以其“生辰八字”嵌入“五行”，推算其命中缺什么，起名时要补上。如命中缺水，命名时取有水旁的字。有些是根据其宗族辈分排行来起名。还有取表字的，要与本名涵义相联系，所谓“名以正体，字以表德”。此类雅习，民国时期尚盛。

坐月 [tʃ^{h}ɔ^{23}jyt^{35}]

即坐月子。分娩后，产妇服“生化汤”：当归、川芎、桃仁、黑姜、炙甘草五味中药煎服，一般服两三天。这是当地保健用的传统药剂。产妇坐月期间被人侍候，吃得好，因此人们调侃说：“男望出门，女望坐月。”旧俗“坐月”忌陌生人入产妇房，谓之“踩生”[tʃ^{h}ai^{35}ʃaŋ^{55}]，据说婴儿会被吓出“脐带风”[tʃ^{h}i^{21}tai^{35}foŋ^{53}]。新娘、孕妇不能入内，以免“犯冲”[fan^{22}tʃ^{h}oŋ^{53}]。在服丧期的人更在被禁之列，以免带来晦气。因此，“产房”需挂上红布、红绳子、柚叶和柏叶等特殊标志为警戒。

饮姜酒 [jɐm^{35}kœŋ^{53}tʃɐu^{35}]

又叫“姜酌”[kœŋ^{53}tʃœk^{3}]，即婴儿满月，家人设宴办“满月酒”，邀请众亲戚同来祝贺。民间视婴儿落地后的第一大庆，亲友多以钱物馈赠表示祝贺。有的家庭以“红鸡蛋”并附酸姜送亲友及左邻右里，告知家有小儿满月，人们按俗例送“利市”以表贺意。广州话“酸”“孙”同音，说酸姜“好酸”音同“好孙”，这是老人最乐意听的喜庆话（见图6–59）。

婴儿要到满月才剃去胎毛，据说这样头发才能长得黑密粗实。

图6－59 红鸡蛋、酸姜

做百啰 [tʃou^{22}pak^{3}lɔ^{55}]

小孩生下百天，称“百日”[pak^{3}jɐt^{2}]，又说“百和”[pak^{3}wɔ^{21}]。家里往往设宴请客，庆贺小孩出生百日，叫“做百啰”。广州有俗语：“做百啰，请食饭。”

庆周岁 [heŋ^{33}tʃɐu^{53}ʃøy^{33}]

婴儿满周岁，旧称“对岁”[tøy^{33}ʃøy^{33}]。亲戚前来送礼道贺，一般女性长辈买衣服、鞋帽之类，为孩子举行穿衣服仪式，祝孩子“快高快大”。有俗语：“阿姑送裤，阿姨送棉衲，妗母送鞋又送袜。”小孩穿新鞋，开始学走路，表明小孩正在茁壮成长。

百家衣 [pak^{3}ka^{55}ji^{55}]

向邻里乡亲讨取碎布缝制衣服给婴儿穿，称“百家衣”，据说这样能讨来吉利。“百家衣”也指打补丁的衣服。因有不同的图案，缝制出来的衣服有特点。“百家裙”[pak^{3}ka^{55}k^{h}wɐn^{21}]是百家衣的一种（见图6–60）。

图6－60 百家裙

三　寿诞

广府人庆贺生日的礼节和形式，与全国各地大体相同。广州人将“生”字拆分成“牛”“一”二字，生日说“牛一”[ŋɐu^{21}jɐt^{5}]，过生日说“过牛一”[kwɔ^{33}ŋɐu^{21}jɐt^{5}]。旧时广州人以50岁为界限，未及50者的生辰称“生日”[ʃaŋ^{53}jɐt^{2}]；50岁以后才庆贺生辰，叫“做寿诞”[tʃou^{22}ʃɐu^{22}tan^{22}]，简称“做寿”[tʃou^{22}ʃɐu^{22}]。

做生日 [tʃou^{22}ʃaŋ^{53}jɐt^{2}]

旧俗小孩子生日只煮一个咸蛋吃，因咸蛋黄呈红色，故小儿过生日叫“喫红心蛋”[jak^{3}hoŋ^{21}ʃɐm^{53}tan^{35}]。广州话“红”“雄”同音，“红心”听同“雄心”，用意在鼓励孩子从小要有雄心。大约10岁起，孩子生日那天，家里特意多加些肉食，同时又找些小碴来打孩子，用意是勿养成娇贵之气。旧有俗语：“大人生日劏鸡乸，细佬哥生日有得打。”“劏”[tʰɔŋ^{53}]，宰杀义；“鸡乸”[kɐi^{53}na^{35}]指母鸡；“细佬哥”[ʃɐi^{33}lou^{35}kɔ^{55}]是小孩子。

儿子第一次过生日，是结婚后由“外父”[ŋɔi^{22}fu^{35}]即岳父家来操办。备些菜肴，拜神后一起进餐，是为“做生日”之始。虽是第一次“过牛一”，但只在餐桌上增添些菜肴而已。儿子 31 岁生日，父母宴请亲家及其他亲友，岳父母要馈送衣料等礼物，叫“做三十一”[tʃou^{22}ʃam^{53}ʃɐp^{2}jɐt^{5}]，形式仍然相当简朴。这种情况延续到50周岁前。广府人忌讳41岁，因“四”和“死”谐音，很不吉利，故这个岁数不做生日。

做寿 [tʃou^{22}ʃɐu^{22}]

为老人祝贺寿辰，也说“拜寿”[pai^{33}ʃɐu^{22}]。老人做寿，男女在年岁上有区别。男人逢“十”做寿，即50、60、70、80、90、100……，女人逢“一”做寿，即51、61、

图6－61 祝寿

71、81、91、101……，也就是“男做齐头女做出一”。庆贺寿辰的筵席叫“寿筵”。寿筵通常有各种仪式，场面热闹，故谓之“做大生日”[tʃou^{22}tai^{22}ʃaŋ^{53}jɐt^{2}]。

祝寿仪式有简有繁，通常由儿女和亲朋好友发起。一般认为来拜寿的人越多，人气越旺，就越吉利（见图6–61）。寿礼多以“寿”字冠名，如做寿礼的屏风称“寿屏”[ʃɐu^{22}p^{h}eŋ^{35}]，送的绸、布幛子叫“寿幛”[ʃɐu^{22}tʃœŋ^{33}]，祝寿的对联称“寿联”[ʃɐu^{22}lyn^{21}]，其他还有寿桃、寿面等。与老人相关的也用“寿”，如老人脖子上出现的皱褶叫“寿带”[ʃɐu^{22}tai^{33}]，脸上的老人斑叫“寿癦”[ʃɐu^{22}mɐk^{35}]，长寿者称“寿星公”。

旧时老人做寿，将小铜钱穿成一串串的，分送小孩挂在身上，直到绳子挂断，才把铜钱放入储钱罐里，这些钱叫“寿钱”[ʃɐu^{22}tʃ^{h}in^{21}]。此俗今已消失。

四 丧葬

出厅 [tʃʰøt⁵tʰɛŋ⁵⁵]

旧俗人忌死于偏房。病人弥留之际，家人为他沐浴更衣后移于正厅，名曰“出厅”。“出厅”后咽气叫“寿终正寝”。如果来不及“出厅”，病人断气前即拆去蚊帐，否则是“天罗地网，永世不得超生”。人将死时，头向门口，脚向屋里；断气后，则头向里而脚向外，称“掉头”[tiu³³tʰɐu²¹]。当晚请和尚念“倒头经”[tou³⁵tʰɐu²¹keŋ⁵⁵]，又称“材头经”[tʃʰɔi²¹tʰɐu²¹keŋ⁵⁵]，以使死者早离地狱，往生净土。

送终 [ʃoŋ³³tʃoŋ⁵³]

人死前无亲人在身边乃民间大忌。病人弥留之际，亲属围在身边呼唤，谓之“呼号”[fu⁵⁵hou²²]；病人在亲属看护下去世称“送终”。家人跪哭，手执“引魂香”[jɐn²³wɐn²¹hœŋ⁵⁵]。昼夜烧烛于中庭，叫“亡人照冥路”[mɔŋ²¹jɐn²¹tʃiu³³meŋ²¹lou²²]。又以银钱各一包，分握于死者手中。老人去世，子孙和眷属要易素服尽孝，称“着孝”[tʃœk³hau³³]。满堂皆着白色孝服，表明子孙众多，民间视为死者有福。

法师叫“喃无先生”[nam²¹mɔ²¹ʃin⁵³ʃaŋ⁵⁵]，俗称“喃无佬”[nam²¹mɔ²¹lou³⁵]。人死后，请“喃无佬”诵经，引阴魂上路，叫“开路”[hɔi⁵³lou²²]。死者床下点一油灯，为上路照明，灯到出殡时方能熄灭。入殓前，“喃无先生”要主持一种仪式：杀一小公鸡，鸡和米、鸡蛋、柿饼、酒等物供置死者前，叫“辞阳”[tʃʰi²¹jœŋ²¹]，也叫“辞生”[tʃʰi²¹ʃaŋ⁵³]。仪式结束，供物酬劳“喃无先生”。

买水 [mai²³ʃøy³⁵]

人死后，孝子拿瓦盆去河边，投一钱入河后取水，用此水洗尸再入殓，称“买水”。

此葬俗宋《岭外代答》有载：“孝子披发，顶竹笠，携瓶瓮，持纸钱，往水滨号恸，掷钱于水而汲归浴尸，谓之买水。否则邻里以为不孝。”“买水”由儿子担当，若无子，死者之侄可代。办丧事者神情悲伤，情绪低落，故形容人无精打采的样子广州话说“买水噉头”。

小殓 [ʃiu^{35}lim^{23}]

即替死者穿衣。死者入殓时穿的衣服称“寿衣”[ʃɐu^{22}ji^{55}]，穿的鞋子不分男女都叫“寿靴”[ʃɐu^{22}hœ^{55}]。寿衣以绸布制作，颜色多用青、白、棕、酱、古铜、茶青等，忌用其他颜色。民间认为大红和粉红两色用于喜事，如用于寿衣，会使鬼灵凶猛。广州话“绿”[lok^{2}]与“禄”[lok^{2}]同音，绿色不宜；“蓝”[lam^{21}]与“褴”[lam^{21}]音同，恐后代衣着褴褛，蓝靛色不宜；黑色大晦，黄乃正色，皆不宜用。穿寿衣的件数要奇数，不能是偶数，但忌“九”，因“九”[kɐu^{35}]、“久”[kɐu^{35}]同音。也有以“男双女单”为俗例，即男的偶数，女的奇数。死者入殓后，把银器放入他口中，叫“掟口银”[tɛŋ^{33}hɐu^{35}ŋɐn^{35}]。今多用硬币替代。

入棺 [jɐp^{2}kwun^{55}]

旧式丧礼，尸体装进棺材叫“入棺”。选定吉日，死者才能入棺。殓尸工称“仵作佬”[ŋ̍^{23}tʃɔk^{3}lou^{35}]或“仵作”[ŋ̍^{23}tʃɔk^{35}]。在棺材固定一条红绳子，绳的一头挂一竹枝，对着死者的鼻端移正遗体，谓之“钓金鱼”[tiu^{33}kɐm^{53}jy^{35}]。

旧俗如丈夫先逝，妻子把死者的裤子放进棺内，让儿子取回，谓之“扯富[tʃʰɛ^{35}fu^{33}]”，因广州话“裤”[fu^{33}]、“富”[fu^{33}]同音，乃希冀子孙致富之意。儿子再把裤子送出门外，谓之“送苦”[ʃoŋ^{33}fu^{35}]。也有把一斧头送出门外，因广州话“斧”[fu^{35}]、“苦”[fu^{35}]同音，“送斧”即“送苦”，以示苦尽甘来。逝者是妻子的话，丈夫给死者簪上一朵花，谓之“死在夫前一枝花”。将一木梳折断，短的投入棺内，长的自留，叫“分梳”[fɐn^{53}ʃɔ^{55}]。也有夫妻任何一方死后，另一方将一把梳子折断，丢一半入棺材中，以示二人分离永别。

安座 [ɔn^{53}tʃɔ^{22}]

灵牌叫“神主牌”[ʃɐn^{21}tʃy^{35}pʰai^{35}]。家人为死者设灵位，在神枱摆上遗像和“神主牌”，配上香炉烛台，谓之“安座”，供家人和亲友祭拜（见图6–62）。在死者灵前摆上饭菜，早晚拜祭，叫“拜饭”[pai^{33}fan^{22}]。置于神枱左边的“太上老君敕令伴随使者”

图6－62 一般人家的神枱

木牌，叫“人客”[jɐn^{21}hak^{3}]，专陪伴死者灵魂的。据说家有恶妇或子孙吵闹不和，将受到“人客”惩罚。

孝堂 [hau^{33}t^{h}ɔŋ^{21}]

用来办丧事的厅堂。摆死者的遗像和“神主牌”，挂白枱衣。祭枱上摆香炉烛台、长明灯和各种供品以祭奠死者，谓之“摆祭”[pai^{35}tʃɐi^{33}]（见图6–63）。

今多在殡仪馆设置灵堂，供亲属、友人吊唁（见图6–64）。

吊孝 [tiu^{33}hau^{33}]

祭奠死者并慰问家属。一般是上香跪拜，晚辈平辈都跪拜。从民国开始跪拜已少行，多以三鞠躬为敬礼。死者之近亲，特别是姻亲，“吊孝”仪式隆重，通常备办菜肴、糕点、果品和挽联、哀幛等。今来家吊唁者，多以赠送现金表示慰问，叫“帛

图6－63 民国时期广州人家的孝堂（资料图片）

图6－64 灵堂

金”[pak^{2}kɐm^{53}]。“帛金”必须单数，如101元、301元或501元等。家属回礼是缝衣针或小刀、红包和糖果。缝衣针尖利、小刀锋利，表示“利事”；红包表示“大吉利市”；糖果甜甜的，表示从头甜到尾（见图6–65）。

图6－65 各有寓意的回礼

出殡 [tʃ^{h}øt^{5}pɐn^{33}]

广州旧葬俗，“出殡”和“出山”是有区别的。将死者送去埋葬的盛大仪式称“出殡”，有钱人家才操办得起（见图6–66、6–67）。旧时有钱人家“出殡”，一般是请“仪仗铺”[ji^{21}tʃœŋ^{22}p^{h}ou^{35}]来做。旧时普通人家出殡，仪式比较简单，叫“出山”[tʃ^{h}øt^{5}ʃan^{53}]。如今已不再区分，统称“出殡”。

出殡请风水先生择日，日期多定单数。出殡前夕，家人通宵守候。“仵作佬”轻移棺材，口喊“大吉大利”，谓之“移棺”[ji^{21}kwun^{53}]。民间认为棺材有煞气，“移棺”使其尽泄，出殡时抬柩自如。出殡前明烛拈香，焚纸帛和祭奠，宣读“起柩文”，抬起棺材，说“启灵”[k^{h}ɐi^{35}leŋ^{21}]。送殡的白色纸钱叫“溪钱”[k^{h}ɐi^{53}tʃ^{h}in^{21}]，途中抛撒“溪钱”叫“买路钱”[mai^{23}lou^{22}tʃ^{h}in^{21}]。孝子举幡帜走在前头，叫“担幡”[tam^{53}fan^{55}]。幡帜上写着死者积闰享寿多少岁等字样，所写岁数一般比实际年龄大三岁（另说男性虚报三岁，女性虚报两岁）。所加岁数据说是死者生前所逢闰月数累加成的，也有说是天、地、子孙各赠死者一岁而得。旧时富裕人家请仪仗队大奏哀乐，哀乐中以笛声最为嘹亮，人称“死人笛”[ʃei^{35}jɐn^{21}tɛk^{35}]。至预定地点，辞灵拜别，孝子叩拜亲友。安葬后，俗例另取道回家，不能重走原路。

今葬俗大大简化，设灵堂、吊唁、向遗体告别和出殡等，一般都在殡仪馆内当天完成。

图6－66 旧时广州出殡仪仗的场面（1）（资料图片）

图6－67 旧时广州出殡仪仗的场面（2）（资料图片）

点主 [tim^{35}tʃy^{35}]

家人为死者备好“神主牌”，书写其生辰八字，死亡年月日，承祀者名称等。“神主牌”的“主”暂缺一点，写成“王”字，请当地德高望重者补“丶”点，谓之“点主”。德高望重者尊称“大宾”[tai^{22}pɐn^{53}]。点主时，“大宾”口赞四句：“日出东方，一点红光，子孙兴盛，五世其昌。”面向东方对笔端呵一口气，谓之“向东方受生气”，即点“王”成“主”。随之将笔往后一抛，让子孙快速接着，称“接笔”[tʃip^{3}pɐt^{5}]。子孙叩拜致谢，把“神主牌”敬放在神枱，烧纸照一照，称“陞座”。故此俗也称“点主座”[tim^{35}tʃy^{35}tʃɔ^{22}]。“大宾”叩拜，孝子即奉上“利市”。

此俗另有一说：家人做好“神主牌”后，请人来写上死者的名字，放进祖先神位中，也叫“点主”。

做七 [tʃou^{22}tʃ^{h}ɐt^{5}]

指人死后七天，家人请和尚来念经超度死者亡魂，逢七天的倍数都“做七”，直到七七四十九天为止。

习俗以“头七”、“三七”、“五七”和“七七”为大七。“头七”是新丧不久，与丧期合起祭拜。“三七”始吊祭死者，叫“开祭”[hɔi^{53}ʧɐi^{33}]，又称“开吊”[hɔi^{53}tiu^{33}]。民间认为，人死后，三七之内魂灵会回来看亲人，甚至抚摸儿女，叫“摸骨肉”[mo^{35}kwɐt^{5}jok^{2}]；还会享用供品，家人将房门紧闭，点上蜡烛，摆上供品，谓之“回魂”[wui^{21}wɐn^{21}]，也说“回殃”[wui^{21}jœŋ^{53}]。“五七”祭拜要由外嫁女来做，如无外嫁女，侄女或侄孙女也可。“末七”即七七，又称“满七”，由丧主致祭，大开筵席，把所有丧堂、祭帐、灵枱都清除，仅留拜枱安放“神主牌”，早晚供奉，直至百日。至此，丧事全部终结，故“末七”又说“做埋事”[ʧou^{22}mai^{21}ʃi^{22}]。

食七 [ʃek^{2}ʧ^{h}ɐt^{5}]

指人去世后，由“头七”至“七七”，每个第七天均设置饮食，招待前来拜祭的亲朋。有贪食者与逝者家人毫无关系也来大快朵颐，主人家明知此事亦不驱逐，任由吃喝。后以“食七”比喻狼吞虎咽或大吃大喝。

冬瓜豆腐 [toŋ^{55}kwa^{55}tɐu^{22}fu^{22}]

也说“菠菜豆腐”[pɔ^{53}ʧ^{h}ɔi^{33}tɐu^{22}fu^{22}]，喻指不吉利事，特别是意外之灾。过去办完丧事之后，丧家摆素宴答谢前来吊丧或帮忙的亲朋，称之“解秽酒”。席上必有冬瓜、豆腐、菠菜等素菜，后以此借代不祥之事。

对年 [tøy^{33}nin^{21}]

死后一周年之称。死者的家人、眷属举行祭祀仪礼，称为“做对年”[ʧou^{22}tøy^{33}nin^{21}]。

死人灯笼 [ʃei^{35}jɐn^{21}tɐŋ^{53}loŋ^{21}]

旧俗，人死后家门口要悬挂蓝底白字或白底蓝字的灯笼，谓之“死人灯笼”。灯笼上标明死者享寿的岁数。按俗例一般要多报，男性虚报三岁，女性虚报两岁。故讽刺那些虚报的数目，广州话说：“死人灯笼——报大数”。

图6－68 死人灯笼（资料图片）

柒·岁时节令

图7－1 贺年橘

广州的岁时节令与全国其他地区大同小异，主要的传统节日除了春节、元宵节、清明节、端午节、中秋节以外，还有乞巧节、中元节、重阳节等。

一　春节

春节是我国最重大的传统节日。此节包括年终岁首的年节祭祀与庆祝活动。作为古代岭南蛮夷之地的广州，过春节既保留了传统节俗，又具有独特的地域特色。

谢灶 [tʃɛ^{22}tʃou^{33}]

也叫“祭灶”[tʃɐi^{33}tʃou^{33}]或“送灶”[ʃoŋ^{33}tʃou^{33}]。谢灶在腊月二十三至二十五，以拜托灶君老爷“上天言好事，下界保平安”，祈求来年全家有好运。

是日清洗神位。神位前置浸泡黄皮叶的清水一碗、烧纸帛金银和纸制的灶君衣帽，意请灶神沐浴更衣；点上油灯，方便灶神走路；用鸡、猪、鲤鱼、饴糖等拜灶君，水果多用“柑”[kɐm^{53}]和苹果，因广州话“柑”与“金”同音，象征财富，苹果寓意平安。有的用黄糖两片，慈姑和年橘[nin^{21}kɐt^{5}]各两个，均双数，以取吉利。

图7－2 谢灶

也有用清水和米饭各一碗，约八两重的活鲤鱼一条，完整甘蔗一根，甘蔗尾“带尾叶”[tai^{33}mei^{23}jip^{2}]，年橘、红糖、炒米饼和一封红包。清水和白米饭证明灶君与掌管灶火的这家人关系清白；甘蔗完整一根，祈求灶神做事善始善终，甘蔗之节如同阶梯，供灶君登天用。

旧俗“男不拜月，女不祭灶”。祭时依例焚燃香烛，由一家之主叩拜，烧“灶君疏”[tʃou^{33}kwɐn^{53}ʃɔ^{53}]。“灶君疏”是写有户主姓名、地址及全家人所做好事的红纸，边烧边念：“一砖豆腐一块糖，灶王食咗上天堂。上咗天堂言好事，年卅晚上转归翻。”礼毕，供品置米缸内，叫“笮缸”[tʃak^{3}kɔŋ^{53}]，以示来年丰衣足食。除夕夜接灶君回来，叫“接灶”[tʃit^{3}tʃou^{33}]。从谢灶日起，人们开始为过年做准备。

民间重谢灶，也就有相关俗语。祭灶的鲤鱼，双眼紧闭，嘴巴一张一合，像在说话，“祭灶鲤鱼 ——瞌埋双眼乱噏”是喻人信口雌黄。谢灶当在灶君上天前，除夕夜谢灶祭拜就多余了，“年三十晚谢灶 ——好做唔做”意指该做的不做，不该做的却做了。说话要简单爽快，即“灶君上天 ——有句讲句”。灶神供在灶炉旁，脸被烟火熏得墨黑，“灶君老爷 ——黑口黑面”喻面有愠色者。

扫屋 [ʃou^{33}ok^{5}]

月穷岁尽之时，家家户户扫门间，去尘秽，净庭户，是为“扫屋”。又说“年廿八，洗邋遢”。“扫屋”在送灶神之后，因“灶君上天 ——扫屋冇顾忌”。全家动手，除尘扫地。厨房是“扫屋”重点，所有污垢全要除净。

粤俗用黄皮叶、碌柚叶（见图7–3）和香茅叶“煲水”[pou^{53}ʃøy^{35}]去尘秽，可辟邪除晦；擦洗神位，可得到神主庇护；用以洗澡，能冲走晦气，新年行好运。

图7－3 碌柚叶

图7－4 写挥春

备办年货 [pei^{22}pan^{22}nin^{21}fɔ^{33}]

岁终年关，说“挨年近晚”[ai^{53}nin^{21}kɐn^{22}man^{23}]。又“腊月廿六，劏猪割年肉”，这“年肉”即备办的年货，叫“年宵嘢”[nin^{21}ʃiu^{53}jɛ^{23}]，又叫“年晚货”[nin^{21}man^{23}fɔ^{33}]。

摆卖年货的临时摊点叫“年宵档”[nin^{21}ʃiu^{53}tɔŋ^{33}]，人们在那儿挑选“利市封”[lei^{22}ʃi^{22}foŋ^{53}]、“挥春”[fɐi^{53}tʃʰøn^{55}]（见图7–4）和门神像。“利市封”是红包袋，“挥春”指春节期间贴的对联，还包括用红纸写上的各种吉利语。

“年宵档”大量供应“糖果”[tʰɔŋ^{21}kwɔ^{35}]。所谓“糖果”是白糖腌制的食品，如糖莲藕、糖莲子、糖椰角、糖椰丝、糖橘饼、糖瓜条、糖马蹄（荸荠）等，统称“五经果”[ŋ̍^{23}keŋ^{53}kwɔ^{35}]（见图7–5），“五”是虚数，并非实指。

主妇们还要备三大样：一是干货[kɔn^{53}fɔ^{33}]，如冬菇、笋干、雪耳等；二是腊味[lap^{2}mei^{35}]，即腊肉、腊肠、腊鱼、腊鸭和腊猪头；三是“海味”[hɔi^{35}mei^{35}]，“鲍”[pau^{53}]、“参”[ʃɐm^{53}]、“翅”[tʃʰi^{33}]、“肚”[tʰou^{23}]被视作海味的“四大主牌”，还有鱿鱼、虾米和“蚝豉”[hou^{21}ʃi^{35}]（干牡蛎肉）等。

图7－5 五经果

打饼 [ta³⁵pɛŋ³⁵]

即自制“炒米饼”[tʃʰau³⁵mɐi²³pɛŋ³⁵]，经浸米、炒米、研粉、融糖、椬实、烘干等多种工序才能完成。糖多用“黄片糖”，文火融化后，倒入炒熟的大米粉内搅拌，放上碾碎的花生和芝麻，搓成团状按入饼模子（见图7–6）里，用“饼椬”[pɛŋ³⁵tʃʰøy³⁵]敲打至坚实，故称“打饼”（见图7–7）。最后放入“饼柜”[pɛŋ³⁵kwɐi²²]（烤箱）内用炭火焙干。

图7－6 寿桃饼印

图7－7 敲打炒米饼出印

开炸 [hɔi⁵³tʃa³³]

油炸食品统称“油器”[jɐu²¹hei³³]，开油锅炸“油器”叫“开炸”。“油器”跟“油气”同音，家有“油气”意味着“家肥屋润”（家庭富足），故“开炸”要选吉日。“油器”有煎堆、油角、蛋馓、糖环等多种，俗以煎堆和油角为主角，因“煎堆碌碌，金银满屋；油角弯弯，家财百万”。

炸煎堆 [tʃa³³tʃin⁵³tøy⁵⁵]

用爆谷作馅儿，裹以糯米粉油炸而成。滚动广州话说“碌”[lok⁵]，煎堆滚圆如球，另叫“碌堆”[lok⁵tøy⁵⁵]；因用油煎炸，又名“油堆”[jɐu²¹tøy⁵⁵]；在表皮粘上芝麻，吃起来更香脆，故称“麻堆”[ma²¹tøy⁵⁵]。

粤地以大米为主食，家里多无擀面杖，用一条称作“研棍”[ŋan²¹kwɐn³³]的粗短棍儿替代，把蛋、糖、油和面粉一起揉弄好，“研”[ŋan²¹]薄（见图7–8），切成方形“细皮”[ʃɐi³³pʰei²¹]，包上馅儿，下油锅炸至金黄即“起镬”[hei³⁵wɔk²]捞起（见图7–9）。

图7－8 研煎堆皮

图7－9 下油锅炸煎堆

图7－10 慈姑煎堆仔

有的还做两个“慈姑”[tʃʰi^{21}kwu^{53}]状煎堆，以祈求来年添丁发财（见图7–10）。

过年煎堆家家必备，“年晚煎堆——人有我有”；意外得到好处是“冷手执个热煎堆”；人老心不老说“猛火煎堆——皮老心唔老”。油炸食品中煎堆属“大”，再大也有限，“系咁大个煎堆”，是说你就那么点儿能耐，强不到哪里去。

炸油角 [tʃa^{33}jɐu^{21}kɔk^{35}]

一种油炸的甜馅小饺子，又叫“角仔”[kɔk^{3}tʃɐi^{35}]。制作数量最多，往往要炸上十多斤的面粉。香脆的叫“脆角”[tʃʰøy^{33}kɔk^{35}]，松脆的是“酥角”[ʃou^{53}kɔk^{35}]，用糯米粉包“豆沙馅”[tɐu^{22}ʃa^{55}ham^{35}]称“糯米角”[nɔ^{22}mɐi^{23}kɔk^{35}]。

“油角馅”[jɐu^{21}kɔk^{35}ham^{35}]制作颇费工夫：炒香“花生肉”[fa^{55}ʃɐŋ^{55}jok^{2}]（花生米），冷却后除去“花生衣”[fa^{55}ʃɐŋ^{55}i^{53}]，研成粒状，加上砂糖和芝麻。“包角仔”先擀薄油角皮儿，再一个个地“扱”[kʰɐp^{5}]，将皮儿对半折成半月形，加馅儿，捏合“撚实”[nin^{35}ʃɐt^{2}]封口，再掐出细密的花边儿来，下油锅炸才不会“爆口”（见图7–11、7–12、7–13）。

图7－11 包角仔

图7－12 排好角仔

图7－13 炸角仔

图7－14 发糕

蒸糕 [ʧeŋ^{53}kou^{53}]

广州人过年蒸糕、吃糕，以求来年财旺行运“步步高升”，极忌蒸成不熟的“生糕”[ʃaŋ^{53}kou^{53}]。除了“糯米年糕”[nɔ^{22}mɐi^{23}nin^{21}kou^{53}]，还蒸“发糕”、“芋头糕”和“千层糕”等（见图7–14），最受家人享用的是“萝卜糕”和“马蹄糕”。

蒸萝卜糕 [ʧeŋ^{53}lɔ^{21}pak^{2}kou^{53}]

年节食品大多肥厚油腻，易引起消化不良，萝卜可除腻消滞助消化，过年主妇必蒸萝卜糕。“腊味”[lap^{2}mei^{35}]和虾米是做萝卜糕的重要配料。将萝卜削皮说“剸皮”[p^{h}ɐi^{53}p^{h}ei^{21}]，刨成丝（见图7–15），大米浸泡后磨成浆，加入萝卜丝、腊味和虾米，置猛火上蒸熟。

图7－15 刨萝卜丝

图7－16 碎马蹄

图7－17 萝卜糕和马蹄糕

蒸马蹄糕 [tʃeŋ^{53}ma^{23}tʰɐi^{21}kou^{53}]

荸荠称“马蹄”[ma^{23}tʰɐi^{35}]，去了皮的叫“马蹄肉”[ma^{23}tʰɐi^{35}jok^{2}]，剁成细粒说“碎马蹄”[ʃøy^{33}ma^{23}tʰɐi^{35}]（见图7–16），用水调和“马蹄粉”谓之“开粉”[hɔi^{53}fɐn^{35}]，把糖浆、“马蹄粉”及“碎马蹄”搅拌好，猛火蒸熟即可（见图7–17）。

年晚 [nin^{21}man^{23}]

图7－18 水上人家的神枱

除夕又说“年卅晚”[nin^{21}ʃa^{53}man^{23}]或“大年夜”[tai^{22}nin^{21}jɛ^{22}]。旧岁至此而除，新岁即将来临。是日家家布置厅堂，挂上历代祖先画像，供上果品，叫“开真容”[hɔi^{53}tʃɐn^{53}joŋ^{21}]。广府家宅，厅的正面墙上供神的小阁楼称“神楼”[ʃɐn^{21}lɐu^{35}]，楼中供祖先和神的位置是“神位”[ʃɐn^{21}wɐi^{35}]，置放香炉、观音像等供神用的桌子叫“神枱”[ʃɐn^{21}tʰɔi^{21}]，这些都是家人极敬重之地（见图7–18）。

贴门神 [tʰip^{3}mun^{21}ʃɐn^{21}]

广州民居习于在宅门贴上门神，以求驱邪避灾，护宅祈富。郊外的村民崇拜关羽和张飞，门神多用关、张，也用秦琼和尉迟恭两武将。贴“挥春”包括贴门对、横额、单语等，内容大多表达美好愿望，对新年的展望；单语多写“新春大吉”“出入平安”“恭喜发财”“财源广进”等（见图7–19）。“福”字倒贴，谐音“福到”。

图7－19 挥春

图7－20 大年金橘

摆年橘 [pai^{35}nin^{21}kɐt^{5}]

“橘”[kɐt^{5}]味酸皮薄而光滑，又叫“橘仔”[kɐt^{5}tʃɐi^{35}]；皮金黄而称“金橘”[kɐm^{53}kɐt^{5}]或“金橘仔”[kɐm^{53}kɐt^{5}tʃɐi^{35}]。“橘”跟“吉”[kɐt^{5}]同音，每逢过年，金橘遍及全城，故称“年橘”[nin^{21}kɐt^{5}]。广州人习于在客厅摆上吉庆的“盆橘”[p^{h}un^{21}kɐt^{5}]（见图7–20）。

笮年 [tʃak^{3}nin^{21}]

旧俗把果品、肉类、鲮鱼、“煎堆”和“油角”等放入米缸”[mɐi^{23}kɔŋ^{53}]，米缸上放生菜、芹菜等，以表示整年吃喝不愁，叫“笮年”[tʃak^{3}nin^{21}]。

图7－21 红萝卜

意头嘢 [ji^{33}t^{h}ɐu^{21}jɛ^{23}]

指吉祥物，凡名称与吉祥语谐音的即成为过年必买的“意头嘢”。胡萝卜说“红萝卜”[hoŋ^{21}lɔ^{21}pak^{2}]，“红”[hoŋ^{21}]、“鸿”[hoŋ^{21}]同音，意为“鸿运当头”（见图7–21）；“芹菜”，“芹”[k^{h}ɐn^{21}]与“勤”[k^{h}ɐn^{21}]同音，“勤勤力力”才能致富；“生

图7－22 生菜

图7－23 “藕䗼”莲藕

菜”[ʃaŋ^{53}ʧ^{h}ɔi^{33}]与“生财”谐音而备受青睐（见图7–22）；广东大白菜“绍菜”[ʃiu^{22}tʃ^{h}ɔi^{33}]与“笑”[ʃiu^{33}]音近，“笑口常开”乃人生乐事；“葱”跟“蒜”，分别与“聪”和“算”谐音，寓意聪明伶俐，善于理财。这些“意头嘢”均保留根部，“头尾齐全”，象征来年“由年头旺到年尾”。

番禺区盛产莲藕，水上人家的“神枱”摆慈姑，供莲藕，藕节一定要长出“藕䗼”[ŋɐu^{23}pit^{5}]（即小芽。见图7–23），寓意“开枝散叶”，宗族繁衍，家丁兴盛。

拜祖先 [pai^{33}tʃou^{35}ʃin^{53}]

除夕定要祭祖敬神，以祈求保佑。供品极丰盛，肉类有鸡、“猪脷”[tʃy^{53}lei^{22}]（猪舌头）和“猪脚”[tʃy^{53}kœk^{3}]等，油器有“煎堆”“油角”等，还有新鲜水果称“生果”[ʃaŋ^{53}kwɔ^{35}]，备好衣纸、蜡烛等祭祀用品（见图7–24）。

图7－24 准备拜神供品

食团年饭 [ʃek^{2}t^{h}yn^{21}nin^{21}fan^{22}]

在广州人的观念中，除夕不仅是在世家人的团聚，也是跟已故先人的大团聚。年夜饭是一年中最丰盛的晚餐，是人神共进的盛宴。逝去的亲人都被一一请回，先人用过年夜饭之后人们才开始进餐。

年夜饭菜名讲究“意头”，一般要八大样，“八”即“发”。有“鸿运大拼盘”，“红皮赤壮”的“烤乳猪”象征身体健康；“卤味”[lou^{23}mei^{35}]有“卤猪脷”“卤牛肚”“卤鹅肾”和“卤鹅翼”四样，寓意一本万利，容四方之财，展翅高飞；“脆皮烧鹅”和“当红炸子鸡”，表示来年红红火火。猪的前蹄谓之“猪手”[tʃy^{53}ʃɐu^{35}]，“发菜”[fat^{3}tʃ^{h}ɔi^{33}]

图7－25 年夜饭菜式

与“发财”[fat^{3}tʃ^{h}ɔi^{21}]音近，“发菜焖猪手”是“发财就手”。又“蚝豉”[hou^{21}ʃi^{35}]谐音“好市”[hou^{35}ʃi^{23}]或“好事”[hou^{35}ʃi^{22}]，“发菜焖蚝豉”希冀“发财好市”，好事连连。有的家庭烹制“发菜蚝豉焖猪手”，直奔“发财好事，横财就手”之美景。“白焯生虾蟹”，焯熟后满盘尽红，“虾”[ha^{55}]听同“哈”[ha^{53}]，又赋予哈哈乐之意。腰果松子肉丁芹菜粒，菜名“丁财两旺”，寓意万子千孙，添丁发财。蔬菜的中心部分叫“菜胆”[tʃ^{h}ɔi^{33}tam^{35}]，“生菜胆”[ʃaŋ^{53}tʃ^{h}ɔi^{33}tam^{35}]含“生猛”[ʃaŋ^{53}maŋ^{23}]义，把形如金银元宝的“冬菇”[toŋ^{53}kwu^{55}]覆于其上，再浇上厚厚的蚝油，美其名为“金银满屋”。清蒸鱼必备，还得吃剩一些，谓之“年年有余”。无鸡不成宴，团年饭鸡必不可少，一般是白切鸡（见图7–25）。

花市 [fa^{55}ʃi^{23}]

也称“花街”[fa^{55}kai^{53}]。每逢农历腊月廿八至除夕，广州都举办大型的鲜花市集“年宵花市”[nin^{21}ʃiu^{53}fa^{55}ʃi^{23}]。各主要街道搭起花架，四乡花农摆花售橘（见图7–26）。除夕夜是花市的最高潮，人山人海，一直闹到初一凌晨。此俗清代即有记载：“俗呼桃符曰挥春。除夕卖花声闻达旦。”十里花街上的热闹场景为岭外他处所罕见。

图7－26 在花市里赏花、买花

行花街 [haŋ^{21}fa^{55}kai^{53}]

图7－27 代代果

即逛花市。除夕夜上花市买花叫“趁花市”[tʃʰɐn^{33}fa^{55}ʃi^{23}]。人们选花买花重“意头”。“吊钟”寓意钟鸣鼎食；水仙表大富大贵；“代代果”是后继有人（见图7–27）。财源滚滚，广州话说“猪笼入水，盆满钵满”，“猪笼草”因此成了“意头花”[ji^{33}tʰɐu^{21}fa^{53}]（见图7–28）。

广州人最喜欢桃花。广州话“桃”“图”同音，又桃花色红，“红”“鸿”同音，人们认为桃花象征“宏图大展”“桃花盛开鸿运来”，桃花“开得越靓，意头越好”（见图7–29）。过年时节，客厅的桃花枝上悬挂着红色的“利市封”[lei^{22}ʃi^{22}foŋ^{53}]，满屋喜庆（见图7–30）。商家把盛开的桃花陈列于大堂中央，“威水”[wɐi^{53}ʃøy^{35}]醒目，以求“花开灿烂，今年必有好生意”。未婚男子买了桃花，俗例要扛着桃花在花市里转上几圈，来年将“行桃花运”。

花名如果跟口语某个不好字眼的语音相同或相近，即为广府人的买花之忌。旧俗过年不买菊花，因“菊”[kok^{5}]与广州话表示憋气义的“谷”[kok^{5}]同音。尤其不买“白菊”[pak^{2}kok^{5}]，“年晚买白菊，成年白谷”，极不吉利。又“梅”[mui^{21}]、“霉”[mui^{21}]同音，花农从不卖梅花；“兰”[lan^{21}]、“烂”[lan^{22}]音近，旧俗也避兰花。

图7－28 花市热卖猪笼草

图7－29 桃花盛开鸿运来

图7－30 桃花悬挂红“利市封”

图7－31 拍财神

图7－32 祖先灵位摆上供品

拍财神 [pʰak^{3}tʃʰɔi^{21}ʃɐn^{21}]

团年饭后，孩子们拿着写有“财神”的小红纸，挨家挨户地贴在门上，喊道：“拍财神！财神到！”主人即出来“接财神”，把迎来的“财神”贴在家里或门上。人们相信，“财神”被拍得越多，财运越高，家里越富有。

有的父母趁孩子出门后，在孩子的床上悄悄放上一个“橘仔”和小“利市封”，祝福孩子新年平安。

炮仗迎春 [pʰau^{33}tʃœŋ^{35}jeŋ^{21}tʃʰøn^{53}]

年初一凌晨，人们在神枱摆上的迎神供品，有一道用腐竹、发菜、菇类、青菜等合炒而成的“罗汉斋”[lɔ^{21}hɔn^{33}tʃai^{55}]（见图7–32）。

燃放炮仗是年俗必有的重要项目。在广州城郊或农村，只要年初一零时一到，炮仗齐鸣，烟花飞舞。为了“攞意头”[lɔ^{35}ji^{33}tʰɐu^{21}]，炮仗越响越好，撒个满地红（见图7–33）。

图7－33 炮仗声响满地红

大年初一 [tai^{22}nin^{21}tʃʰɔ^{53}jɐt^{5}]

初一拜年是自明清就有的年俗。清《广东新语》记载广州“元日拜年，烧爆竹”。这天晚辈向长辈拜年，长辈给晚辈“利市”。大年初一还要拜祭祖先，拜祭天神。

封利市 [foŋ^{53}lei^{22}ʃi^{22}]

图7－34 封利市

大人给小孩的压岁钱叫“利市”[lei^{22}ʃi^{23}]。因口语音是[lei^{22}ʃi^{22}]，粤人常写同音的“利是”。“封利市”[foŋ^{53}lei^{22}ʃi^{22}]一般两个，谓之“封双封”[foŋ^{53}ʃœŋ^{53}foŋ^{53}]。过年时的人际交往，习俗上必备“利市”，纸币多少不在意，但没有“利市”则被视为无礼。小孩子向长辈讨要红包叫“逗利市”[tɐu^{22}lei^{22}ʃi^{22}]。新春佳节，孩子们兴高采烈地喊道：“恭喜发财，利市逗嚟！”大人给小孩子“派利市”[pʰai^{33}lei^{22}ʃi^{22}]，祝福他们“快高长大”。小孩子双手接“利市”，说“多谢”。广州习俗，只要未婚的，不管是否成年，均可“逗利市”。

图7－35 添香拜神

添香拜神 [tʰim^{53}hœŋ^{55}pai^{33}ʃɐn^{21}]

人们除了在家拜神，还要到庙里“上香油”[ʃœŋ^{23}hœŋ^{53}jɐu^{21}]，敬香拜神，交纳一份香油钱，祈求家人全年平安顺利。

煮斋晏 [tʃy^{35}tʃai^{53}an^{33}]

即做素菜。广州年俗，元日不杀生，大年初一要食斋。据说是为表敬佛斋戒之意，更多的人相信初一吃完这年该吃的素菜，此后就餐餐鱼肉，顿顿富贵了。

“晏”[an^{33}]在广州话有“饭食”义，吃午饭说“食晏”[ʃek^{2}an^{33}]，小碗米饭说“细晏”[ʃɐi^{33}an^{33}]。“斋晏”的食材叫“斋料”[tʃai^{53}liu^{35}]，一般有金针菜、木耳、香

菇等，配炒黄芽白、生菜及荷兰豆等菜蔬，浇上南乳芡汁即成“斋晏”（见图7–36）。“南乳”[nam^{21}jy^{23}]是一种酱豆腐，多用做菜肴配料。

有的家庭会蒸一碟腊味，但动筷时必先吃斋，以示行善的“神心”[ʃɐn^{21}ʃɐm^{53}]（诚心）。这就是“头箸斋，二箸杂（荤）”，以合“朝斋晚杂，生意道合”。也有早、午餐食斋，晚餐吃年夜饭的剩菜，“有剩”[jɐu^{23}tʃeŋ^{22}]说明家里“有余”[jɐu^{23}jy^{21}]。

图7－36 煮斋晏

煲饭蒸肉 [pou^{53}fan^{22}ʧeŋ^{53}jok^{2}]

饭将熟之时，把腊味、鸡肉或鱼肉等放入饭煲里蒸焗。一年到头辛苦谋生“搵食”[wɐn^{35}ʃek^{2}]，“新年流流”[ʃɐn^{53}nin^{21}lɐu^{21}lɐu^{21}]，揭开“饭煲”看到的不是净白饭，而是有鱼有肉，丰盛而不清寡，日子蒸蒸日上，谓之“初一流流，要攞个好意头”。

图7－37 煲饭蒸肉

开年 [hɔi^{53}nin^{21}]

年初二小贩子们一早就大声叫卖“生鲤”、“生鸡”、生菜、“生葱”[ʃaŋ^{53}tʃ^{h}oŋ^{55}]、“香芹”[hœŋ^{55}k^{h}ɐn^{21}]等，寓意“生利”[ʃaŋ^{53}lei^{22}]、“生计”[ʃaŋ^{53}kɐi^{33}]、“生财”[ʃaŋ^{53}tʃ^{h}ɔi^{21}]、“生聪”[ʃaŋ^{53}tʃ^{h}oŋ^{53}]、“向勤”[hœŋ^{33}k^{h}ɐn^{21}]。又喊道：“好生鲤！鲤鱼翕翕腮，恭喜今年添丁又发财！”“鲤鱼翕翕腮”是说鲤鱼嘴巴一张一合地说着祝福的话。“开年”必吃鸡，那天鸡肉的需求量极大，故有“鸡怕年初二”之语。

开年大蚬 [hɔi^{53}nin^{21}tai^{22}hin^{35}]

开年“晨早流流”[ʃɐn^{21}tʃou^{35}lɐu^{21}lɐu^{21}]（一大早）就能听到叫卖“发财大蚬”[fat^{3}tʃ^{h}ɔi^{21}tai^{22}hin^{35}]。蚬壳形似元宝，广州话“蚬”[hin^{35}]和“显”[hin^{35}]同音，“发财大蚬”听起来是“发财大显”。人们极乐意“开年食蚬”，以图财运旺。

抢头祃 [tʃ^{h}œŋ^{35}t^{h}ɐu^{21}ŋa^{21}]

月初和月中吃一顿有荤菜的饭叫"打牙祭"[ta^{35}ŋa^{21}tʃɐi^{33}]。广州民俗是逢初二和十六兴"打牙祭"，正月初二是新年第一个"祃日"[ŋa^{21}jɐt^{35}]，故称"头祃"[t^{h}ɐu^{21}ŋa^{21}]。"头祃"赶早，叫"抢头祃"[tʃ^{h}œŋ^{35}t^{h}ɐu^{21}ŋa^{21}]。人们早早"起身"[hei^{35}ʃɐn^{53}]（起床），"劏鸡"[t^{h}ɔŋ^{53}kɐi^{53}]、买肉，准备丰盛的饭菜。这顿饭又称"开年饭"[hɔi^{53}nin^{21}fan^{22}]。

开年生鸡 [hɔi^{53}nin^{21}ʃaŋ^{53}kɐi^{55}]

"开年饭"必备"生鸡"[ʃaŋ^{53}kɐi^{55}]一只。"生鸡"是未阉过的公鸡，也称"鸡公"[kɐi^{53}koŋ^{55}]。通常认为"生鸡肉"[ʃaŋ^{53}kɐi^{55}jok^{2}]性毒热，人们极少吃。由于广州话的"生"有个表示"活"的常用义，如活鲤鱼说"生鲤"[ʃaŋ^{53}lei^{23}]，"活生生的"说"生勾勾"[ʃaŋ^{53}ŋɐu^{53}ŋɐu^{53}]。"生鸡"生气勃发，因此"开年饭"必选食"生鸡"。

开年意头菜式 [hɔi^{53}nin^{21}ji^{33}t^{h}ɐu^{21}tʃ^{h}ɔi^{33}ʃek^{5}]

广州人认为，"开年饭"的菜式跟来年的运情有极大关系。因此从食材的选择及菜名的命名上均讲究"好意头"。随着社会风气的改变，如今"开年菜式"配制上"斋菜"盛行。如"开年盆菜"[hɔi^{53}nin^{21}p^{h}un^{21}tʃ^{h}ɔi^{33}]，鸡鸭虾覆盖生菜、冬菇等素菜，周边用南瓜圈围，寓意金银满满、"生生猛猛"[ʃaŋ^{53}ʃaŋ^{53}maŋ^{23}man^{23}]（见图7–38）。

图7－38 开年盆菜

图7－39 八果盒

拜年 [pai^{33}nin^{21}]

开年日，人们穿上新衣服到亲朋好友家拜年，见面就说"恭喜发财"，亲戚关系近的要先向其祖先遗像行礼。礼后，主人捧出"八果盒"[pat^{3}kwɔ^{35}hɐp^{2}]待客（见图 7–39）。八果盒是比较大的糖果饼食盒子，内分六格或八格，又称"攒盒"[tʃ^{h}yn^{21}hɐp^{2}]或"果

图7－40 娘家回赠“意头嘢”

图7－41 新女婿担礼拜外父、外母

盘”[kwɔ35pʰun21]，因东西陈列着让人选吃，还称“陈盒”[tʃʰɐn21hɐp2]。六格寓意“六六大顺”，八格寓意“财源广进”。糖莲子、糖椰角等“五经果”入盒，寓意“五谷丰登”，中间一大吉大利“橘仔”。瓜子必备，用手抓吃瓜子，象征“揸银子”[tʃa55ŋɐn21tʃi35]。

外嫁女返外家拜年 [ŋɔi22ka55nøy35fan55ŋɔi22ka55pai33nin21]

出嫁了的女儿称“外嫁女”[ŋɔi22ka33nøy35]，“外家”[ŋɔi22ka55]指娘家。年初二，外嫁女携带“烧鹅”[ʃiu53ŋɔ35]、“拜年猪肉”和各种年货，和老公、孩子一起回娘家拜年（见图7–40）。在娘家吃午饭，叫“食日昼”[ʃek2jɐt2tʃɐu33]；晚上要返回婆家吃“开年晚饭”[hɔi53nin21man23fan22]。

母亲把女儿带来的“拜年猪肉”砍留中间部分，剩下的“头”和“尾”让女儿女婿带回去，以示“事事有头有尾”，寓意白头偕老。同时封“利市”，回赠生菜、慈姑和“橘仔”等“意头嘢”，祝福女儿新年里在婆家更加美满、幸福。

如果是新婚夫妇，新女婿第一次跟妻子“返外家”，传统上要用担挑，“担”[tam53]着新年贺礼去拜见“外父”[ŋɔi22fu35]、“外母”[ŋɔi22mou35]。现在大多是新女婿开车送礼，在妻子娘家门前再象征性地“担”一下，以示尊重（见图7–41）。

赤口 [tʃʰɛk3hɐu35]

年初三称“赤口”[tʃʰɛk3hɐu35]，据说此日易跟人发生口角，产生纷争，是为凶日。至今不少老人仍认为此日不宜外出拜年。人们待在家里，把家中秽物清出，烧掉旧家私及无用物，灰烬倒入河流，称“送走穷鬼”[ʃoŋ^{33}tʃɐu^{35}kʰoŋ^{21}kwɐi^{35}]，又称“送穷日”[ʃoŋ^{33}kʰoŋ^{21}jɐt^{35}]。

接财神 [tʃit^{3}tʃʰɔi^{21}ʃɐn^{21}]

俗传初五是财神爷诞辰，为来年财运亨通，初四设祭“接财神”，称“抢路头”[tʃʰœŋ^{35}lou^{22}tʰɐu^{21}]。因“鱼羊之和”即“鲜”，祭品必备鲤鱼和羊肉。当晚子时，人们把已备好的祭牲、糕点、果品、香烛等供上，焚香礼拜。祭祀后，鸣锣击鼓，点烟花，放炮仗，恭恭敬敬迎接财神。然后“食路头酒”[ʃek^{2}lou^{22}tʰɐu^{21}tʃɐu^{35}]（饮宴）至“大天光”[tai^{22}tʰin^{53}kwɔŋ^{55}]（天亮）。

新年启市 [ʃɐn^{53}nin^{21}kʰɐi^{35}ʃi^{23}]

初五叫“破五”[pʰɔ^{33}ŋ̍^{23}]。据说过年诸多禁忌，此日可破。除夕请祖先回来过年，这天要焚香烧衣，恭送祖先。

旧商俗除夕用红纸把账簿，包括笔、墨、砚等物封好，叫“封账”[foŋ^{53}tʃœŋ^{33}]；商铺停市，用大红纸写上“初五开市”贴在店门上。到“破五”或初六祭财神后，正式开张做生意，商家也称之作“开年”。春节后开始营业叫“开铺”[hɔi^{53}pʰou^{33}]，又称“新年启市”。如初五或初六仍不开铺，一般认作“关门大吉”。此俗今有变化，商铺大多是初四至初八间启市，也有推迟到元宵后的。

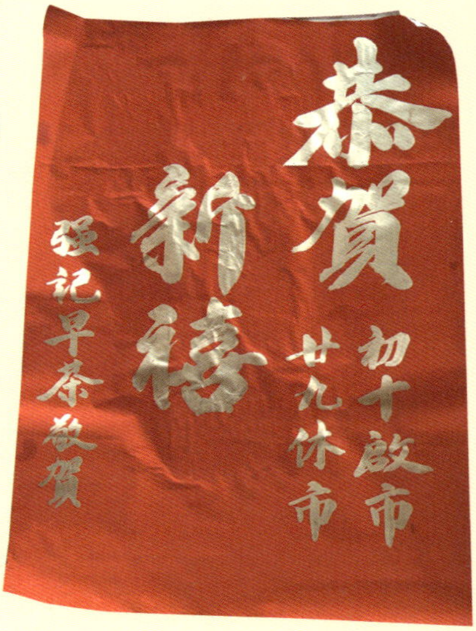

图7－42 新年启市

人日 [jɐn^{21}jɐt^{35}]

初七，广州话称“众人生日”[tʃoŋ^{33}jɐn^{21}ʃaŋ^{53}jɐt^{2}]，又称“人人生日”[jɐn^{21}jɐn^{21}ʃaŋ^{53}jɐt^{2}]。当晚家人祭祖，设宴聚饮。旧俗这天人们多往广州“花地”[fa^{53}tei^{35}]（今荔湾区）游玩，叫“逛花地”[kwaŋ^{33}fa^{53}tei^{35}]。沿途摆有酒馔、风味小食，有金鱼、鸟雀、烟花等出售，人来人往，热闹非凡。此俗已消失。

元宵节 [jyn^{21}ʃiu^{53}ʧit^{3}]

正月十五，另名“上元节”[ʃœŋ^{23}jyn^{21}ʧit^{3}]。因节俗与“灯”有关，又称“灯节”[tɐŋ^{53}tʃit^{3}]。广州至今仍保留元宵看灯之俗（见图7–43）。

按照旧俗，初十“灯节”即拉开序幕。于神前供奉花灯牲醴，邀集亲朋饮宴，谓之“开灯”[hɔi^{53}tɐŋ^{53}]。正月初一至初十五叫“新年头”[ʃɐn^{53}nin^{21}t^{h}ɐu^{21}]，“开灯”又称“开新灯”[hɔi^{53}ʃɐn^{53}tɐŋ^{53}]。“开灯”当晚请外祖母及亲朋好友来吃饭，称“饮灯酒”[jɐm^{35}tɐŋ^{53}tʃɐu^{35}]。祠堂或神堂挂莲花灯，灶君、“床头婆”和街头土地庙均放小灯，称“挂灯”[kwa^{33}tɐŋ^{53}]。

“床头婆”[tʃ^{h}ɔŋ^{21}t^{h}ɐu^{21}p^{h}ɔ^{21}]是粤地民间保佑儿女平安的神。为祈求庇佑，正月十二在“床头婆”香炉上插挂“阿婆灯”[a^{33}p^{h}ɔ^{21}tɐŋ^{53}]，是为此神“开灯”。正月十三在“下间”[ha^{22}kan^{53}]（厨房）点灯，叫“点灶灯”[tim^{35}tʃou^{33}tɐŋ^{53}]，“灶灯”要亮到元宵节高潮。大街上摊贩们竞售各式纸灯，游人在摊位上挑选合心意的彩灯，称“灯市”[tɐŋ^{53}ʃi^{23}]。

上元日“求丁”者入庙，庙里悬挂各种编有吉祥名的灯，“求丁”者挑选后，“庙祝公”[miu^{22}tʃok^{5}koŋ^{55}]（管理寺庙者）用红柬写上“某宅敬请”四字，是为“请灯”[tʃ^{h}eŋ^{35}tɐŋ^{53}]。广州话“灯”[tɐŋ^{53}]、“丁”[teŋ^{55}]音近，据说“请灯”能添丁。元宵后三天，“庙祝公”领着人，提着灯，敲铜打锣，挨户分送，叫“送灯”[ʃoŋ^{33}tɐŋ^{53}]。接受灯者，明年“开灯”时，将灯钱、香油和鼓乐金等一起送庙里，叫“还灯”[wan^{21}tɐŋ^{53}]。从“开灯”日起，灯一直亮到正月十六晚拜神明后“完灯”，停灯不点，称“座灯”[tʃɔ^{22}tɐŋ^{53}]或“埋灯”[mai^{21}tɐŋ^{53}]。

春节自此结束，人们不再拜年，也不再“派利市”。

图7－43 广州元宵灯节

二　清明节

清明是传统的扫墓之日，广府人慎终追远，极重缅怀祖先之情，故清明扫墓风气很盛。每届清明节，成千上万的人前往墓地拜祭，海外华侨、港澳同胞宁可不回家过年，也要赶在清明时节回乡扫墓。

扫墓广州话说“拜山”[pai^{33}ʃan^{53}]，也说“行山”[haŋ^{21}ʃan^{53}]。“山”在广州话有“坟”义。新坟说“新山”[ʃɐn^{53}ʃan^{53}]，清明节首次为去年逝世的亲人祭扫叫“拜新山”[pai^{33}ʃɐn^{53}ʃan^{53}]，家人在清明前一日去拜扫，也有提前两周进行，俗语“新山唔过社”。于清明当日上坟，说“拜清”[pai^{33}tʃ^{h}eŋ^{55}]，又说“行正清”[haŋ^{21}tʃeŋ^{33}tʃ^{h}eŋ^{55}]。自清明日起扫墓，一个月之后祭扫完结，叫“闭墓”[pɐi^{33}mou^{22}]。清明祭扫，广府民间有一定的程序。

插柳枝 [tʃ^{h}ap^{3}lɐu^{23}tʃi^{55}]

清明前，在祖先牌位前插上柳枝，或挂在门上（见图7-44）。俗以柳树可避鬼邪，称为“鬼怖木”[kwɐi^{35}pou^{33}mok^{2}]。在南沙区“插柳枝”用直柳，不插垂柳，认为垂柳只供观赏，直柳才趋吉避邪。

图7－44 插柳枝

图7－45 清明祭品（1）

图7－46 清明祭品（2）

拜山 [pai^{33}ʃan^{53}]

祭祀供品视经济条件多寡不一（见图7–45、7–46），一般有肉食、米饭、包点、茶酒及果品等。

一是肉食。有烧猪（见图 7–47）、烧鹅、熟鸡，全要“原只”[jyn^{21}tʃɛk^{3}]（整个），不可切开，以示对祖宗敬重。广府人认为烧烤肉食呈红色，“红”“鸿”同音，赋予“红皮赤壮”和“大展宏图”的象征意义。鸡不仅要完整，其内脏、肠子均要保留。祭祀前，显露鸡的内脏、肠子，以示熟鸡里外均完整；祭祀时，塞回鸡肚子里才能供奉（见图 7–48）。

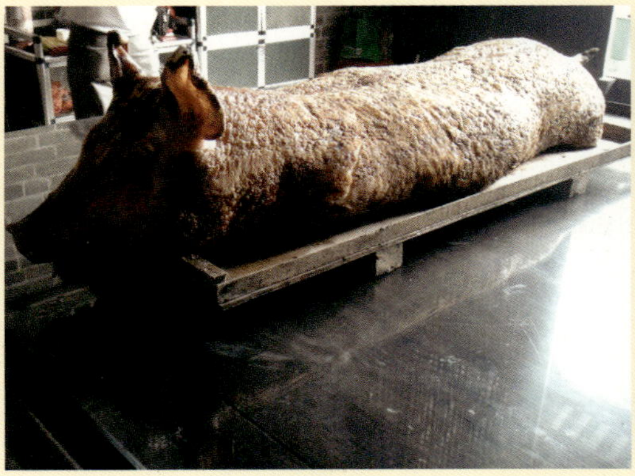

图7－47 红皮赤壮 “原只”烧猪

图7－48 原鸡祭祀

图7－49 米饭、茶酒祭祖（左下角是“白糖糕”）

图7－50 青蔗碌

二是米饭、包点和茶酒祭品。广府地区主要种植水稻，以大米为主食，祭祖用米饭、茶和酒（见图 7–49）。包点有“白糖包”[pak^{2}t^{h}ɔŋ^{21}pau^{53}]、“白糖糕”[pak^{2}t^{h}ɔŋ^{21}kou^{53}]和“松糕”[ʃoŋ^{53}kou^{55}]等，全用白面、白糖制作，寓意后代清清白白，家族兴旺发达。“蒸包”[tʃeŋ^{53}pau^{55}]（包子）不能用“莲蓉馅”[lin^{21}joŋ^{21}ham^{35}]，因其色棕黑，不吉利。

三是果品。一定要有“青皮蔗”[tʃ^{h}ɛŋ^{53}p^{h}ei^{21}tʃɛ^{33}]。祭祀不用“黑蔗”[hɐk^{5}tʃɛ^{33}]，说是“清明黑蔗毒如蛇”，不吉利。“青皮蔗”皮色青绿，又称“白蔗”[pak^{2}tʃɛ^{33}]，用作祭品，要截成约 20 厘米长，称“青蔗碌”[tʃ^{h}ɛŋ^{53}tʃɛ^{33}lok^{5}]，又叫“蔗轱辘”[tʃɛ^{33}kwu^{55}lok^{5}]（见图 7–50）。清明时节，农贸市场，大街小巷，到处可见蔗农摆卖“青皮蔗”。还有苹果和柑橘，因为“苹”“平”同音，“柑”“金”同音，都是吉利之物。

“上山”祭拜前，把家里供神主牌的龛门打开，供上“荞菜”[kiu^{35}tʃ^{h}ɔi^{33}]（藠），叫“开门”[hɔi^{53}mun^{21}]。因“荞”“轿”同音，意谓用轿子先接先人。“荞菜”清明扫墓必备，故称“清明菜”[tʃ^{h}eŋ^{53}meŋ^{21}tʃ^{h}ɔi^{33}]。神枱上供放果品、糕点和鲜花（见图7–51）。

扫墓时，先将坟墓四周杂草铲净，叫“铲草”[tʃ^{h}an^{35}tʃ^{h}ou^{35}]；带草的泥块称“草皮”[tʃ^{h}ou^{35}p^{h}ei^{21}]，掘“草皮”叫“打草皮”[ta^{35}tʃ^{h}ou^{35}p^{h}ei^{21}]。为墓添土，坟头上放白纸，用“草皮”压住，表明有后人祭拜，叫“箬纸”[tʃak^{3}tʃi^{35}]，民间习作“责纸”（见图7–52），所压的纸叫“坟头纸”[fɐn^{21}t^{h}ɐu^{21}tʃi^{35}]（见图7–53）。海珠区沥滘村“坟头纸”压红、白两色，红纸代表“阳人”，白纸代表“阴人”，压上红纸表明是“有主有后”之墓。番禺有的地方“新山”才压白纸，而会江村“拜山”在祖坟上压红色“坟头纸”一张即可。“箬纸”后，点烛焚香，祭拜祖先（见图7–54）。

图7－51 以糕点、果品和鲜花祭祖

图7－52 笮纸

图7－53 坟头纸

图7－54 点烛焚香，祭拜祖先（上方是置祖先骨殖的“金瓩”）

民间认为，阴间跟阳间一样需要用钱，祭祀时家人烧大量的纸钱，以供祖先在阴间里花费，谓之“化宝”[fa^{33}pou^{35}]（见图7–55）。焚烧纸衣分男女，“男红女绿”[nam^{21}hoŋ^{21}nøy^{23}lok^{3}]，男穿红衣女着绿裳。焚烧纸钱，用酒在纸钱堆上浇一圈，据说祭品就不会被野鬼夺去。随后放爆竹，合掌鞠躬三拜。

祭扫结束，众亲人分吃“青蔗碌”，甘蔗定要吃完，以示善始善终。在墓地上削下一些“青蔗皮”[tʃ^{h}ɛŋ^{53}tʃɛ^{33}p^{h}ei^{21}]，象征青绿生机，后继有人。祠堂是同族共同祭祖之地，“上山”后晚宴前，要在祠堂供祭品拜先人（见图7–56）。

图7－55 烧钱烧衣

图7－56 祠堂祭拜

清明拜山，烧猪按惯例切分给众子孙，凡族中男子都有份，有俗语话："太公分猪肉 —— 人人有份。"（ 见图7–57 ）如今男女平等，人人都能分到一块烧猪肉。家里晚饭必吃"荞菜炒烧肉"[kiu^{35}tʃ^{h}ɔi^{33}tʃ^{h}au^{35}ʃiu^{53}jok^{2}]，今名"思亲菜"[ʃi^{55}tʃ^{h}ɐn^{53}tʃ^{h}ɔi^{33}]，敬请祖先坐轿归去，免受清明乍暖还寒之苦（ 见图7–58 ）。

家族比较大的还设清明晚宴，让宗亲们聚集一堂吃"拜山饭"[pai^{33}ʃan^{53}fan^{22}]，又称"清明饭"[tʃ^{h}eŋ^{53}meŋ^{21}fan^{22}]（ 见图7–59 ）。宴席上必有"荞菜炒烧肉"和"莲子百合炒丁"等菜式，蕴含后继有人、合家团圆之义。饭后，族人都会收到一封"利市"和一小块烧肉，寓意祖先保佑众宗亲平安。

旧俗只允许男子"拜山"，妇女无权祭扫祖墓。现在，妇女与男子一样享有祭扫祖墓的权利，而且随着男丁外出打工越来越多，妇女多留守家中，扫墓几乎完全由妇女替代。祭俗也在变化，越来越多的人在陵园里拜祭，墓祭时用鲜花（ 见图7–60 ）。

图7－57 分猪肉

图7－58 荞菜炒烧肉

图7－59 祠堂里吃"拜山饭"

图7－60 陵园祭祖

三　端午节

图7－61 靓料包粽

阴历五月五日端午节，又名“五月节”[ŋ̍^{23}jyt^{2}tʃit^{3}]，其节俗主要有“包粽”和“扒龙舟”。

包粽 [pau^{53}tʃoŋ^{35}]

粽子广州话说“粽”[tʃoŋ^{35}]。端午节“包粽食粽”[pau^{53}tʃoŋ^{35}ʃek^{2}tʃoŋ^{35}]，其品种很多：肉粽、莲蓉粽、枧水粽和豆沙粽等。

“包粽”需备好糯米、冬菇、肥猪肉、绿豆、咸蛋黄等配料。“粽叶”[tʃoŋ^{35}jip^{2}]以当地植物就地取材，广州竹子四处可见，竹叶多用；番禺盛产香蕉，以蕉叶为主，也有内以竹叶裹“粽料”[tʃoŋ^{35}liu^{35}]，外用蕉叶，粽子煮熟后极清香（见图7–61）。

广州俗谚说“未食五月粽，寒衣唔敢送”；“食过五月粽，寒衣收入笼”。食粽不仅应节，还是季候转换的标志。

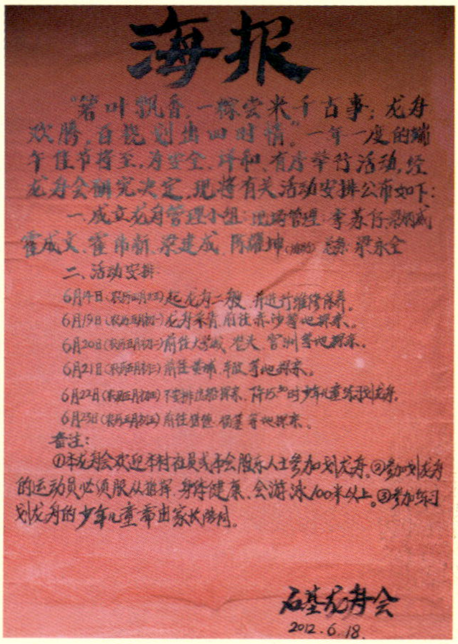

图7－62 “龙舟节”活动海报

扒龙船 [pʰa^{21}loŋ^{21}ʃyn^{21}]

即划龙舟，是最重要的节俗活动，故端午节又称“龙舟节”[loŋ^{21}ʧɐu^{53}ʧit^{3}]。广州地处珠江三角洲，河流纵横，每年“龙舟节”许多乡村组织“扒龙船”活动（见图7–62），以禳灾消灾送瘟。民间认为：扒龙船，烧炮仗，驱邪除鬼，是为“洗河”[ʃɐi^{35}hɔ^{21}]。这样就能求得风调雨顺，五谷丰登，人丁兴旺。正所谓：“龙船扒得快，今年好世界。”

起龙 [hei^{35}loŋ^{21}]

图7－63 洗龙

龙船一般以数丈长的原枝“坤甸木”[k^{h}wɐn^{53}tin^{35}mok^{2}]制作，其木质坚硬，耐浸耐碰，但忌风吹日晒。每年龙舟赛后，龙舟埋于河底淤泥中，至翌年比赛前再从江中拖出，称“起龙”[hei^{35}loŋ^{21}]，也叫“起水”[hei^{35}ʃøy^{35}]或“出水龙”[tʃ^{h}øt^{5}ʃøy^{35}loŋ^{21}]。旧例“起龙”在四月初八，传说为佛世祖生日（浴佛节）。有俗语“四月八，龙船随海滑”。广州曾流传“四月龙头随街绕，五月龙船抢大摽”的岁时歌。后改为五月初一，有的在四月二十六前后。

“起龙”后要“洗龙”[ʃɐi^{35}loŋ^{21}]，把龙船清洗干净，风干，用桐油灰“打整”[ta^{35}tʃeŋ^{35}]（修整），再涂上油（见图7–63）。青壮男子一起操练，准备龙舟比赛称“斗龙”[tɐu^{33}loŋ^{21}]。

龙船探亲 [loŋ^{21}ʃyn^{21}t^{h}am^{33}tʃ^{h}ɐn^{53}]

图7－64 红柬贴于村祠堂

农历五月初一到初十，兄弟村“扒龙船”相互拜访。先发红柬邀请，兄弟村应邀“扒船”来“探亲”叫“龙舟景”[loŋ^{21}ʧɐu^{55}keŋ^{35}]（见图7–64、7–65）。为表尊敬，“龙头”先驶入村子，整条龙船划至与岸边平行，再来回“扒”，三进三退表示友好，次数越多，表示礼数越周到，谓之“回龙”[wui^{21}loŋ^{21}]。

图7－65 龙舟景

村里有威望者亲赴江边给“探亲”船导航，迎上码头，交换拜帖，奉上茶烟，请吃“龙船饼”，一起步入宗祠，燃香祭祖。“探亲龙舟”在河涌里进行友谊赛，表演耍船技艺。迎来送往都燃放炮仗，以示礼仪隆重。

洗饮龙舟水[ʃɐi^{35}jɐm^{35}loŋ^{21}tʃɐu^{53}ʃøy^{35}]

儿童在江边玩水，大人掬水洗脸。过去河水清澈见底，人们边洗边喝，叫“洗饮龙舟水”，据说能祛病消灾，整年不生疥疮。

用于龙舟赛的称“竞技龙”[keŋ^{22}kei^{22}loŋ^{35}]。舟身细长，以便控制方向，快捷划进。船头、船尾以龙头、龙尾装饰（见图7–68），船上的大鼓一般写有村名（见图7–69）。

图7－66 洗饮龙舟水（1）

图7－67 洗饮龙舟水（2）

图7－68 龙头

图7－69 写有村名的大鼓平时搁置在祠堂角落

旗 [k^{h}ei^{21}]

龙舟上的旗主要分三类。其一，“龙舟旗”[loŋ^{21}tʃɐu^{53}k^{h}ei^{21}]，三角形，有的旗边还呈齿状，旗上标示的姓氏多是村里人丁兴旺的大姓。其二，“百足旗”[pak^{3}tʃok^{5}k^{h}ei^{21}]，长条形，齿状，形如蜈蚣，广州话蜈蚣叫“百足”[pak^{3}tʃok^{5}]，故称（见图7–70）。其三，作装饰用的“罗伞”[lɔ^{21}ʃan^{33}]（见图7–71），按颜色分黑、红和多色彩三种。黑色叫“乌龙”[wu^{55}loŋ^{35}]，红色称“红龙”[hoŋ^{21}loŋ^{35}]，而色彩繁杂的叫“五色龙”[ŋ̍^{23}ʃek^{5}loŋ^{35}]，又叫“华龙”[wa^{21}loŋ^{35}]。

图7－70 百足旗

图7－71 龙舟旗和罗伞

神斗[ʃɐn^{21}tɐu^{35}]

是设于船上形如小屋的神器，又称“神庵”[ʃɐn^{21}ɐm^{55}]或“公作”[koŋ^{53}tʃɔk^{35}]。内置小香炉祭神，放黄皮叶以驱邪，或放龙眼叶表示“龙精虎猛”之义。龙船上的物品贴上“灵符”，以保平安。

图7－72 神斗

斗龙船 [tɐu^{33}loŋ^{21}ʃyn^{21}]

“扒船”单表演技巧，不排先后名次者，称“趁景”[tʃ^{h}ɐn^{33}keŋ^{35}]；争排名次的称“斗标”[tɐu^{33}piu^{53}]。广州话的“斗”表示比赛、较量，赛龙船说“斗龙船”或“斗龙”[tɐu^{33}loŋ^{21}]。“斗龙”之日，所有参赛龙舟齐集，“桡手”[nau^{21}ʃɐu^{35}]（船手）登船坐定，紧握木桨，肃穆待发（见图7–73）。

指挥船一声令下，鞭炮声起，锣鼓齐鸣，龙舟飞驰而出，冲入大江，叫“出龙”[tʃ^{h}øt^{5}loŋ^{21}]（见图7–74）。桡手们为斗龙抢标，高声喝号，随着鼓声的急缓轻重落浆掘波。龙船划经之处，岸上人群呐喊助威，称“喝龙”[hɔt^{3}loŋ^{21}]。整个场面壮观，气氛热烈，催人奋发。

“斗龙”结束后，举行祭拜仪式，把龙船抬到藏船点埋好，待来年再“起龙”参赛，称“入窦”[jɐp^{2}tɐu^{33}]。至此，扒龙船盛事结束。

图7－73 龙鼓声声

图7－74 出龙

图7－75 准备龙舟宴

龙舟宴 [loŋ^{21}tʃɐu^{53}jin^{33}]

又称“龙舟饭”[loŋ^{21}tʃɐu^{53}fan^{22}]或“龙船饭”[loŋ^{21}ʃyn^{21}fan^{22}]。宴会既为犒劳“斗龙”健儿，也有敬重前辈、激励来者之义。龙舟宴被村民视为“圣食”，吃过后，晦气尽除，吉利平安。因此，不论老幼均赴龙舟宴，龙舟宴成为村民的盛大聚会(见图7–75、7–76)。

龙舟宴无论是丰是俭，必备一道传统的“龙舟菜式”[loŋ^{21}tʃɐu^{53}tʃ^{h}ɔi^{33}ʃek^{5}]：辣椒粒、豆角粒、花生炒“咸菜头”[ham^{21}tʃ^{h}ɔi^{33}t^{h}ɐu^{21}](腌制咸菜)。其搭配有讲究，辣椒除湿，“咸菜头”补充盐分，花生、豆角粒好下饭。

图7－76 在祠堂吃龙船宴

四　乞巧节

农历七月初七，牛郎织女双星相会，民间将之衍化成美丽的爱情故事。每逢“七夕”，妇女们向织女星乞求智巧，叫“乞巧”。因是女性参加祭拜，又名“女儿节”。

七织女广州话称“七姐”[tʃ^{h}ɐt^{5}tʃɛ^{35}]或“七娘”[tʃ^{h}ɐt^{5}nœŋ^{21}]。乞巧节叫“七姐节”“七姐诞”或“七娘节。粤俗以初六乞巧，据说始于五代，因七夕诸大臣须赴宫中乞巧会。每年为迎乞巧，女孩子用瓜子、豆类、米谷砌成图案（见图7–77）；浸泡谷子和绿豆，待发芽长至约二寸，称“拜仙禾”[pai^{33}ʃin^{55}wɔ^{21}]（见图7–78）、“拜仙菜”[pai^{33}ʃin^{55}tʃ^{h}ɔi^{33}]（见图7–79）。

女孩子们在庭院的天井、阳台的方桌上，供上点心、时果，斟上七杯香茶，插入“线香”[ʃin^{33}hœŋ^{55}]，摆放鲜花、“拜仙禾”、“拜仙菜”和“七巧盘”。

图7－77 巧手制作的拜仙谷物和豆类玩品

图7－78 拜仙禾

图7－79 拜仙菜

“七巧盘”又叫“七娘盘”[tʃ^{h}ɐt^{5}nœŋ^{21}p^{h}un^{21}]或“梳妆盘”[ʃɔ^{53}tʃɔŋ^{55}p^{h}un^{21}]，是纸粘的圆盘子，置纸制的衣服、鞋子、脂粉、梳子和梳妆镜等，每样一式七份(见图7–80)。

少女祭拜织女，乞求灵巧、美貌与智慧，还祈求嫁得如意郎。拜仙念“乞巧词”：“乞手巧，乞眉秀；乞心通，乞颜容；乞我爹娘千百岁，乞我姊妹寿永长。”因仙女共七个，要礼拜七次，称“拜七姐”，也叫“拜仙”。女孩子对月穿针，针线穿过者是“乞到巧了”，称“巧手”[hau^{35}ʃɐu^{35}]。然后焚烧“七娘盘”，祭拜结束。

“乞巧”俗例：已婚女子不参加乞巧“拜仙”。新婚后第一个七夕要行“辞仙礼”[ʧ^{h}i^{21}ʃin^{55}lɐi^{23}]。初六之夜礼神时，供上牲醴、红鸡蛋、酸姜等，取得子之意；摆上沙梨、雪梨等果品，以示离别。自此不再参拜“七姐”。

图7－80 七姐鞋

五　中元节

我国的传统节日有“三元”：元宵称“上元”，十月十五叫“下元”，七月十五则是“中元”。“中元”民间称“鬼节”[kwɐi^{35}tʃit^{3}]。

中元节，又名“七月半”，还叫“盂兰盆节”，简称“盂兰节”。“盂兰盆”是梵语“ullambana”的音译，其义是身受倒悬之苦。后成为人们追祭亡灵、举行赈孤照冥等活动的节日。中元烧衣纸和纸钱给死者，故称“烧衣节”[ʃiu^{53}ji^{53}tʃit^{3}]，省称“烧衣”[ʃiu^{53}ji^{53}]。广州人“烧衣”在七月十四日晚。清《广东新语》记载：“十四祭先祠厉为盂兰会，相饷龙眼、槟榔，曰‘结圆’。”祭无人祭祀之鬼，古人说“厉”；“结圆”又作“结缘”，乃佛教语，谓与佛法结下缘分，得以渡过生死之海而进入涅槃境界。因龙眼又名“桂圆”，“缘”“圆”音同，饷以龙眼，意指“结缘”。

粤俗“烧衣”设祭不用鸡，认为尖利的鸡爪子会“揻烂”[wɛ^{35}lan^{22}]纸衣。粤谣唱道：“人怕失魂，狗怕夏至，生鸡（公鸡）怕年初二，鸭至怕七月烧衣。”（见图7–81）烧的纸钱有元宝和金宝等金银，有“冥通银行”通用的“阴司纸”[jɐm^{53}ʃi^{53}tʃi^{35}]（冥钞）；衣纸有地主衣、五色衣（见图7–82）、街衣等。是晚，焚香烛，在家烧“祖先衣”[tʃou^{35}ʃin^{53}ji^{53}]；在门口烧“过往衣”[kwɔ^{33}wɔŋ^{23}ji^{53}]，祭“街外邻居”[kai^{53}ŋɔi^{22}løn^{21}køy^{55}]（无主鬼魂），俗称“烧街衣”[ʃiu^{53}kai^{53}ji^{53}]（见图7–83）。水乡居民要在埗头（小码头）烧纸祭神，称“拜埗头”[pai^{33}pou^{22}tʰɐu^{21}]（见图7–84）。

南沙区分早晚两次祭拜，早上用烧肉、花生、糖果、柑等拜祖先；晚上“烧街衣”，不得供糖。据说“流浪鬼”吃了甜食会恋而不舍，因而以豆腐、芽菜、肥猪肉等祭四处飘荡的“孤魂野鬼”。

人们自古就把阴世、阳间的交界处称作“鬼门关”。民间传说这个“关”七月初一开，至七月三十日（一说至七月十五）关闭，整个七月，所有的无祀孤魂从阴间到阳世觅食。

所以，一入七月，大街小巷具馔享先，焚化纸钱以敬鬼神，此俗至今仍盛不衰。大人不许小孩夜出，尤其在“烧衣”日，当晚定要早归。为了普度落水鬼和其他孤魂野鬼，广州历史上曾有在江河照冥赈孤“放河灯”之俗，至民国仍有记载，今已消失。

为何以七月十四为“烧衣”？据传宋代末年的一个中元前夕，突然传来元兵入侵的消息，为不误祭，“烧衣”提前一天，此说见载于今《广州市志》。

图7－81 祭品用鸭忌用鸡

图7－82 五色衣

图7－83 烧街衣

图7－84 拜埗头

六　中秋节

中秋节，广州话称“八月节”[pat^{3}jyt^{2}tʃit^{3}]、“月光诞”[jyt^{2}kwɔŋ^{55}tan^{22}]和“八月十五”[pat^{3}jyt^{2}ʃɐp^{2}ŋ̍^{23}]。

中秋必吃月饼。茶楼饼家从农历三四月起备料筹造月饼，有“做一水够食一年”（一季赚够一年的钱）之说。月饼的“饼式”[pɛŋ^{35}ʃek^{5}]（品种）民国时就有多种：唐皇燕月、七星伴月、西施酥月、珠海团圆月、椰蓉蛋黄月、五仁罗汉月、冬菇腊肠月等。今天传统的月饼仍有双黄莲蓉月、素月、肉月等（见图 7–85）。

图7－85 传统的双黄白莲蓉月饼

各种时令水果大量上市，如“碌柚”[lok^{5}jɐu^{35}]（柚子）、香蕉、“杨桃”[jœŋ^{21}t^{h}ou^{35}]、油甘子等，还有“鸡心柿”[kɐi^{53}ʃɐm^{53}tʃ^{h}i^{35}]，一种本地产的小柿子，形如鸡心；“水柿”[ʃøy^{35}tʃi^{35}]，需用石灰水浸过后才能吃的黄色柿子。现在交通运输便利，广州人还能吃上北方水果，如“京柿”[keŋ^{53}tʃ^{h}i^{35}]（北方柿子）、“菩提子”[p^{h}ou^{21}t^{h}ɐi^{21}tʃi^{35}]（葡萄）和新疆的“伽师瓜”[ka^{55}ʃi^{53}kwa^{55}]等。节前茶楼张灯结彩，出售月饼，人们争相购买，送往亲朋好友家里，叫“送节”[ʃoŋ^{33}tʃit^{3}]；到亲友家贺节者，叫“拜节”[pai^{33}tʃit^{3}]。

中秋还吃“芋头”[wu^{22}t^{h}ɐu^{35}]、“菱角”[leŋ^{21}kɔk^{3}]、“花生”[fa^{55}ʃɐŋ^{55}]和“田螺”[t^{h}in^{21}lɔ^{35}]。大芋头称“芋乸”[wu^{22}na^{35}]，置于盘中，围以“芋仔”[wu^{22}tʃɐi^{35}]（小芋头），取“子孙众多”之义。因芋头吃起来绵软香甜，主妇们多以大芋头做菜，小芋头做“送口果”[ʃoŋ^{33}hɐu^{35}kwɔ^{35}]，让家人随意剥食。菱角有清热消食之效，据说小孩吃了聪明伶俐，他日还可“出头露角”。广府人喜食田螺，称“啜田螺”[tʃyt^{3} t^{h}in^{21}lɔ^{35}]（见图7–86）。这种河沟、水田里产的螺蛳，用蒜头、豆豉炒之，味极美（见图7–87）。

图7－86 芋头、菱角和花生

图7－87 炒螺

中秋节当天将烧肉、月饼及各种果品陈列于桌，焚香燃烛，祭祖拜神（见图 7–88）。供果必有“柿子”[tʃʰi^{23}tʃi^{35}]，音近“赐子”[tʃʰi^{33}tʃi^{35}]，寓意吉祥。

夜里“拜月光”[pai^{33}jyt^{35}kwɔŋ^{53}]。家人聚于庭院，陈设方枱，摆上月饼、水果、炒螺、香芋等，点香燃烛，烧“月光衣”[jyt^{2}kwɔŋ^{55}ji^{55}]（见图7–89、7–90），女子及小辈向月叩拜，祈求阖家团圆。依次向天神、祖先、土地、灶君等祭酒，每神位以酒酹地三杯。礼毕，燃放爆竹，分吃月饼，剖食柚子，啜炒螺，剥芋头，吃菱角等，一家老少畅叙至深夜，称“赏月”[ʃœŋ^{35}jyt^{35}]。

图7－88 中秋敬神

图7－89 拜月光

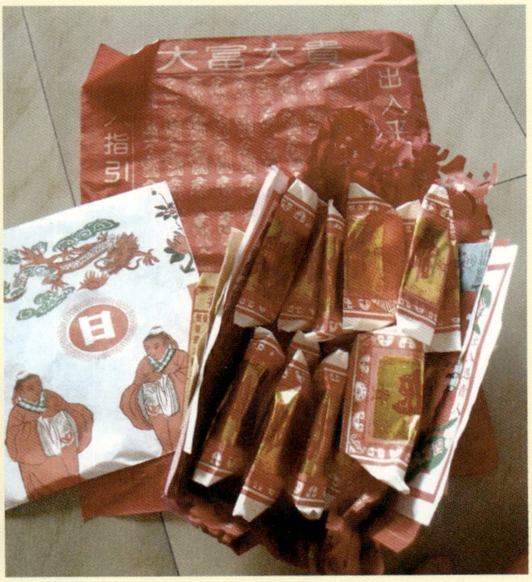

图7－90 月光衣

图7－91 提着碌柚灯的小男孩

明月下，满街是提着灯火四处游玩的孩童，最有特色的“碌柚灯”[lok^{5}jɐu^{35}tɐŋ^{53}]，以“柚皮”制成，燃烛于“碌柚皮”内，溢出暖暖的光来（见图7–91）。

七　重阳节

传统上以“九”为阳数，农历九月初九，月、日两阳相重，所以叫“重阳”。跟全国其他地方一样，广州人重阳主要是登高、“放纸鹞”[fɔŋ^{33}tʃi^{35}jiu^{35}]。“纸鹞”用白楚纸制作，两翼一竿一弓，弦以竹片或薄铜片，在上空飘荡时，清和有声，名“响弓鹞”。《广东新语》说广州人九月九日“登五层楼双塔，放响弓鹞”。

“放纸鹞”以“斗纸鹞”为乐。双方放升纸鹞，遥遥追斗，一旦交缠，其中一线如被切断，纸鹞飘落者为败，故名“斗纸鹞”[tɐu^{33}tʃi^{35}jiu^{35}]，又称“鎅鹞”[kai^{33}jiu^{35}]。断了线的风筝在空中四处飘荡，表无任何挂念之义，广州话说：“断线纸鹞，无牵无挂。”

儿童重阳也放纸鹞，称“放灾难”[fɔŋ^{33}tʃɔi^{53}nan^{22}]。据清《粤游小识》解释：“盖小儿仰首，空中张口吐气，未尝非心火之一道也。”重九日秋高气爽，仰脖向天放纸鹞，吐故纳新，对儿童健康极有利，故谓“放灾难”。今无“放灾难”一说，但重阳“放纸鹞”仍是儿童喜爱的一项户外运动（见图7–92）。

图7－92 放纸鹞

如今重阳节，市民登高首选白云山，不仅为了览胜，最希冀的还是能给自己带来好运。因此，重阳登高，广州话说“行山转运”。人们最喜爱的“转运”吉祥物是“风车”，手持转悠不息的风车，是广州人重阳“行山”的一道靓丽风景线。

八　冬至节

广府习俗中冬至是祭奠亲人的日子。每逢冬至，“劏鸡”[t^{h}ɔŋ^{53}kɐi^{53}]、烹鱼和蒸糕，家人必定团聚，祭祖拜神，合家吃饭，隆重有如过节，故称冬至作“冬节”[toŋ^{53}tʃit^{3}]，简称“冬”[toŋ^{53}]。过冬至节说“过冬”[kwɔ^{33}toŋ^{53}]，也说“做冬”[tʃou^{22}toŋ^{53}]。由于极重冬节，有“冬大过年”[toŋ^{53}tai^{22}kwɔ^{33}nin^{21}]、“肥冬瘦年”[fei^{21}toŋ^{53}ʃɐu^{33}nin^{21}]之说。

冬至前，主妇们用糯米粉加花生馅儿蒸制“花生团”[fa^{55}ʃɐŋ^{55}t^{h}yn^{55}]，叫“整团”[tʃeŋ^{35}t^{h}yn^{55}]（见图7–93）。必买鲮鱼做菜，取“有零余”[jɐu^{23}leŋ^{21}jy^{21}]之意；也有将鲮鱼腌上，用大石压住，叫“笮

图7－93 花生团

冬”[tʃak^{3}toŋ^{53}]。宴后围坐一起“食汤圆”[ʃek^{2}t^{h}ɔŋ^{53}jyn^{35}]，称“食团”[ʃek^{2}t^{h}yn^{55}]。

“拜神”是冬至的一个重要内容，祭品主要有茶一壶、酒三盏、衣纸一份、爆竹一排，还有“花生团”和苹果。因是早上拜神，故称“斟茶”[tʃɐm^{53}ʧ^{h}a^{21}]（见图7–94、7–95）。

冬至后，夜晚渐短，白天开始变长，因此说“冬至日日长”。旧俗将鲜活的草鱼细切成薄片，加调料、配料拌着生吃，名“食鱼生”。俗以鱼类属阳，冬至吃“鱼生”能强身健体。老俗语“冬至鱼生夏至狗”仍在口语里流传。

图7－94 拜神祭品

图7－95 烧衣纸送寒衣

捌·游戏娱乐

图8-1 醒狮

游戏娱乐是市民生活重要的组成部分，它极大地丰富人民群众的精神生活。本章介绍的游戏与娱乐活动是指流传于民间，以嬉戏、消遣、竞技为主的娱乐活动，主要流行于少年儿童的日常嬉戏和成年人的节假日消遣之中。广州地区的民间游戏，大多与其他地区相似，只是名称和玩法有所差异，如“跳飞机”[$t^{h}iu^{33}fei^{53}kei^{53}$]、“踩雪屐”[$tʃ^{h}ai^{35}ʃyt^{3}k^{h}ɛk^{2}$]等。节日里的民俗娱乐活动，则带有浓厚的地方民俗文化色彩，如醒狮、飘色、赛龙舟等。戏剧曲艺方面，大多是以粤语为载体的极富地方特色的口头表演艺术，如粤剧、咸水歌、粤讴和讲古等。

一　游戏

广州话把玩儿称为“反”[fan^{35}]，非常形象。本节介绍的游戏，均是在广州的小孩或成年人中曾经流行或正在流行的活动，有的甚至已经成为上了一定年纪的人的集体记忆。随着时代的发展，电子产品日渐普及，玩耍场所逐渐萎缩，某些集体参与的游戏活动已渐行渐远，日渐式微，目前只能在农村觅得些许身影。总之，如今广州人的“世艺”[ʃɐi^{33}ŋɐi^{22}]（具有娱乐性质的供消遣的活动），正慢慢趋向电子化和个人化。

跳飞机 [tʰiu^{33}fei^{53}kei^{53}]

即跳房子、跳方阵、跳方格，一种儿童游戏。参与玩耍的儿童在地面画定的框中跳动，按顺序跳过框中的所有格子。有的还在格子中放入瓦片，然后轮流一足跳而蹴之，使瓦片逐格滑行。在广州地区，因为在地上画的框形似“飞机”，故称“跳飞机”，也称“跳大海”[tʰiu^{33}tai^{22}hɔi^{35}]、“跳大屋”[tʰiu^{33}tai^{22}ok^{5}]（见图8–2）。上个世纪50年代至80年代，“跳飞机”游戏相当普遍，在有些公园、儿童游乐场和学校操场等都会有“跳飞机”的场所。

图8－2 跳飞机

图8－3 跳橡筋

图8－4 番禺沙湾镇“碌铁圈”雕塑

跳橡筋 [tʰiu³³tʃœŋ²²kɐn⁵³]

即跳橡皮筋，女孩子尤其喜欢的一种游戏。上世纪60年代至90年代颇为流行，但进入21世纪后随着娱乐方式的增多，跳橡皮筋这种游戏逐渐从孩子们的日常生活中淡出，目前在农村还能够见到。“跳橡筋”是在两脚交替跑跳中完成各种动作的全身运动，以跳跃为主，穿插十几种基本动作，并配合歌谣，如“董存瑞，十八岁，为国牺牲炸堡垒，炸到堡垒咯咯脆，全国人民流眼泪”等，跳出各种花样。游戏时，由两人拉直长约三四米的橡皮筋两端，单人或多人在橡皮筋的中间依次轮流跳跃，一般有单脚跳和双脚跳两种形式，橡皮筋越高则难度越大。

打定螺 [ta³⁵teŋ²²lɔ³⁵]

即抽陀螺，多为儿童游戏。陀螺形状略像海螺，多用木头制成，下面有铁尖，玩时用细绳子缠绕，用力抽绳，使陀螺直立旋转。有的陀螺用铁皮制成，利用发条的弹力旋转。

碌铁圈 [lok⁵tʰit³hyn⁵³]

一种儿童游戏，即滚铁环、滚轮子，个人活动或集体竞赛均可。玩家手握顶头带有“V”字形铁钩的铁棍或铁丝，推一个直径约半米的“铁圈”（铁环）向前跑动，以铁钩控制其方向，若是铁环倒地即告失败。“碌铁圈”需要一定的技巧，技术好的小孩能把铁环从家里一路滚到学校，或直走或拐弯，并绕过各种障碍，极富童趣（见图8–4）。目前，广州少数中小学在运动会上还设置了“碌铁圈”等趣味项目，深受学生欢迎。

凿纸角 [ʧɔk^{2}ʧi^{35}kɔk^{3}]

又称为“打烟纸角”[ta^{35}jin^{53}ʧi^{35}kɔk^{3}]，一种男童的游戏，流行于新中国成立前后。玩家将纸烟盒或硬纸皮折成三角形的“纸角”，放在画了个框的地面上，轮流用自己的“纸角”击打对方的“纸角”，谁先把对方的“纸角”击打出框谁就获胜，并可收缴对方的“纸角”作为战利品。

公仔 [koŋ^{55}ʧɐi^{35}]

即小玩偶、小人儿，儿童最常见的玩具。广州歇后语：“石湾公仔 —— 冇肠肚。”佛山石湾出产的陶瓷玩偶至今都还很著名，因为玩偶是没有内脏的，用以比喻人没有心肠。常见的“公仔”有“泥公仔”[nɐi^{21}koŋ^{55}ʧɐi^{35}]（泥玩偶）、“面粉公仔”[min^{22}fɐn^{35}koŋ^{55}ʧɐi^{35}]（手捏面人儿）、“醉酒公仔”[ʧøy^{33}ʧɐu^{35}koŋ^{55}ʧɐi^{35}]（不倒翁）、蹔眼公仔[ʧam^{35}ŋan^{23}koŋ^{55}ʧɐi^{35}]（会眨眼的洋娃娃）、孖头公仔[ma^{53}tʰɐu^{21}koŋ^{55}ʧɐi^{35}]（双头的玩偶）。其中，“面粉公仔”又称为“粉公仔”[fɐn^{35}koŋ^{55}ʧɐi^{35}]、“粉搓公仔”[fɐn^{35}ʧʰɔ^{53}koŋ^{55}ʧɐi^{35}]（见图8–5）。另外，“木头公仔”[mok^{2}tʰɐu^{21}koŋ^{55}ʧɐi^{35}]就是提线木偶，木偶表演艺术的道具（见图8–6），又称为“扯线公仔”[ʧʰɛ^{35}ʃin^{33}koŋ^{55}ʧɐi^{35}]，现多比喻受人操纵的人。

图8 – 5 面粉公仔

图8 – 6 木头公仔

图8－7 公仔书

图8－8 租公仔书（资料图片）

租公仔书 [ʧou^{53}koŋ^{55}ʧɐi^{35}ʃy^{53}]

到书店或固定的书摊租小人书看，在上世纪七八十年代是很多孩子喜爱的文化娱乐活动。广州话把小人书里的人物称作“公仔”[koŋ^{55}ʧɐi^{35}]，“公仔书”[koŋ^{55}ʧɐi^{35}ʃy^{53}]即小人书，又称连环画（见图8–7）。“公仔书”根据文字脚本绘画而成，无论是人物、景物都采用国画白描的笔法，图文并茂，栩栩如生。在上世纪七八十年代的广州西关一带，租赁“公仔书”的书摊有的是固定的，开在主人自家的小店铺里，称为“书铺”[ʃy^{53}p^{h}ou^{35}]。店主将各种小人书的封面剪下，编号贴到墙上，客人根据封面报上号码，店主就对号拿出小人书租给他。有的书摊是流动的，临时开设在巷子口或街道边，租书的人就地坐着翻看，这在当时极其流行。为了节省租书费用，有的小孩坐在有书的小伙伴旁边斜着看，称为“搭睇”[tap^{3}t^{h}ɐi^{35}]。

拍公仔纸 [p^{h}ak^{3}koŋ^{55}ʧɐi^{35}ʧi^{35}]

“公仔纸”[koŋ^{55}ʧɐi^{35}ʧi^{35}]是比普通扑克牌小一点的纸类印刷品，上面印有颜色鲜艳的图画，如《三国演义》《水浒传》《西游记》《西厢记》中的人物，以及各种各样的花卉、动物等。这些“公仔”[koŋ^{55}ʧɐi^{35}]栩栩如生，活泼可爱（见图8–9）。在几十年前，只要花上一毛几分钱就能在小摊贩那里买到一些“公仔纸”。常见的玩法是两个小孩各放一张“公仔纸”在手掌中，面对面凌空互相对拍后松开手，“公仔纸”跌落地上，正面（有“公仔”的一面）向上为胜，反之则算输，胜方即可将输方的“公仔纸”收归己有。还有一种常见的玩法就是两个或两个以上的小孩蹲在地上，每人出一张“公仔纸”，反转背面放在地上，大家拱起手掌轮流来拍，利用手掌带动的风力将“公仔纸”翻转过来。谁将“公仔纸”的正面拍翻过来，谁便可将之收归己有。

图8－9《水浒传》人物题材公仔纸

图8－10 拍公仔纸（资料图片）

掟沙包 [tɛŋ^{33}ʃa^{55}pau^{55}]

即丢沙包，上世纪八九十年代非常流行的儿童集体游戏。沙包用碎布和针线缝成，里头塞满细沙。一群孩子分成两队在一个场地内游戏，一方将沙包作为武器“投杀”对方，对方若被击中则要被罚下场来，对方若接住了则可以增加一个“战友”上场。

搲子 [wa^{35}ʧi^{35}]

即抛接子游戏、五石游戏，也称为“执子”[ʧɐp^{5}ʧi^{35}]。一种少儿游戏，以若干小石子等在地上抛、抓，是锻炼手部敏捷性的游戏。一般用碎石、籽粒、布包、金属弹或塑料弹，有的可加一球。玩法很多，传统玩法是一手将至少5个子抛入空中，再用手心或手背接住，接住者得分，否则失分。

打波子 [ta^{35}pɔ^{55}ʧi^{35}]

又称“打弹珠”[ta^{35}tan^{22}ʧy^{55}]、“弹波子”[tan^{22}pɔ^{55}ʧi^{35}]。一种少儿游戏，将玻璃珠或钢珠等握于手中，以拇指弹射，击中对方的珠子为胜。“打棋子”[ta^{35}kʰei^{21}ʧi^{35}]的玩法一样，但所用为棋子。

图8－11 搲子

图8－12 打波子

图8－13 跄踋踋

放纸鹞 [fɔŋ^{33}ʧi^{35}jiu^{35}]

即放风筝。在广州话中，“纸鹞”也就是风筝。特别是秋高气爽的季节，在广州的一些空旷的地方还可以见到人们放纸鹞。

跄踋踋 [kɐt^{2}pɐi^{55}pɐi^{55}]

即用一只脚跳着走，又称为“跄鸡”[kɐt^{2}kɐi^{55}]，一种少儿游戏。主要游戏形式是以单脚跳跃走动，看谁走得快。

捉盲盲 [ʧok^{5}maŋ^{21}maŋ^{55}]

即捉迷藏，一种少儿游戏，又称为“抄盲盲”[sa^{35}maŋ^{21}maŋ^{55}]或“摸盲盲”[mɔ^{35}maŋ^{21}maŋ^{55}]。游戏时一人蒙眼，捉其他在身边来回躲避的人。

伏匿匿 [pok^{2}nei^{55}nei^{55}]

即藏老蒙儿，一种儿童游戏，又称为“捉儿人”[ʧok^{5}ji^{55}jɐn^{55}]、“伏儿人”[pok^{2}ji^{55}jɐn^{55}]、“捉匿匿”[ʧok^{5}nei^{55}nei^{55}]。游戏时一人伏身闭眼，待其他人藏匿好后，再去把他们找出来。被寻到者下一轮伏着，如此轮流玩下去。

图8－14 伏匿匿

图8－15 麻鹰捉鸡仔

图8－16 红绿灯

麻鹰捉鸡仔 [ma^{21}jeŋ^{53}ʧok^{5}kɐi^{53}ʧɐi^{35}]

一种低龄儿童的游戏，在幼儿园、小学低年级较常见。一个小孩做“母鸡”[mou^{35}kɐi^{55}]，另一个小孩做“麻鹰”[ma^{21}jeŋ^{53}]，其他小孩就是“鸡仔”[kɐi^{53}ʧɐi^{35}]。“鸡仔”要跟在“母鸡”后边，“母鸡”要张开双臂保护“鸡仔”，避免“鸡仔”被“麻鹰”捉到。

红绿灯 [hoŋ^{21}lok^{2}tɐŋ^{53}]

一种儿童游戏，即“一二三，红绿灯”。玩法是一小孩伏在墙上，其余小孩从远处慢慢接近，伏在墙上的小孩大叫“一二三，红绿灯”就回头，而接近的小孩就保持姿势不能活动，动者为输。如此进行几次后，如果喊话的小孩没抓住动的小孩，而接近的小孩接触到墙，喊话的小孩就算输，下一轮继续叫喊。

点指兵兵 [tim^{35}ʧi^{35}peŋ^{55}peŋ^{55}]

一种少儿游戏。多人围坐，念一“歌仔”[kɔ^{53}ʧɐi^{35}]（儿歌）或“点指兵兵”口令，依其节奏顺序指点各人，待“歌仔”或口令念完时，所指的人要表演节目或作另一游戏的某个角色等。“点指兵兵”口令为：“点指兵兵，点着谁人做大兵；点指贼贼，点着谁人做大贼。”

踩雪屐 [tʃ^{h}ai^{35}ʃyt^{3}k^{h}ɛk^2]

溜旱冰，滚轴溜冰。雪，冰；屐，木拖板；雪屐，旱冰鞋、溜冰鞋。广州无冰雪，把“溜滚轴鞋”当作“溜冰”，又叫“踩屐”[tʃ^{h}ai^{35}k^{h}ɛk^2]、“踩roller”。

打水片 [ta^{35}ʃøy^{35}p^{h}in^{33}]

打水漂儿，又称为“打水撇”[ta^{35}ʃøy^{35}p^{h}it^3]。游戏时把瓦片或石片等贴着水面用力扔出，使其在水面连续跳跃。

煮饭仔 [tʃy^{35}fan^{22}tʃɐi^{35}]

即过家家，是一种儿童的角色扮演游戏，又称为“煮饭仔仔”[tʃy^{35}fan^{22}tʃɐi^{55}tʃɐi^{55}]。几个伙伴分别扮演同一个家庭的成员，如“爸爸”“妈妈”“孩子”“宠物”等等，利用简单的道具(也可不用)，模仿成人日常家庭活动，如做饭、照顾孩子、结婚。

图8－17 打水片

图8－18 煮饭仔

打仗仔 [ta^{35}ʧœŋ^{33}ʧɐi^{35}]

即玩打仗，一群小伙伴分成两派，用玩具枪、水枪等作为“武器”模拟进行战斗。

吹乒乓 [ʧʰøy^{53}peŋ^{55}pɐm^{55}]

即吹肥皂泡，是幼童喜欢的一种游戏，又称为“吹番枧瀑”[ʧʰøy^{53}fan^{53}kan^{35}pʰɔk^{5}]。因为肥皂泡随时都可能破裂，“吹番枧瀑”也比喻人生无常，会有突然的危险。

踢燕 [tʰɛk^{3}jin^{35}]

踢毽子，又“打燕”[ta^{35}jin^{35}]、“打鸡”[ta^{35}kɐi^{53}]。燕，读变调35表示毽子。“踢燕”不受人数限制，在广州的公园里经常可见人们围成一圈“踢燕”，特别适合一家大小一起参与。

波 [pɔ^{55}]

即各种球类，英语“ball”的音译词，如“打波”[ta^{35}pɔ^{55}]（打篮球）、“踢波”[tʰɛk^{3}pɔ^{55}]（踢足球）、“开波”[hɔi^{53}pɔ^{55}]（开球）、“乒乓波”[peŋ^{55}pɐm^{55}pɔ^{55}]（乒乓球）、“波板”[pɔ^{55}pan^{35}]（乒乓球板）、“波板糖”[pɔ^{55}pan^{35}tʰɔŋ^{35}]（外形似乒乓球拍的棒棒糖）、“波枱”[pɔ^{55}tʰɔi^{35}]（乒乓球桌）、“枱波”[tʰɔi^{35}pɔ^{55}]（桌球）、“督波”[tok^{5}pɔ^{55}]（打桌球）、“波子”[pɔ^{55}ʧi^{35}]（玻璃珠子）等。球类比赛裁判用的哨子称为“鸡”[kɐi^{53}]、“银鸡”[ŋɐn^{21}kɐi^{53}]，吹哨子称为“吹鸡”[ʧʰøy^{53}kɐi^{53}]。

游水 [jɐu^{21}ʃøy^{35}]

即游泳。游泳过程中扎猛子称为“插水”[ʧʰap^{3}ʃøy^{35}]，潜水称为“沕”[mei^{22}]。另外，城里的孩子学游泳时常常要依靠“水抱”[ʃøy^{35}pʰou^{23}]（救生圈，包括儿童游泳用的充气浮圈等）。

荡千秋 [tɔŋ^{22}ʧʰin^{53}ʧʰɐu^{53}]

千秋，即秋千，一种体育活动用具。玩秋千称为“荡千秋”。

𨂽𨂽板 [ŋɐn^{33}ŋɐn^{33}pan^{35}]

即跷跷板。一种儿童体育用具，用木架支持住一块长木板的中心，两人对坐两端，轮流用脚蹬地，使身体随木板上下起落。

扒艇仔 [p^{h}a^{21}t^{h}ɛŋ^{23}ʧɐi^{35}]

划小船，又称“划艇仔”[wa^{53}t^{h}ɛŋ^{23}ʧɐi^{35}]、“划艇”、“撑艇仔”[ʧ^{h}aŋ^{53}t^{h}ɛŋ^{23}ʧɐi^{35}]、“撑艇”。原来的“扒艇仔”多指以手持船桨来划，现广州市内公园的“艇仔”多是踩踏式的和电动的小船。

图8－19 扒艇仔

骑膊马 [k^{h}ɛ^{21}pɔk^{3}ma^{25}]

指小孩骑在大人的肩膀上。“膊”，即“膊头”[pɔk^{3}t^{h}ɐu^{21}]，肩膀之义。因小孩子的身高有限，前方视线常被成年人遮挡，故喜欢“骑膊马”，看得更高更远。节假日的热闹之地，如步行街、春节花市、观赏烟花表演的人群里，常见小孩在父亲的肩膀上“骑膊马”。

图8－20 骑膊马

赌 [tou^{35}]

赌博，又称“赌钱”[tou^{35}ʧ^{h}in^{35}]。早期赌博的形式很多，如“赌花会”[tou^{35}fa^{55}wui^{35}]（设赌局者每天开出千字文中的一字，赌徒买中则可以赢钱，又称为“买字花”[mai^{23}ʧi^{22}fa^{55}]）、“赌天九”[tou^{35}t^{h}in^{53}kɐu^{35}]（用天九牌赌博）、“赌番摊”[tou^{35}fan^{53}t^{h}an^{55}]（“番摊”即摇摊，参与番摊的赌博又称为“买番摊”[mai^{23}fan^{53}t^{h}an^{55}]）。早期有固定地点的赌博场所称为“赌馆”[tou^{35}kwun^{35}]，没有固定地点的赌博场所称为“赌场”[tou^{35}ʧ^{h}œŋ^{21}]，另外还有赌博摊子叫“赌档”[tou^{35}tɔŋ^{33}]（见图8–21）。一起参与赌博的同伙称为“赌友”[tou^{35}jɐu^{23}]，靠赌博骗钱谋生的人称为“赌棍”[tou^{35}kwɐn^{33}]，所有赌徒则都可以统称为“赌仔”[tou^{35}ʧɐi^{35}]。

图8－21 赌档（资料图片）

图8－22 荔枝湾民俗文化节上的“估灯谜”活动

掷色仔 [ʧak^{2}ʃek^{5}ʧɐi^{35}]

摇骰子、掷骰子，又称为“撒色仔”[ŋou^{21}ʃek^{5}ʧɐi^{35}]、“撒骨子”[ŋou^{21}kwɐt^{5}ʧi^{35}]。“色仔”也就是骰子，早期因为多为骨头所制，故又称为“骨子”。

执筹 [ʧɐp^{5}ʧ^{h}ɐu^{35}]

即抓阄儿，又称为“拈龟”[nim^{53}kwɐi^{53}]。与此相关的，碰手气称为“撞手神”[ʧɔŋ^{22}ʃɐu^{35}ʃɐn^{21}]。

估灯谜 [kwu^{35}tɐŋ^{55}mɐi^{35}]

即猜灯谜，以往每逢正月十五挂灯笼，把写在纸条上的谜语贴在灯笼上供人猜。现在一般是把谜语集中写在板墙上，让人围观和猜测（见图8–22）。广州话“打估”[ta^{35}kwu^{35}]，一指出谜语让人猜，二指猜谜语；“开估”[hɔi^{53}kwu^{35}]，指公开、揭开谜底。

包剪揼 [pau^{53}ʧin^{35}tɐp^{2}]

一种猜拳游戏，又称为“呈寻切”[ʧ^{h}eŋ^{21}ʧ^{h}ɐm^{21}ʧ^{h}it^{3}]或“猜呈寻”[ʧ^{h}ai^{53}ʧ^{h}eŋ^{21}ʧ^{h}ɐm^{21}]，即“石头剪刀布”，通常是小孩子玩的决胜负的游戏，两人或两人以上参与。以伸掌为“包”，出食指和中指为“剪”，出拳为“揼”（“揼”胜“剪”，“剪”胜“包”，“包”胜“揼”）。玩时一齐口喊“包剪揼”“呈寻切”或“呈寻糯米叉烧包”[ʧ^{h}eŋ^{21}ʧ^{h}ɐm^{21}nɔ^{22}mɐi^{23}ʧ^{h}a^{55}ʃiu^{55}pau^{53}]，于“揼”字、“切”字或“包”字喊出口的同时出手势。

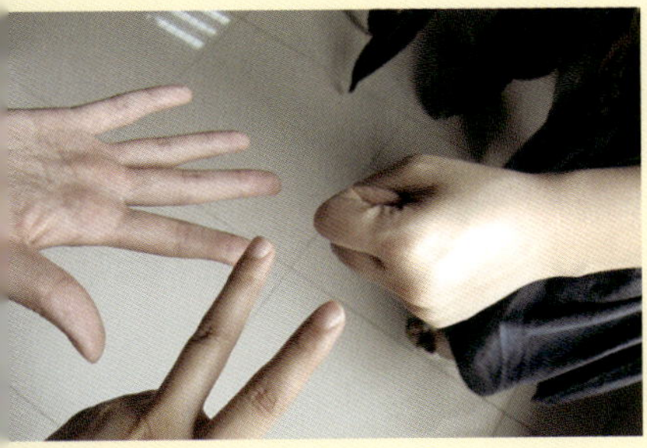

包剪揼

猜枚 [tʃʰai^{53}mui^{35}]

图8－24 猜枚

即划拳、猜拳，多见于喝酒时助兴。旧时划拳时喊的口令一般是："对拳拳"[tøy^{33}kʰyn^{21}kʰyn^{21}]（双方都出拳头）代表零，"一定中"[jɐt^{5}teŋ^{22}tʃoŋ^{33}]代表一，"两家好"[lœŋ^{23}ka^{53}hou^{35}]或"二度度"[ji^{22}tou^{22}tou^{22}]、"二度梅"[ji^{22}tou^{22}mui^{21}]代表二，"三星公"[ʃam^{53}seŋ^{53}koŋ^{55}]或"三点"[ʃam^{53}tim^{35}]代表三，"四条条"[ʃei^{33}tʰiu^{21}tʰiu^{21}]或"四红"[ʃei^{33}hoŋ^{21}]代表四，"开晒"[hɔi^{53}sai^{33}]代表五，"六围围"[lok^{2}wɐi^{21}wɐi^{21}]代表六，"七樵樵"[tʃʰɐt^{5}tʃʰiu^{21}tʃʰiu^{21}]代表七，"八皮皮"[pat^{3}pʰei^{21}pʰei^{21}]代表八，"九咁长"（"九"与"久"谐音）[kɐu^{35}kɐm^{33}tʃʰœŋ^{21}]或"九长长"[kɐu^{35}tʃʰœŋ^{21}tʃʰœŋ^{21}]代表九，"十全全"[ʃɐp^{2}tʃʰyn^{21}tʃʰyn^{21}]代表十。

捉棋 [tʃok^{5}kʰei^{35}]

即下棋。因"捉棋"深受广州人特别是上了年纪的男性喜爱，故广州话里有一系列关于"捉棋"的词语，如"斗棋"[tɐu^{33}kʰei^{35}]、"搏棋"[pɔk^{3}kʰei^{35}]（兑子）、"剥光猪"[mɔk^{5}kwɔŋ^{55}tʃy^{55}]、"劏光猪"[tʰɔŋ^{55}kwɔŋ^{55}tʃy^{55}]（戏称把衣服全脱光，比喻象棋中把对方吃得只剩下一个"公头"[koŋ^{55}tʰɐu^{35}]（将、帅）、"盲棋"[maŋ^{21}kʰei^{35}]（①中国象棋的一种儿童玩法，把棋子反扣随意摆在棋盘上，逐个翻开来走动互吃。②不看棋盘，凭记忆下的棋；闭目棋。③明显的错着）、"射棋"[ʃɛ^{22}kʰei^{35}]（有多种玩法，最常用系"追鸡"[tʃøy^{55}kɐi^{53}]，即在地上用棋"追杀"对方的棋，被射中者输给对方）。

打啤 [ta^{35}pʰɛ^{55}]

即打扑克，又称"斗啤"[tɐu^{33}pʰɛ^{55}]或"赌啤"[tou^{35}pʰɛ^{55}]。"啤"即扑克，为英语"pair"的音译。扑克的四种花色中，方块称"阶砖"[kai^{53}tʃyn^{55}]或"钻石"[tʃyn^{33}ʃɛk^{2}]，红桃称"红桃"[hoŋ^{21}tʰou^{21}]，梅花称"梅花"[mui^{21}fa^{55}]，黑桃称"葵扇"[kʰwɐi^{21}ʃin^{33}]。另外，大王称为"大鬼"[tai^{22}kwɐi^{35}]，小王称为"细鬼"[ʃɐi^{33}kwɐi^{35}]。"斗大"[tɐu^{33}tai^{22}]（以牌大为胜）、"锄大D"[tʃʰɔ^{21}tai^{22}ti^{35}]（其规则以2为最大，而2字形状像鸭子，鸭子的英文duck首字母为D，故称2为D）等均为扑克的玩法。

图8－25 早期富人家“打麻雀”（资料图片）

打麻雀 [ta^{35}ma^{21}ʧœk^{35}]

“麻雀”指麻将牌，“打麻雀”即搓麻将牌，又称“搓雀”[ʧʰɔ^{53}ʧœk^{35}]、“攻打四方城”[koŋ^{53}ta^{35}sei^{33}fɔŋ^{53}seŋ^{21}]。另外，旧时麻将多以竹制，搓麻将牌也雅称“竹战”[ʧok^{5}ʧin^{33}]。做庄家称为“做庄”[ʧou^{22}ʧɔŋ^{55}]，对面坐的互称为“对家”[tøy^{33}ka^{53}]；凑足人手称为“凑脚”[ʧʰɐu^{33}kœk^{3}]，人手够、角色齐称为“够脚”[kɐu^{33}kœk^{3}]，三缺一时暂时凑把手称为“滕下脚”[tɐŋ^{22}ha^{23}kœk^{3}]或“滕下场”[tɐŋ^{22}ha^{23}ʧʰœŋ^{21}]。打的过程中凑足四张相同的牌后亮出，并补摸一张牌，称为“开杠”[hɔi^{53}kɔŋ^{33}]；摸牌到规定限度而四家都不“和”叫“摸黄”[mɔ^{35}wɔŋ^{21}]或“黄牌”[wɔŋ^{21}pʰai^{35}]；某一家的牌合乎规定的要求，取得胜利，称为“食和（糊）”[ʃek^{2}wu^{35}]。

打功夫 [ta^{35}koŋ^{53}fu^{53}]

即打拳、练武术，也称为“耍功夫”[ʃa^{35}koŋ^{53}fu^{53}]，旧称为“打国技”[ta^{35}kwɔk^{3}kei^{22}]，属于“南拳”[nam^{21}kʰyn^{35}]体系。“扎马步”[ʧap^{3}ma^{23}pou^{22}]是武术的根基功夫。民间习武多在夜间进行，“打武仔”[ta^{35}mou^{23}ʧɐi^{35}]（练武的人）最后要加餐进食补充营养，因为多为喝粥，故“食夜粥”[ʃek^{2}jɛ^{22}ʧok^{5}]变成练武的谑称，而“食过夜粥”[ʃek^{2}kwɔ^{33}jɛ^{22}ʧok^{5}]指练过武术，有两下“散手”[ʃan^{35}ʃɐu^{35}]。

打关斗 [ta^{35}kwan^{53}tɐu^{35}]

广州话把跟头称为“关斗”[kwan^{53}tɐu^{35}]。“打关斗”一指翻跟头、打空翻，又作“打大翻”[ta^{35}tai^{22}fan^{55}]；二指跌倒、摔跟头，又作“惯低”[kwan^{33}tɐi^{53}]。广州话把侧翻跟头称为“打风车”[ta^{35}foŋ^{53}ʧʰɛ^{55}]。

图8－26 打关斗（资料图片）

倒掟头 [tou^{33}tɛŋ^{33}t^{h}ɐu^{21}]

即倒立、拿大顶，又形象地称作“倒竖葱”[tou^{33}ʃy^{22}ʧ^{h}oŋ^{53}]、“打倒掟”[ta^{35}tou^{33}tɛŋ^{33}]。“打倒掟都冇滴墨水”，字面义为就算颠倒过来也倒不出一滴墨水，比喻人没有文化。

图8－27 倒掟头（资料图片）

摸虾 [mɔ^{35}ha^{55}]

谑称打太极拳。摸，捕捞。打太极拳的动作似捞捕鱼虾，故称。

拗手瓜 [au^{35}ʃɐu^{35}kwa^{55}]

即掰手腕、扳胳膊，又称为“拗手臂瓜”[au^{35}ʃɐu^{35}pei^{33}kwa^{55}]。二人比臂力，引申为较量、竞争。

二　娱乐

本节介绍的娱乐活动，侧重于较为大型的集体性的民俗活动，多在节日里进行。

醒狮 [ʃeŋ^{35}ʃi^{53}]

俗称“舞醒狮”[mou^{23}ʃeŋ^{35}ʃi^{53}]，即舞狮，属中国狮舞中的南狮，是融武术、舞蹈、音乐、体育于一体的游艺活动，凡喜庆典礼均会进行。南方狮造型夸张浪漫、威武雄壮、形神兼备。狮子是吉祥动物，称为“瑞狮”[ʃøy^{22}ʃi^{53}]，因粤语中“瑞”[ʃøy^{22}]字读音与“睡”相近，故又反其义称为“醒狮”，老广州人则戏称之为“大头狗”[tai^{22}tʰɐu^{22}kɐu^{35}]。表演时，锣鼓擂响，舞狮人先打一阵南拳，称为“开桩”[hɔi^{53}ʧɔŋ^{53}]，然后由两人扮演一头狮子耍舞，用滚、爬、跃、跳等动作表现狮子的威武、勇猛；另一人头戴笑面“大头佛”[tai^{22}tʰɐu^{21}fɐt^{2}]，手执大葵扇引狮子登场。“采青”[ʧʰɔi^{35}ʧʰɛŋ^{55}]环节是醒狮的高潮和精髓，“青”[ʧʰɛŋ^{55}]是一小捆生菜，扎上“利市”[lei^{22}ʃi^{22}]（红包）、香烟等，寓意生财利市、兴旺发达、如意吉祥。“狮子”采了“青”，把“青”“吃”下，再将其“吐”出抛给主人；主人接“青”，代表接到福气，便对舞狮者“打赏”[ta^{35}ʃœŋ^{35}]（给小费奖赏）。

图8－28 中山大学校运会上的醒狮表演

图8－29 广府庙会上的醒狮表演

图8－30 大头佛

图8－31 笑面

大头佛 [tai^{22}t^{h}ɐu^{21}fɐt^{2}]

指醒狮表演时的“引狮郎”。在进行醒狮时，有一人手执蒲扇、头戴面具逗引“狮子”，其所戴面具为全套式（从上套入头中），绘笑面人像，多为笑面和尚的样子，称为“大头佛”，现也指头脑简单的人。另外，一般的假面具也在上面画着笑脸，称为“笑面”[ʃiu^{33}min^{35}]或“笑面壳”[ʃiu^{33}min^{22}hɔk^{3}]（见图8–31）。

狮子会 [ʃi^{53}ʧi^{35}wui^{35}]

群众娱乐、习武的场所。醒狮这一民间游艺的高难动作、特技动作需要平时苦练技艺，故过去珠江三角洲一带的武馆均附设“狮子会”，教练拳术和舞狮。又指醒狮竞技的大集会，会上各狮队同场竞技献艺，进行采青、武术等表演。

舞龙 [mou^{23}loŋ^{21}]

即耍龙。龙用竹木扎成，并用彩带等装饰。

图8－32 舞龙

图8－33 麒麟舞

麒麟舞 [k^{h}ei^{21}løn^{21}mou^{23}]

在民间，麒麟是一种吉祥、太平的象征。麒麟舞是一种驱邪避害、迎福纳吉的民间广场舞蹈，多在新年、嫁娶、开学、“入伙”（乔迁）、开张、庆丰收等时节表演，广州地区主要流行于番禺黄阁镇。

飘色 [p^{h}iu^{55}ʃek^{5}]

一种融合了戏剧、杂技、装饰工艺于一体的游艺民俗。指在一个称为“色柜”的小舞台上，设法用各种物体的形状（树枝、树叶、花篮、动物等）将一条称为“色梗”[ʃek^{5}kɐŋ^{35}]的钢枝精心伪装起来，让各种扮相的孩童演员或坐或站在这些伪装物上，营造一种在空中“飘”的视觉效果。凌空的人物叫“飘”，在“色柜”上站立着的叫“屏”[p^{h}eŋ^{21}]。一组造型有3至5名小演员，过去用板车或 4 人抬起来巡行，现代也有用机动车载着表演的。“飘色”游行配以八音锣鼓柜等，吹吹打打，徐徐行进，一般在节庆、神诞时举行。番禺区沙湾镇的飘色最出名，每年三月初三“北帝诞”时有专门的表演。

图8－34 飘色（1）

图8－35 飘色（2）

水色 [ʃøy^{35}ʃek^{5}]

指水中“出色”，即在水上扮演人物故事。每一色板表现一个民间传说或戏曲故事，故事均以“水”为主题，由民间艺人扮演各种神话、戏曲人物，用杉排造色浮游于水面。番禺区市桥的“水色”最为有名。

图8－36 水色

舞火狗 [mou^{23}fɔ^{35}kɐu^{35}]

指麻车火色，也作“夜色”[jɛ^{22}ʃek^{5}]，是增城石滩麻车乡的大型民间娱乐习俗的统称。由龙、凤、麒麟、鹿、犀牛、蟾蜍、宝鸭、锦鲤、鳌鱼等九种动物造型插上香火组成，现虽名为“火狗”却极少有狗的形象出现，因广州话“狗”[kɐu^{35}]与“九”[kɐu^{35}]同音，所以俗称“舞火狗”。麻车乡由九个自然村组成，“出色”时每村扎制一种火兽，串村过寨游行，最后付诸一炬。舞火狗活动最初是为驱灾除难、祈求农业丰收，后每逢天气干旱或瘟疫流行都要进行，现为一项民间游艺、娱乐活动。

图8－37 舞火狗（1）

图8－38 舞火狗（2）

十番锣鼓 [ʃɐp^{2}fan^{53}lɔ^{21}kwu^{35}]

又称“大十番锣鼓”[tai^{22}ʃɐp^{2}fan^{53}lɔ^{21}kwu^{35}]、“石斑”[ʃɛk^{2}pan^{53}]，简称“十番”[ʃɐp^{2}fan^{53}]，是一种民间器乐曲，指以高边锣、大文锣、翘心锣、单打、大钹、大鼓、鼓群、沙鼓、云锣、响锣等十余种乐器组成，轮番吹奏、表演一定的套曲。十番乐社平时为群众自娱自乐的组织，有喜庆仪式、庙会游行、迎神赛会时亦会参加表演。

图8－39 十番锣鼓

图8－40 八音锣鼓柜

八音锣鼓柜 [pat^{3}jɐm^{53}lɔ^{21}kwu^{35}kwɐi^{22}]

一种民间吹打乐，因演奏时有一个放置锣鼓的木柜而得名，常在婚嫁、寿庆或神诞等喜庆节日演奏。“八音”因演奏时采用八件乐器而得名。锣鼓柜以雕龙绘凤来作装饰，以乐社名称作锦旗，可供乐手围坐表演，也可由前后的人抬着，锣鼓手跟随边走边演奏。

吹啲打 [tʃ^{h}øy^{53}ti^{55}ta^{35}]

即吹唢呐。“啲打”指唢呐。“啲打佬”[ti^{55}ta^{35}lou^{35}]指吹唢呐的人或吹鼓手。

图8－41 吹啲打

赛龙舟 [tʃʰɔi^{33}loŋ^{21}tʃɐu^{53}]

即农历五月初五端午节“扒龙船”[pʰa^{21}loŋ^{21}ʃyn^{21}]，又称“斗龙”[tɐu^{33}loŋ^{21}]、“斗标”[tɐu^{33}piu^{53}]、“斗大景”[tɐu^{33}tai^{22}keŋ^{35}]，是珠江三角洲水乡泽国开展得最为广泛的一项民间活动项目，一般在水流舒缓、江面平直、视野开阔的地方举行。比赛形式有以速度为标准，有以耐力定输赢。

扒禾桶 [pʰa^{21}wɔ^{21}tʰoŋ^{35}]

“禾桶”[wɔ^{21}tʰoŋ^{35}]是以前手工打稻谷用的大圆木桶。随着打谷机的普及，禾桶渐渐退出历史舞台。番禺万顷沙河道纵横，开门见河，人们天天跟水打交道。将闲置的“禾桶”推到河里“扒”[pʰa^{21}]着玩耍，由此逐渐成为一种娱乐活动。

图8－42 扒禾桶（万顷沙文化体育中心提供）

扯大缆 [tʃʰɛ^{35}tai^{22}lam^{22}]

即拔河。大缆，又粗又长的绳子，通常为麻绳。“大缆都扯唔埋”[tai^{22}lam^{22}tou^{55}tʃʰɛ^{35}m̩^{21}mai^{21}]，比喻双方毫无关系，凑不到一块儿。

水上扯大缆 [ʃøy^{35}ʃœŋ^{22}tʃʰɛ^{35}ta^{22}lam^{22}]

这是番禺万顷沙的另一种水上活动。“扯大缆”（拔河）这种原本陆地上的运动被水乡人移到了河上进行，比赛方式跟陆上拔河大体一样，双方船艇的人数要相等。赛前，先将一根竹竿插立于河中，然后用一根粗实的大麻绳将两艘船艇系连起来；麻绳中间挂上一个红色的浮标，浮标要对准立于河里的竹竿。比赛开始，双方船艇向相反方向用力划，把麻绳上的红色浮标拉过规定的界线为胜。

图8－43 水上扯大缆（万顷沙文化体育中心提供）

三　戏剧曲艺

每一种方言基本上都有其对应的剧种。在广府地区，粤剧是流行最广、影响最大的剧种。粤剧表演的台前幕后，还派生出一系列“广式”词汇，尽显广州的民俗特点。本节以粤剧为出发点，附带列举由此衍生的词语，并简要介绍几种民间曲艺形式。

粤剧 [jyt^{2}k^{h}ɛk^{2}]

早期称本地班、广东大戏、广东戏、广府大戏、广府戏，多称作“大戏”[tai^{22}hei^{33}]（见图8–44）。粤剧是用粤方言演唱的地方剧种，是岭南四大地方剧种（粤剧、潮剧、琼剧、广东汉剧）中流行最广、影响最大的剧种，享有“南国红豆”的盛誉。粤剧由广东本地艺人吸纳外省入粤戏班的戏曲声腔，并融进本地的歌谣小曲而形成。

图8－44 民国时期粤剧演出舞台场景
（资料图片）

图8－45 粤剧

图8－46 戏飞（资料图片）

粤剧这一“大戏”深受广府民众欢迎，其衍生出的词语也十分丰富，如“戏飞”[hei^{33}fei^{53}]，指的是戏票，也指电影票（见图8–46）。飞，有人认为是英语“fare”的音译，原仅指车船费（票），广州话中词义有所扩大。“扑飞”[p^{h}ɔk^{3}fei^{53}]，指尽力到处找票，为找票（多指戏票、机票、车票、船票等）四处奔波。“戏桥”[hei^{33}k^{h}iu^{35}]，原特指粤剧的演出节目说明书、剧目简介书、节目单，现指戏剧、音乐等的内容简介（见图8–47）。“手本戏”[ʃɐu^{35}pun^{35}hei^{33}]，某演员或戏班最拿手的剧目，也可比喻最拿手的本事、技艺，也称为“手本”[ʃɐu^{35}pun^{35}]。“戏肉”[hei^{33}jok^{35}]，指戏剧的精彩部分、高潮部分。“天光戏”[t^{h}in^{53}kwɔŋ^{53}hei^{33}]，旧时戏班通宵演的戏，“天光”是天亮之意。还有“戏棚”[hei^{33}p^{h}aŋ^{21}]（粤剧的演出场所，多为搭建的棚子）、“做戏”[ʧou^{22}hei^{33}]（演戏）、“做大戏”[ʧou^{22}tai^{22}hei^{33}]、“唱大戏”[ʧ^{h}œŋ^{33}tai^{22}hei^{33}]（演出传统戏剧，一般特指粤剧）、“睇戏”[t^{h}ɐi^{35}hei^{33}]（观赏戏剧，看电影）、“睇大戏”[t^{h}ɐi^{35}tai^{22}hei^{33}]（观赏传统戏剧，一般特指粤剧）、“戏子佬”[hei^{33}ʧi^{35}lou^{35}]（对男性戏曲演员不十分尊重的称呼）、“老戏骨”[lou^{23}hei^{33}kwɐt^{5}]（演艺精湛的老演员）。著名粤剧表演艺术家有罗品超、红线女等。

图8－47 大明星剧院戏桥
（资料图片）

此外，广州方言里还有一些词语来自粤剧的专业术语，如“提水”[t^{h}ɐi^{21}ʃøy^{35}]，指戏剧演出时给演员提示台词、唱词等（提示称作“贴士”[t^{h}ip^{5}ʃi^{35}]，英语“tips”的音译词）。“爆肚”[pau^{33}t^{h}ou^{23}]，比喻戏剧演员临时在舞台上编台词或唱词（多是因为忘了词）。“爆棚”[pau^{33}p^{h}aŋ^{21}]，指观赏粤剧的观众很多，坐满了整个戏棚，现指剧院、商场、景区等地人多、人气旺。“打头锣”[ta^{35}t^{h}ɐu^{21}lɔ^{35}]，原指演戏时打开场锣，现比喻领头（干某事）。“六国大封相”[lok^{2}kwɔk^{3}tai^{22}foŋ^{53}ʃœŋ^{33}]，原本是一出粤剧的名字，该剧最终收场时众多的演员都出场，场面热闹壮观，现比喻场面很热闹，像戏剧舞台上的战国纷争一样，吵闹激烈，乱作一团。“骑呢啡”[k^{h}ɛ^{55}nɛ^{55}fɛ^{55}]，是英语“carefree”的音译，原指戏剧里的小角色、配角、跑龙套，现指无足轻重、不被人看重的人，或无忧无虑、不负责任的人。

改革开放以后，特别是最近几年，因为娱乐方式的多元化，粤剧的观众群日趋老龄化。2006年5月20日，粤剧入选第一批国家级非物质文化遗产名录；2009年10月2日，经粤、港、澳政府共同申报，粤剧成为世界非物质文化遗产。

粤曲 [$jyt^{2}k^{h}ok^{5}$]

用广州方言演唱的曲种，源于戏曲声腔剧种粤剧，是广府地区曲艺的代表。粤曲音乐性强，注重唱功，不长念表，表演基本属于戏曲清唱范畴，吸纳了龙舟、木鱼、南音、粤讴等说唱体唱腔，使用器乐曲、歌曲曲调填词演唱。

私伙局 [$\int i^{53}f\text{ɔ}^{35}kok^{2}$]

一种民间业余曲艺、音乐组织，即粤曲曲艺社。是粤曲爱好者自发兴起、自由组合的民间曲艺小组，向无定名，今称之为“私伙局”。在广州的一些街巷或者公园，特别在西关荔湾一带，粤曲“发烧友”[$fat^{3}\int iu^{53}j\text{ɐ}u^{23}$]三五成群，茶余饭后云集一堂，吹拉弹唱，自娱自乐。在一些古村落，如海珠区黄埔古村，祠堂成为“私伙局”活动的场所。

图8－48 流花湖公园里的私伙局

图8－49 木鱼赢（资料图片）

图8－50 龙舟（资料图片）

木鱼赢 [mok^{2}jy^{21}jɛŋ^{21}]

又称为“月光赢”[jyt^{2}kwɔŋ^{53}jɛŋ^{21}]、木鱼、木鱼书、木鱼歌，一种流行于粤语地区的说唱曲艺。最初限于佛教徒传唱佛教因果报应故事，后发展为吟诵说唱体，内容亦渐广泛，相传因说唱时以敲击木鱼作声为节奏而得名。特点是节奏自由，没有起板和过门。

龙舟 [loŋ^{21}ʧɐu^{53}]

又名“龙舟歌”[loŋ^{21}ʧɐu^{53}kɔ^{55}]，一种流行于粤语地区的曲艺，流传方式以市井传唱为主。原为专在渡船中为乘客卖唱者的唱调，后发展为有说有唱并有弦乐伴奏的形式。在早期，每逢端午节沿门乞讨的人手持小木舟，胸前挂小锣，唱道：“龙舟舟，出街游，细蚊行埋莫打斗，封封利市管龙头，龙头龙尾添福寿，老少平安到白头。”

咸水歌 [ham^{21}ʃøy^{35}kɔ^{55}]

又称“疍歌”“咸水叹”“白话渔歌”“叹哥兄”“叹姑妹”，指珠江三角洲地区水上人家流行的一种歌唱形式，题材主要为人们在水上劳作、恋爱等日常生活，多为“哥”“妹”对唱形式的情歌，属于渔歌体系。“咸水歌”的得名，一说是因为该地区受潮水影响，每逢涨潮之时咸水涌入，河水带咸味的缘故；另一说认为水上人家所唱的歌以情歌为主，指与男女私情有关的事，故名“咸水歌”。

图8－51 水上人家演唱“咸水歌”（资料图片）

粤讴 [jyt^{2}ɐu^{53}]

又名“越讴”，别称“解心”，是清代文人冯询、招子庸等在木鱼歌、龙舟、南音、咸水歌等说唱曲艺的基础上，改变腔调而创造出来的说唱曲种。本来是珠江花舫、妓院的妓女唱咏的情歌，后为岸上瞽姬师娘等人所歌唱。现存作品主要有招子庸在清道光元年（1821年）辑录的《粤讴》，一共121首，代表作有《吊秋喜》《解心事》等，题材多与男女私情有关。

图8－52 早期演唱“粤讴”的场景（资料图片）

数白榄 [ʃou^{35}pak^{2}lam^{35}]

类似于顺口溜或快板，流行于广州地区的一种曲艺形式。“数白榄”的特点是节奏明快，语调诙谐，语句一般是“三三七”格式，即头两句三个字，第三句七个字，大部分押仄声韵。实际上，“白榄”本是一种青果，即生橄榄。

急口令 [kɐp^{5}hɐu^{35}leŋ^{22}]

即绕口令，如："床脚撞墙角，墙角撞床角，你话床脚撞墙角定墙角撞床脚？"也指一种曲艺，敲着木鱼演唱，快而押韵。

广东音乐 [kwɔŋ^{35}toŋ^{53}jɐm^{53}ŋɔk^{2}]

广东音乐是清末以来在广州为中心的珠江三角洲及广府方言区流行的中国传统丝竹乐种，是岭南民间优秀传统文化瑰宝，常规乐器有粤胡、秦琴、琵琶、扬琴、洞箫、喉管、笙及木鱼、铃等（图8–53）。广东音乐的发祥地在番禺沙湾古镇的"三稔厅"（详见第壹章"房舍建筑"），早年"何氏三杰"何柳堂、何少霞、何与年在此创作了《雨打芭蕉》《赛龙夺锦》等著名的广东音乐曲目。

讲古 [kɔŋ^{35}kwu^{35}]

即粤语说书，是艺人用广州方言对小说或民间故事进行再创作和讲演的一种语言艺术形式。"古"[kwu^{35}]又称"古仔"[kwu^{35}tʃɐi^{35}]，即故事，如"鬼古"[kwɐi^{35}kwu^{35}]就是有关鬼的故事。"讲古"又称"讲古仔"[kɔŋ^{35}kwu^{35}tʃɐi^{35}]，即讲故事。"讲古"的特点是以旁述语气为主，讲究语言的韵律性和节奏感，大量运用本地的民间成语、谚语、谶语、

图8－53 摆放在三稔厅中的扬琴等乐器

图8－54 陈家祠中的“讲古”雕塑

俗语和大众化的生活语言，并借鉴戏曲中的一些表演技巧，对书目进行润饰。早期讲古的场所多在街头、茶楼、讲古寮等（见图8–54），往往有许多“拥趸”[joŋ^{35}tɐn^{35}]（捧场者）。目前“讲古”仅存于广播电台的说书栏目，且日渐式微。“讲古佬”[kɔŋ^{35}kwu^{35}lou^{35}]指讲故事的人，特指说书艺人，通常穿着长衫马褂，左手执扇子，右手握一醒木。张悦楷、颜志图是著名的说书艺人。

玖·民间信仰

图9－1 城隍出巡

广州俗语说："多个香炉多个鬼。"比喻多一件事情就多一点儿麻烦。话虽这么说，广州人自古尚鬼信巫却是一个不争的事实，《汉书·郊祀志》中就有"粤人俗鬼"的记载。根据叶春生《岭南民俗文化》，过去人们所参拜的神佛鬼魅，有如下几类：第一是"天神"，如玉皇大帝、观音菩萨、北帝、华光大帝、灶君；第二类是"人神"，各族祖宗神如盘王、龙母等，各行业祖师神如鲁班、金华娘娘、何仙姑等，各路英雄神如孔子、关公、岳飞等，各种自然崇拜之神如泰山石敢当、土地公等；第三是"冥神"，如城隍、阎罗王等。除了崇拜各类神灵之外，旧时广州常见的风俗还有"扶箕""杯卜""修签""睇相""问仙""喊惊""寄疮"等等。另外，广州人日常生活中出于迷信心理，产生了各种各样的禁忌，因为上面各章已经有所涉猎，本章不再重复，只着重介绍富有广州方言特色的语忌。

一　习俗

神诞 [ʃɐn^{21}tan^{22}]

即纪念神灵生日或显灵日、得道日的巡游、迎神和拜神活动，相当于北方的庙会。旧时每逢神诞日，有“出会景”的习俗，用彩饰、牌楼装饰街道，称为“摆花街”[pai^{35}fa^{55}kai^{55}]（见图 9–2）；家家户户设猪肉、生果和香烛迎拜巡游的神像，称为“摆酌献”[pai^{35}tʃœk^{3}hin^{33}]。所谓“出会景”[tʃʰøt^{5}wui^{22}keŋ^{35}]，就是每逢神诞日摆出各种景物供人观赏，如“沙湾飘色”“佛山秋色”等，并抬神像进行巡游活动，也称为“摆会景”[pai^{35}wui^{22}keŋ^{35}]或“出会”[tʃʰøt^{5}wui^{22}]（见图 9–3）。广州的神诞主要有“波罗诞”“观音诞”“北帝诞”等（下详）。

图9－2 摆花街

图9－3 出会景

波罗诞 [pɔ^{55}lɔ^{21}tan^{22}]

即南海神诞，每年农历二月十一至十三在黄埔南海神庙（又名“波罗庙”）举行，其中十三为正诞，是广州最大的民间传统庙会。每年诞期，四方的善男信女都前来朝拜，一时熙熙攘攘，热闹非凡。说起“波罗诞”必然会想到“波罗鸡”[pɔ^{55}lɔ^{21}kɐi^{55}]，这是一种用硬纸糊成鸡形并粘上鸡毛的工艺品和吉祥物，每逢诞期在庙前出售（见图 9–5）。广州民间视之为“神鸡”，认为买回去可以挡煞气和带来好运。广州歇后语：“波

图9－4 波罗诞

图9－5 出售各种波罗鸡

罗鸡——靠黐。”“黐”就是粘贴之意，引申为沾别人的光，占别人的便宜。

观音诞 [kwun^{55}jɐm^{55}tan^{22}]

观音在广东民间有着最广泛的信仰基础，番禺莲花山建有世界上最高的铜铸箔金观音立像（见图9–6）。这几年每逢农历二月十九日观音生日、农历六月十九日观音出家日和农历九月十九日观音成道日，番禺莲花山都要举行盛大的“观音诞”。四方的善男信女备好香烛和“金筐箩”[kɐm^{55}pɔ^{55}lɔ^{55}]、“路路通”[lou^{22}lou^{22}toŋ^{55}]等祭品（见图9–7），纷至沓来祈求平安（见图9–8）。观音开库日一说是正月二十六日，这一天信众向观音菩萨祈求“借库”，期盼要钱有钱，要物有物，有求必应。因为民间认为观音是女性，广州话用“观音兵”[kwun^{55}jɐm^{55}peŋ^{55}]比喻那些喜欢讨好女性，特别热衷于为女性奔走效劳的男人。

图9－6 番禺莲花山的观音立像

图9－7 善男信女备好香烛和“金筐箩” “路路通”等祭品

图9－8 善男信女在莲花山观音阁祈求平安

图9－9 番禺沙湾镇的玉虚宫

说到“上契”[ʃœŋ^{23}k^{h}ɐi^{33}]，就是小孩平日体弱多病，父母觉得难以养大成人，便要通过一定的仪式“契观音”，认观音娘娘为干亲，希望得到她的庇护。另外值得一提的是，广州民间还有“契大树[k^{h}ɐi^{33}tai^{22}ʃy^{22}]”的习俗，即把小孩过继给大树，认大树为干爹，认为可以使孩子如大树一样根基牢固，也叫“契大将军”[k^{h}ɐi^{33}tai^{22}ʧœŋ^{53}kwɐn^{53}]。

北帝诞 [pɐk^{5}tɐi^{33}tan^{22}]

北帝又称为“黑帝”，广府人也称为“真武帝君”或“玄武大帝”，故农历三月初三的北帝诞又称为“真武会”。北帝虽然是掌管北方，但是同时又是水神。珠江三角洲水乡泽国，老百姓常有水患之苦，故民间信奉北帝，无非是祈求风调雨顺。广东最著名的北帝庙是佛山祖庙，其诞会最为隆重和热闹。广州许多地方现存的北帝庙称为“真武宫”或“玉虚宫”（见图9–9），诞期也常打醮游神。另外，位于荔湾区的仁威庙在每年农历的三月初三也会纪念“北帝诞”，传统节目包括“派米”[p^{h}ai^{33}mɐi^{23}]（见图9–10）、“祈福”[k^{h}ei^{21}fok^{5}]、“舞狮”[mou^{23}ʃi^{53}]、“食盆菜”[ʃek^{2}p^{h}un^{21}ʧ^{h}ɔi^{33}]等。

图9－10 荔湾仁威庙“北帝诞”期间进行“派米”

图9－11 金花夫人

金花诞 [kɐm^{53}fa^{53}tan^{22}]

屈大均《广东新语》卷六“金华夫人”条云：“广州多有金华夫人祠。夫人字金华，少为女巫不嫁，善能调媚鬼神。其后溺死湖中，数日不坏，有异香，即有一黄沉女像容貌绝类夫人者浮出，人以为水仙，取祠之，因名其地曰仙湖，祈子往往有验。”金华夫人即广州民间所说的“金花夫人”或“金花娘娘”，传说是妇女和儿童之保护神（见图9–11）。早期的金花庙建于广州惠福路边，称“金花小娘庙”。后移至海珠区并扩大规模，成为珠三角最大的金花庙，但抗战期间毁于兵火。现在广州西华路上有条金花直街，乃是得名于供奉“金花娘娘”的金花庙。黄埔长洲岛上的金花古庙建于清代，是广州地区唯一保存完整的金花庙。农历四月十七是广州“金花诞”，最近几年黄埔金花古庙每逢诞期都会举行一系列的民俗活动，不少善男信女前来祭拜“金花夫人”，或者祈求生儿育女，或者祈求子孙平安。

华光诞 [wa^{21}kwɔŋ^{53}tan^{22}]

华光大帝全称“五显华光大帝”，有人认为他是道教的五通神祀与佛教的华光如来传说融为一体的产物，在珠三角各地被当作火神来立庙祭祀。每年农历九月二十八日是华光大帝诞。清代杳岑果尔敏《广州土俗竹枝词·出巡》诗云：“华光北帝好闲游，打醮出街日不休。举国若狂称盛事，风光犹胜看龙舟。”

粤剧戏班则拜华光大帝为祖师。相传过去粤剧到乡下演出，戏棚是用竹木搭建，容易失火，故演戏前都要祭拜华光大帝，以求保佑。另一种传说是华光大帝曾经大闹玉帝的琼花宴，被贬为善王显火官，主管南方事务。南方的一大剧种粤剧当然是在他的管辖范围之内，故戏行称为“琼花会馆”。粤剧八和祖师诞即“华光诞”，即每逢农历九月二十八日，八和子弟和粤剧爱好者陆续前往广东八和会馆拜祭华光祖师，并聚餐吃烧猪肉（见图 9–12、9–13）。

图9－12 前来参加华光诞的粤剧爱好者

图9－13 在八和会馆中给华光祖师上香

图9－14 广州芳村的黄大仙祠

图9－15 南沙天后宫

图9－16 南沙天后宫天后诞

黄大仙诞 [wɔŋ^{21}tai^{22}ʃin^{53}tan^{22}]

黄大仙本姓黄，名初平，浙江金华兰溪人，是晋代著名炼丹家葛洪的门徒。传说葛洪升天后黄初平服用师傅炼丹炉边遗留下的一颗丹砂，但因分量不足上不了天，只能成为地行仙，常在罗浮山一带悬壶济世。后人尊称其为“黄大仙”，并在广州、南海、香港等地建有“黄大仙祠”供善男信女祭拜（见图9–14）。叶春生、凌远清《岭南古代诞会习俗》:“广州民间以农历四月十八日为黄大仙诞。如今每逢诞期，善男信女都到庙中上香致祭，还到传说中黄初平叱石成羊的地方领略一番，更多的是求签问卜。故后来解签看相逐步成行成市，不少相士以此为业，群集于黄大仙庙周围，平日亦有信众前来问卜。”“黄大仙诞”一说是农历八月二十三日，最近几年在广州芳村的黄大仙祠都会举行祈福、许愿活动。

天后诞 [t^{h}in^{53}hɐu^{22}tan^{22}]

天后又称为“天妃”“妈祖”等，是我国东南沿海地区广为奉祀的女海神，民间以农历三月二十三日为“天后诞”。叶春生、凌远清《岭南古代诞会习俗》指出：“天后诞期间，凡有天后庙的地方必大事庆祝。特别是水上人家，庆祝至为隆重，视之为一年中的大节，要迎神出游，请亲友来吃饭等。乡村中凡有天后庙的，均要张灯结彩，打醮庆贺，还要演戏酬神，有的接连演足三天，最后一天以抢花炮为高潮。”最近几年每年农历三月二十三日“天后诞”，南沙天后宫都要举行传统的妈祖祭祀仪式（见图9–15、9–16）。

图9－17 “八仙”在增城小楼镇何仙姑家庙外相聚

图9－18 增城小楼镇何仙姑诞

何仙姑诞 [hɔ^{21}ʃin^{53}kwu^{53}tan^{22}]

何仙姑是传说中的八仙之一，据说是广州增城县人。今增城市小楼镇有何仙姑家庙（见图9–17），该庙始建于明代，清咸丰八年（1858年）重修。农历三月初七是“何仙姑诞”，叶春生、凌远清《岭南古代诞会习俗》指出：“新中国成立前，每逢何仙姑诞诞期都要做大戏，少则三五晚，多达几个月，有一年做大戏的时间甚至长到搭棚的树头都发芽了，戏班还没走。”2010年4月17日至20日，恢复后的首届“何仙姑诞”在增城小楼镇隆重举行，再现千年历史文化小镇的特色风韵，吸引了许多信众前来参拜和观光（见图9–18）。

土地诞 [t^{h}ou^{35}tei^{35}tan^{22}]

广州歇后语：“土地灯笼——夜不收。”“土地”就是指土地神，旧时每逢农历初一、十五祭拜土地神时夜间要点挂灯笼，天亮以后才收起。这句歇后语比喻那些沉迷于夜生活，喜好晚上活动，彻夜不归的人。在传统农耕时代，人们对土地高度依赖，因此对土地神非常崇拜。旧时广州以农历二月初二为“土地诞”，也称为“伯公诞”[pak^{3}koŋ^{53}tan^{22}]。下墩村是番禺区大岗镇（今属南沙区）大岗村的一个自然村，该村建于明末清初，数百年来村民都有祭拜土地神的传统（见图9–19、9–20）。

图9－19 番禺下墩村的土地神

图9－20 村民正在准备庆祝土地诞的盛宴

财神诞 [tʃ^{h}ɔi^{21}ʃɐn^{21}tan^{22}]

广州自古以来商业文化发达，因此财神备受市民的崇拜。广州民间的财神爷很多，如纯阳观供奉的赵公明元帅、仁威庙供奉的关羽、三元宫供奉的比干等都是，诞期一般是正月初五。正月初五又称“破五”[p^{h}ɔ^{33}ŋ̍^{23}]，意为这一天可以破除年初一以来的各种忌讳。不少私营的商铺会选择这一天开门营业，在门前“挂生菜”[kwa^{33}ʃaŋ^{53}tʃ^{h}ɔi^{33}]（寓意生财），祈求生意兴隆。其实，广州民间也有把农历七月二十二日视为“财神诞”。胡朴安编的《中华全国风俗志》“广州岁时纪”云：“七月廿二日，俗称为财帛星君诞，建醮庆祝，各界皆拈香虔礼之，并有燃花炮、接胜灯之举。”

郑仙诞 [tʃɛŋ^{22}ʃin^{53}tan^{22}]

为了纪念在白云山一带悬壶济世的秦朝方士郑安期（广州人尊称其为“安期生”），人们在白云山上建有郑仙祠。相传郑安期到蒲涧采药，坠下悬崖后被仙鹤托起而升入天国，这天是七月二十四日，后来成为“郑仙诞”的诞期。“郑仙诞”源于白云山，盛于白云山，是白云山独有的民俗活动，因此又称为“白云诞”[pak^{2}wɐn^{21}tan^{22}]。山民认为露宿祠外山头空地能吸收大地“仙气”，使身体壮健，并带来好运，这种习俗叫“打地气”[ta^{35}tei^{22}hei^{33}]。2012年9月白云山管理局恢复中断了多年的“郑仙诞”民俗活动。

拜神 [pai^{33}ʃɐn^{21}]

广州俗语说：“入屋叫人，入庙拜神。”说明拜神是寻常百姓家日常生活的重要事务之一。“禀神”[pɐn^{35}ʃɐn^{21}]指祈祷给神听，要有“神心”[ʃɐn^{21}ʃɐm^{53}]（虔诚、诚心），不能“呃神骗鬼”[ak^{5}ʃɐn^{21}p^{h}in^{33}kwɐi^{35}]（欺骗鬼神，比喻骗人）。广州俗话说：“禀神都冇句真。”意思是连祈祷给神听都没有一句真话，形容谎言连篇。

信众拜神时用的“香”[hœŋ^{55}]有几种，普通粗制的香称为“脚香”[kœk^{3}hœŋ^{55}]，也称为“线香”[ʃin^{33}hœŋ^{55}]；精制的有香味的细线香称为“息香”[ʃek^{5}hœŋ^{55}]；烧的时候用架子支起或挂起成塔状的香称为“塔香”[t^{h}ap^{3}hœŋ^{55}]，也称为“香塔”[hœŋ^{55}t^{h}ap^{3}]。香炉称为“香炉墩”[hœŋ^{55}lou^{21}tɐn^{35}]（见图9–21），也比喻和谑称独生子，意为靠他维持香火。有些祭拜活动除了烧香，还要烧“金银纸”[kɐm^{53}ŋɐn^{21}tʃi^{35}]，

图9－21 塔香和香炉墩

图9－22 金银纸

这是用锡箔纸折成、供祭祀时焚化的元宝形冥币（见图 9–22）。此外，有的信众还“上香油”[ʃœŋ^{23}hœŋ^{55}jɐu^{21}]（捐灯油钱）。

有的人相信神灵总是有求必应的，因此通常在正月十五前摆祭品、点香烛以求神保佑并许下心愿，称为“作福”[ʧɔk^{3}fok^{5}]，所捐献的灯油钱称为“香油”[hœŋ^{55}jɐu^{21}]。所谓“年头作福，年尾还神”，如愿后对神灵进行酬谢即称为“还神”[wan^{21}ʃɐn^{21}]，也称为“酬神”[ʧʰɐu^{21}ʃɐn^{21}]。“还神”时用作祭品的烧烤的金黄色整猪称为“金猪”[kɐm^{53}ʧy^{55}]，而供过神的猪肉称为“神福”[ʃɐn^{21}fok^{5}]，“散神福”[ʃan^{33}ʃɐn^{21}fok^{5}]就是将之分送给亲友，意为跟亲友分享神灵恩赐的福分。另外，迷信的人遇到灾难和病痛时以为是冲撞了鬼神，也要摆祭品求神保佑，这称作“拜犯”[pai^{33}fan^{23}]或“起犯”[hei^{35}fan^{23}]。

拜当天 [pai^{33}tɔŋ^{55}tʰin^{53}]

“当天”是广府民间信仰的天神，也称“天公”[tʰin^{55}koŋ^{53}]。“当天位”[tɔŋ^{55}tʰin^{53}wɐi^{35}]一般设置在家院天井南墙上“天官赐福”下（见图 9–23）。没有此牌位的，则以西为“当天位”，朝西面祭拜。

扶箕 [fu^{21}kei^{55}]

民间占卜术的一种，也叫“扶乩”，可以在家中也可以在庙宇中进行。进行扶乩活动时，烧香点烛，请神下凡，巫师扮演成被神灵附身的角色，让乩笔在沙盘抖动，画出一些图形或字迹，以此传达神灵的旨意。所谓乩笔，就是两根小木棒，钉成丁字形；沙盘则是在簸箕或木盘上堆放细沙或者大米。信徒试图通过巫师的这种迷信活动与神灵进行沟通，以了解神灵的旨意，预测吉凶。

图9－23 当天位

图9－24 拜当天

杯卜 [pui^{53}pok^{5}]

唐代《番禺杂记》记载："岭表占卜甚多，鼠卜、箸卜、牛卜、骨卜、田螺卜、鸡卵卜、蔑竹卜，俗鬼故也。"广州地区的"杯卜"也是民间占卜术的一种，就是用"杯"来求神问卜，也称为"问杯"[mɐn^{22}pui^{53}]。"杯"是"珓杯"[kau^{33}pui^{53}]的简称，多用两个蚌壳或像蚌壳的竹、木片做成，信徒拜过神灵之后掷于地上称为"掼杯"[kwan^{33}pui^{53}]或"抛杯"[p^{h}au^{53}pui^{53}]，看它们的俯仰来预测凶吉。"阴杯"[jɐm^{53}pui^{53}]指"杯珓"的两面都朝下（皆俯），凶兆；"阳杯"[jœŋ^{21}pui^{53}]指"杯珓"的两面都朝上（皆仰），不吉不凶；"圣杯"[ʃeŋ^{33}pui^{53}]指"杯珓"一个朝上一个朝下（一俯一仰），吉兆（见图 9–25）。

图9－25 圣杯

修签 [ʃɐu^{53}ʧ^{h}im^{55}]

迷信者拜神求神签以占凶吉。神签放在"签筒"[ʧ^{h}im^{55}t^{h}oŋ^{35}]里（图 9–26），"撒签"[ŋou^{21}ʧ^{h}im^{55}]指摇动神签使之掉出一枝；"拆签"[ʧ^{h}ak^{3}ʧ^{h}im^{55}]又称为"解签"[kai^{35}ʧ^{h}im^{55}]，请庙祝等解说签中的含意。也有迷信者根据"签书"[ʧ^{h}im^{55}ʃy^{55}]（见图 9–27）的解释，自己进行揣度。

图9－26 签筒

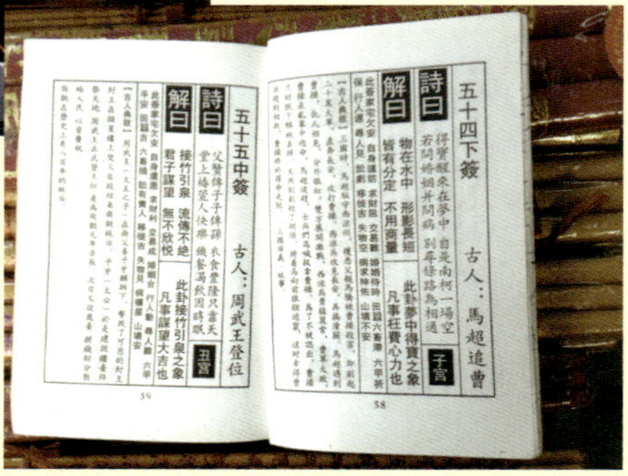

图9－27 签书

睇相 [t^{h}ɐi^{35}ʃœŋ^{33}]

图9－28 清末的睇相先生（资料图片）

旧时人们认为凡事都是“命招”[mɛŋ^{22}ʧiu^{53}]（即命中注定），不同的人“命”不同，“命正”[mɛŋ^{22}ʧɛŋ^{33}]即命运好，“命丑”[mɛŋ^{22}ʧ^{h}ɐu^{35}]即命运不好。人们还相信“命”由相貌、手纹、生辰八字等注定，因此要请“睇相先生”[t^{h}ɐi^{35}ʃœŋ^{33}ʃin^{53}ʃaŋ^{55}]来“睇相”（看相）和算命（见图9–28）。广州话中，“睇相先生”根据信徒全身的相貌来测算命运的称为“睇全相”[t^{h}ɐi^{35}ʧ^{h}yn^{21}ʃœŋ^{33}]；根据信徒手掌纹路来测算命运的称为“睇手掌”[t^{h}ɐi^{35}ʃɐu^{35}ʧœŋ^{35}]；根据信徒生辰八字来测算命运的称为“睇流年”[t^{h}ɐi^{35}lɐu^{21}nin^{21}]，也可以称为“起八字”[hei^{35}pat^{3}ʧi^{22}]、“排八字”[p^{h}ai^{21}pat^{3}ʧi^{22}]或“批八字”[p^{h}ei^{53}pat^{3}ʧi^{22}]。

问仙 [mɐn^{22}ʃin^{55}]

神婆装神弄鬼，自称能够跟神仙通话，因此信徒通过神婆询问吉凶称为“问仙”，通过神婆到阴间去找鬼魂来与家人相见称为“问眚”[mɐn^{22}ʃɛŋ^{35}]，通过神婆请天上的神仙下来作指示称为“请仙”[ʧ^{h}eŋ^{35}ʃin^{55}]。

喊惊 [ham^{33}kɛŋ^{55}]

旧时小孩得了重病，大人到野外呼喊该小孩的名字，以为这样可以招回其失落的“魂魄”[wɐn^{21}p^{h}ak^{3}]，又称为“叫惊”[kiu^{33}kɛŋ^{55}]。

寄疮 [kei^{33}ʧ^{h}ɔŋ^{55}]

旧时有人认为通过“使法”[ʃɐi^{35}fat^{3}]（使法术），可以将疮移到树上，也称为“过疮”[kwɔ^{33}ʧ^{h}ɔŋ^{55}]。

二　语忌

广州俗语“撞生口卦”[ʧɔŋ^{22}ʃaŋ^{53}hɐu^{35}kwa^{33}]有两层意思：一是有不幸事情发生的人家碰到别人无意中说的一句话，便认为自家的不幸与这句话有关；二是有意叫一人随便说一句话以测试运气。由此可见，在一般人的观念中有声语言具有一种超人的魔力，吉祥的言语能带来好运，不祥的言语则会招致灾祸，因此人们对语言具有禁忌心理。在广州的方言民俗中语忌特别多，下面这些词语一般需要加以禁忌，更有甚者连这些词语的同音词也不能直说，非说不可时则需要改头换面，以另一种形式出现。

凶 [hoŋ^{53}]

广州话“空”与“凶”同音，因此口语中“空”较少用，如“空头白契”[hoŋ^{53}tʰɐu^{21}pak^{2}kʰɐi^{33}]指空头契约，“空身伶俐”[hoŋ^{53}ʃɐn^{53}leŋ^{21}lei^{22}]指独身一人。若是需要说到“空”这个意思时，一般需要改说与之反义的“吉”，以求得“好意头”[hou^{35}ji^{33}tʰɐu^{21}]（好兆头），如“得个吉”[tɐk^{5}kɔ^{33}kɐt^{5}]指落得一场空，“吉手”[kɐt^{5}ʃɐu^{35}]指空手，“吉屋”[kɐt^{5}ok^{5}]指空房子，“交吉”[kau^{55}kɐt^{5}]指交出空房子，此外还有如“吉车”[kɐt^{5}ʧʰɛ^{53}]（空车）、“吉铺”[kɐt^{5}pʰou^{35}]（空铺子）、“吉樽”[kɐt^{5}ʧøn^{55}]（空瓶子）。

除了“空”字，与“凶”同音的还有“胸”等，一般也不直说，而是改说“心口”[ʃɐm^{53}hɐu^{35}]。

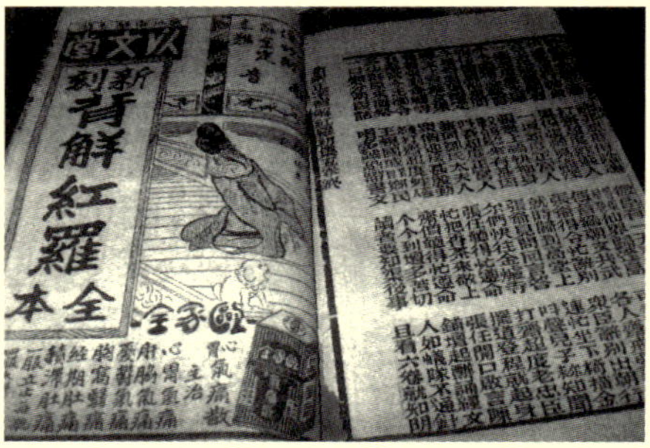

图9－29 木鱼书（资料图片）

输 [ʃy^{53}]

广州话“书”与“输赢”的“输”同音，因此旧时人们在中秋夜用木鱼书（一种说唱曲艺的词本）占卜时要改称之为“木鱼赢”[mok^{2}jy^{21}jɛŋ^{21}]（见图9–29）。所谓用木鱼书占卜，就是从一大叠木鱼书词本中随手抽出一本，根据其内容来揣测所卜事件的吉凶福祸，称为“撞卦木鱼赢”[ʧɔŋ^{22}kwa^{33} mok^{2}jy^{21}jɛŋ^{21}]。

旧时预测各种吉、凶、宜、忌等的黄历在南方许多地区称为“通书”。“通书”不是一般的日历，其作用主要在于指导人们“择日”[ʧak^{2}jɐt^{2}]（挑选吉日），因此跟迷信活动直接相关。如上所述，因为广州话“书”与“输”同音，“通书”有全盘皆输之意，不吉利，所以迷信的人要反其意而用之，称为“通胜”[tʰoŋ^{53}ʃeŋ^{33}]或“通赢”[tʰoŋ^{53}jɛŋ^{21}]。当然，一般情况下也可以直接称为“通书”，俗语说“一部通书睇到老”，比喻墨守成规，一成不变。

另外值得一提的是，有棱角的那种丝瓜因为“丝”[ʃi^{53}]与“输”音近，迷信的人称之为“胜瓜”[ʃeŋ^{33}kwa^{55}]，也是反其意而用之。

降 [kɔŋ^{33}]

广州话杠子的“杠”与“降”同音，民间以为“意头唔好”[ji^{33}tʰɐu^{21}m̩^{21}hou^{35}]（兆头不好），因此用整段粗毛竹做的竹杠称为“竹升”[ʧok^{5}ʃeŋ^{55}]（见图 9–30），穿在轿杠绳上的、能活动的短竹杠称为“轿升”[kiu^{35}seŋ^{53}]。广州的传统面食中有一种“竹升面”[ʧok^{5}ʃeŋ^{55}min^{22}]，就是用传统的方法搓面、和面，用“竹升”压制出来的面食。

图9－30 竹升

这里值得一提的还有“竹升仔”和“竹升妹”。在海外特别是在北美和欧洲出生、成长的新一代华裔只会说英语而不会说汉语，不会按照中国思维来办事，广州人用中空而两头不通的“竹升”来比喻，男性称为“竹升仔”[ʧok^{5}ʃeŋ^{55}ʧɐi^{35}]，女性称为“竹升妹”[ʧok^{5}ʃeŋ^{55}mui^{55}]。

折 [ʃit^{2}]

广州的商业文化历来发达，生意人最怕就是“折本”[ʃit^{2}pun^{35}]二字。广州话“舌”与“折”同音，说到“舌”这个概念时，都要换成与“蚀”相反的“利”[lei^{22}]。因为舌头属于生理器官，人们俗写为带“月”字边的“脷”字，如“脷根”[lei^{22}kɐn^{53}]（舌头底下）、“脷苔”[lei^{22}tʰɔi^{55}]（舌苔）、“牛脷”[ŋɐu^{21}lei^{22}]（牛舌头）、“猪脷”[ʧy^{53}lei^{22}]（猪舌头）等。另外，猪的脾脏称为“猪横脷”[ʧy^{53}waŋ^{21}lei^{22}]。

干 [kɔn^{53}]

如本书的引言所述，广州话中保留了大量带有“水”的词语，这些词语有的与商业贸易，特别是对外贸易有关，更多的是体现了广州人“水为财”的观念。没有水分或水分少称为“干”，这在商业文化中是不吉利的，因此萝卜干要改说“萝卜润”[lɔ^{21}pak^{2}jøn^{35}]、豆腐干要改说“豆腐润”[tɐu^{22}fu^{22}jøn^{35}]，干杯要改说“饮胜”[jɐm^{35}ʃeŋ^{33}]。除此之外，与“干”同音的“肝”“竿”也要改称为“润”，如“猪润”[ʧy^{53}jøn^{35}]（猪肝）、“鹅润”[ŋɔ^{21}jøn^{35}]（鹅肝）、“担润”[tam^{33}jøn^{35}]（扁担）。作为“肝”理解的“润”有人写为俗字“膶”。

淡 [tam^{22}]

生意好称为“旺”[wɔŋ^{22}]，如“旺市”[wɔŋ^{22}ʃi^{23}]（生意兴隆）、“旺月”[wɔŋ^{22}jyt^{35}]（生意兴隆的时期）；生意不好称为“淡”[tam^{22}]，如“淡市”[tam^{22}ʃi^{23}]（生意不好）、“淡月”[tam^{22}jyt^{2}]（生意不好的时期）。淡菜是生活在浅海岩石上的一种软体动物，壳很厚，三角形，黑褐色，因为“淡”不吉利，广州话反其意而改称为“旺菜”[wɔŋ^{22}ʧ^{h}ɔi^{33}]（见图 9–31）。

图9－31 旺菜

血 [hyt^{3}]

人们因为惧怕血光之灾，所以作为食材的动物的血不能直说，只能改说为“红”[hoŋ^{21}]，如“猪红”[ʧy^{53}hoŋ^{21}]（猪血）、“鸡红”[kɐi^{53}hoŋ^{21}]（鸡血）等。

散 [ʃan^{33}]

广州话“伞”与“拆散”的“散”同音，迷信的人以为不吉祥，就改称之为“遮”[ʧɛ^{55}]，如“油纸遮”[jɐu^{21}ʧi^{35}ʧɛ^{55}]（油纸伞）、“缩骨遮”[ʃok^{5}kwɐt^{5}ʧɛ^{55}]（折叠伞）、“担遮”[tam^{53}ʧɛ^{55}]（打伞）。其实今天广州的口语中也还在说“散”，如“散档”[ʃan^{33}tɔŋ^{33}]（散伙）、“散学”[ʃan^{33}hɔk^{2}]（学校放假）。

苦 [fu^{35}]

为了回避“苦”，广州话把苦瓜称为“凉瓜”[lœŋ^{21}kwa^{55}]。当然，也有不忌讳“苦”的，苦瓜仍然称为“苦瓜”[fu^{35}kwa^{55}]，形容愁眉苦脸为“苦瓜噉面”[fu^{35}kwa^{55}kɐm^{35}min^{22}]（苦瓜般的脸色）。这里顺便说说茄子，可能因为“茄”与“瘸”[kʰɛ^{21}]同音，故把茄子称为“矮瓜”[ɐi^{35}kwa^{55}]。

死 [ʃei^{35}]

“死”是各民族、各时期都要尽量避讳的字眼。广州话中单音节的“丁”[teŋ^{55}]、“香”[hœŋ^{53}]、“瓜”[kwa^{55}]、“走”[ʧɐu^{35}]、“一”[jɐt^{5}]、“老”[lou^{23}]等，双音节的“过身”[kwɔ^{33}ʃɐn^{53}]、“拉柴”[lai^{53}ʧʰai^{21}]、“搂席”[lɐu^{53}ʧɛk^{2}]，多音节的“挂腊鸭”[kwa^{33}lap^{2}ap^{35}]（特指上吊而死）、“落南洋”[lɔk^{2}nam^{21}jœŋ^{21}]、“卖咸鸭蛋”[mai^{22}ham^{21}ap^{3}tan^{35}]等都是用来婉称死亡。另外，广州话气死我说“激生我”[kek^{5}ʃaŋ^{53}ŋɔ^{23}]，笑死我说“笑生我”[ʃiu^{33}ʃaŋ^{53}ŋɔ^{23}]。还有，“四”[ʃei^{33}]因为与“死”音近，人们忌讳带有“四”的数字。实际上，豁达、开明的广州人还是常常把“死”字挂在嘴边，俗语如“死鸡撑硬脚”比喻固执己见，理亏了还要狡辩；“激死老窦揾山拜”说的是气死父亲才有坟墓可扫墓、祭拜，用于责备小孩子太淘气，像是故意把父母气死。

药 [jœk^{2}]

西药引进之前，国人都是用中草药来治病。广州人把中草药称为“茶”[ʧʰa^{21}]，也是因为避讳。“茶煲”[ʧʰa^{21}pou^{55}]指药铫子，而“煲茶”[pou^{55}ʧʰa^{21}]指煎药，而街巷上常见的“凉茶铺”[lœŋ^{21}ʧʰa^{21}pʰou^{35}]出售的“凉茶”[lœŋ^{21}ʧʰa^{21}]乃是解暑的汤药，并非一般的茶水。

〔广州方言音系〕

一　声母（20个）

p 巴别伴	p^h 抛盘伴	m 马门微	f 夫灰科	w 委横永	
t 多道淡	t^h 体同淡	n 怒女年			l 兰礼路
tʃ 坐至中	tʃ^h 坐吵抽		ʃ 四山食	j 影有任	
k 基果近	k^h 困求近	ŋ 岸我硬	h 汉开许		
kw过瓜怪	k^hw夸群困				
ø 欧翁					

二　韵母（53个）

	u 乌古夫富	i 字死儿衣	y 朱树鱼遇
a 巴家也话瓜夸			
ɛ 爹蛇骑野			
œ 靴朵			
ɔ 波左哥禾过			
ai 拜大街坏怪			

ɐi 米鸡矮贵葵			
ei 皮飞死骑	ui 杯梅灰		
ɔi 代内海外			
au 饱爪交咬		iu 表照叫要	
ɐu 某走旧幼			
ou 布土早告			
øy 女去推锐			
am 淡三喊		im 念闪剑掩	
ɐm 林心含任			
an 班山晏还关	un 官碗本	in 边天战见	yn 短犬孙
ɐn 品新人云群困			
øn 顿进春润			
ɔn 赶汉安			
aŋ 棚生硬横逛梗			
ɐŋ 朋生梗宏轰			
ɛŋ 平镜影			
eŋ 平兄影永炯			
œŋ 良昌香央			
ɔŋ 帮创江王广			
oŋ 风中瓮用			
ap 答杂甲		ip 贴接劫叶	
ɐp 立湿急入			
at 八杀压滑刮	ut 拔豁活	it 别浙揭热	yt 夺撮雪乙
ɐt 笔吉一屈橘			
øt 律出血			
ɔt 割渴			
ak 白册格逆掴			
ɐk 北则克轭			
ɛk 劈石吃			

ek 劈力逆域隙

œk 啄脚若

ɔk 剥作各获国

ok 木足曲玉

m̩ 唔　　ŋ̍ 吴五

三　声调（9个）

阴平	꜀□	53 /55	知梯分冤
阳平	꜁□	21	穷扶明由
阴上	꜂□	35	走此使骑
阳上	꜃□	23	抱市五有
阴去	□꜄	33	变菜试爱
阳去	□꜅	22	住汗例又
上阴入	□꜆	5	竹出识一
下阴入	□ ꜀	3	百铁法约
阳入	□꜇	2	白食觅入

〔 参考文献 〕

广东省立中山图书馆．老广州．广州:岭南美术出版社，2009．

胡朴安．中华全国风俗志．上海:上海科学技术文献出版社，2008．

黄小娅．羊城旧语．广州:广东人民出版社，2012．

孔仲南．广东俗语考[1933]．上海:上海文艺出版社出版，1992．

雷梦水，潘超，孙忠铨，钟山．中华竹枝词．北京:北京古籍出版社，1997．

麦　耘，谭步云．实用广州话分类词典．广州:广东人民出版社，1997．

欧阳觉亚，周无忌，饶秉才．广州话俗语词典．广州:广东人民出版社，2010．

屈大均．广东新语．北京:中华书局，1985．

苏泽群，关振东．广州的故事．广州:花城出版社，2005．

谭季强．分类通行广州话[1933]//中华民俗方言文献选编:方言专号．台北:文海出版社有限公司，1985．

叶春生．岭南民俗文化．广州:广东高等教育出版社，2011．

叶春生．岭南民俗事典．广州:南方日报出版社，2001．

叶春生，凌远清．岭南古代诞会习俗．广州:广东人民出版社，2009．

叶春生，施爱东．广东民俗大典:第二版．广州:广东高等教育出版社，2010．

杨武泉．岭外代答校注．北京:中华书局，1999．

周无忌．广州话点解．广州:广东人民出版社，2006．

〔索 引〕

一 词条索引

二　图片索引

引言

壹　房舍建筑

贰 日常用具

叁　服饰穿戴

肆　饮食起居

伍　农工百艺

陆　婚育寿丧

柒 岁时节令

捌　游戏娱乐

玖　民间信仰

〔后记〕

隆冬的广州还温暖如春，没有一丁点儿冬天的气象。当我校对完这本书的最后一页清样，回想起 2010 年冬天接到编写任务以来的点点滴滴，不禁感慨唏嘘。时过境迁，四年的时光仿佛跌跌撞撞消失在广州的大街小巷之中。

说不完道不尽的广州传统文化，其形成就如广州话一般，包含了早期南越文化、中期中原文化和晚期西方文化三种文化因子，具有既保守又开放，既排外又包容，既生猛又淡定这样一种对立统一的文化气质。从历史层次的角度来看，早期南越文化属于“底层”，晚期西方文化属于“表层”，而中期中原文化才是真正的“主体层”。我作为一个“外江佬”（外省人），在广州学习、工作和生活已经超过 10 年。广州人对传统文化的尊重，包括对广州话的坚守，非常令我钦佩。我经常跟学生说，广州是语言生态最健康、语言生活最和谐的城市之一，特别是广州的年轻一代不但普通话比起其父辈已有很大的进步，而且广州话也得到很好的传承；广州人对待“外江佬”学习广州话的态度同样开放和包容，只要你愿意说广州话，即便说得再差都有人愿意跟你交谈。其实我的广州话说得并不地道，就是“咸水话”的水平而已，但是只要有机会我都很乐意去说。当年接到这本书的编写任务时，我之所以没有一丝的犹豫，就是出于一种好奇和景仰，希望借此机会加深对广州方言和民俗文化的认识。

事非经过不知难！2011 年春天起我对广州的传统建筑进行尝试性的调查，很快发现这类工作跟传统方言学虽有联系但大为不同，难度其实不小。好在我找到了三位合作者，他们都从小生活在广州，也都在广州学习和工作。黄小娅是我在暨南大学就读博士研究生时的同学，是广州大学语言服务研究中心和广府文化研究中心研究员，对广州方言词汇的研究非常深入；杨逸、冯雅琳是我在中山大学教过的硕士生，杨逸的硕士论文《广州方言词语中的饮食民俗》是在我的指导下完成的，他们分别在南方日报社和广东省文化厅工作，都是从事相关的工作。有了他们三位的配合，我才有信心和能力完成这么一项全新的工作。我们充分协商之后进行分工，我撰写“引言”和“壹 房舍建筑”“贰 日常用具”“玖 民间信仰”，黄小娅撰写“伍 农工百艺”“陆 婚育寿丧”和“柒 岁时节令”，杨逸撰写“叁 服饰穿戴”和“肆 饮食起居”，冯雅琳撰写“捌 游戏娱乐”。之后大家分头去调查、拍照和撰写条目，其间还在中山大学开过两次小会，交流心得，交换照片。到了2012年冬天以后，各人的初稿都陆续写了出来，我开始着手进行调整、补充和修改。因为篇幅的限制，初稿原有的一些文字和图片只好割爱，不能不说是一个遗憾。

感谢“中国方言民俗图典系列”的主编侯精一、李守业、曹志耘三位先生，他们让我们有机会系统地调查和思考广州方言民俗的问题，也感谢他们的专业指导。感谢为本书图片的拍摄、文字的撰写提供帮助的各位热心人士，如番禺区洛溪新城中学教师陈海华，白云区方圆实验小学教师徐淑华，番禺区屏山小学教师萧小铃，番禺区大石中心小学教师梁诗婷，佛山市高明区技工学校教师李启森，清远市清城区石角镇田心小学教师侯维凤，广州大学学生罗嘉怡、张晓翊、李楚祺、周丹霞。感谢中国社会科学院语言研究所研究员麦耘先生，他在百忙之中拨冗审阅本书的初稿，提出非常中肯的修改意见。我指导的博士研究生姚琼姿、温东芳协助图片的拍摄、处理，她们都兢兢业业、一丝不苟，在此一并致谢。这几年来我几乎没有周末，没有节假日，寒来暑往，日夜兼程，一门心思都扑在工作上，得到家人的充分理解和支持，这不是一个谢字能够表达的。

把方言、民俗和图片三个元素结合起来观照广州传统文化，可能是前人未曾做过的一项创新工作。限于时间、精力和水平，本书一定存在不少的讹误和遗漏，我们恳请学界同行和关心方言民俗文化的各界人士不吝赐教。

庄初升
2014年11月25日于广州寓所